스피치 디자인

스피치 디자인

PUBLICSPEECHCOMMUNICATION

이형삼 지음

명품스피치의
설계원리와 기술

좋은땅

프롤로그

사람들 앞에서 내 생각을 말하는 것은 중요한 사회적 행위이다. 그래서 공적인 말하기 행위, 즉 퍼블릭 스피치는 기원전부터 하나의 양식으로 발전되어 왔다.

무엇을 어떻게 말할 것인가, 이것은 개인 간의 대화로부터 퍼블릭 스피치에 이르는 말하기의 핵심적인 두 축이다. 메시지 생산과 음성 표현의 수준이 곧 말하기의 차이로 나타난다. 그리고 퍼블릭 스피치에서는 그 차이가 더 크고 뚜렷하다.

평소 대화에 문제가 없는 사람도 청중 앞에서 스피치를 하고자 하면 적지 않은 부담을 느낀다. 공적 스피치 문화에 익숙지 않은 한국 사회에서 낯설지 않은 모습이다. 그런 이유에서 스피치 서적을 읽고 전문가를 찾지만 말하기 능력은 쉽게 향상되지 않는다. 보다 높은 차원의 스피치 능력은 위에서 언급한 두 축의 작동 원리를 실제적인 시각에서 이해하고 스스로 응용할 수 있을 때 가능하기 때문이다.

무엇을 말할 것인가? 이것은 콘텐츠의 영역이다. 아무리 음성 표현이 훌륭해도 메시지를 효과적으로 생산하지 못하면 사람들의 공감을 얻기가 어렵다. 형태를 불문하고 인간의 모든 언어적 행위는 메시지를 찾는 사고로부터 출발한다.

어떻게 말할 것인가? 이것은 소리의 표현 영역이다. 메시지에는 그만의 고유한 표현 루트가 있다. 그래서 구술행위가 메시지를 효과적으로 뒷받침했을 때 최적의 스피치가 만들어진다.

이처럼 퍼블릭 스피치는 메시지 생산과 표현 능력으로 조정이 된다. 음성의 표현 기법으로만 스피치를 이해해서는 안 되는 이유이다. 좋은 목소리, 풍부한 음량, 제스처가 아무리 훌륭해도 마음을 움직이는 메시지가 뒷받침하지 않으면 그 소리는 큰 의미를 부여받지 못한다.

퍼블릭 스피치에서는 실로 다양한 요소들이 복합적으로 작용한다. 융합학문의 가장 오래된 표본이 퍼블릭 스피치이다. 레토릭의 정체성이 선명하게 드러나지 않는 것도 이 때문이다. 말하기에 관여하는 주변의 여러 지식들이 총체적으로 얽혀 하나의 분야를 이루고, 또 그것들이 촘촘하게 연결되어 원리를 창조한다.

이 책은 이와 같은 맥락에서 관련 학문들을 퍼블릭 스피치의 관점에서 체계화하고자 했다. 전반부가 그 이론들을 담고 있다. 이를 위해서는 우리 사회에 산재해 있던 몇 가지 개념들을 구분하여 정리할 필요가 있었고, 한국 퍼블릭 스피치의 역사적 흐름을 개괄적으로나마 들여다보아야 했다. 스피치의 본질적인 기능과 역할을 좀 더 넓은 시각에서 인식하기 위해서였다.

이 책의 후반부는 앞선 전반부의 이론과 원리들이 실제 스피치의 준비, 구성, 실행 과정에서 우리말의 정서에 맞게 어떻게 구현되는가를 다룬다. 이해를 돕기 위해 예문을 활용하였고, 때로는 주요 스피치의 전문을 소개하고 그것을 분석했다. 그리고 현대 스피치의 필수 요소라 할 수 있는 '유머'에 대해서도 별도로 장(章)을 편성해 그것의 생성 원리와 감각 지점을 해석했다.

　한편 본문의 내용과 관련하여 부가적인 설명이 필요한 사항들은 미주(尾註)를 이용하였다. 몇몇 중요한 사항들이 거기에 기술되어 있다. 참고했으면 한다.

　우리가 퍼블릭 스피치의 원리와 실제를 알고자 하는 목적은 한 가지이다. 나에게 맞는 스피치 조건들을 발견하고 그것을 통해 나에게 최적화된 스피치를 디자인하기 위해서이다. 스피치는 디자인이다.

　끝으로 이 책이 나오도록 여러모로 보완점을 지적해 주신 김현주 박사님께 지면을 빌려 감사의 인사를 드린다. 아울러 출간에 정성을 기울여 주신 출판사 관계자분들께도 고맙다는 인사를 전한다.

　이 책이 독자들에게 깊이 있는 정보가 되기를 희망한다.

2023년 11월

이 형 삼

목차

한국 퍼블릭 스피치의 지형

스피치의 설득 매커니즘

집단 현상과 스피치

스피치 불안감 통제와 관리

스피치 음성의 원리

스피치의 준비

스피치의 구성

스피치 유머의 감각

스피치 디자인

퍼블릭 스피치의
이해

1.
구술과 문자

언어는 음성을 수단으로 하는 말과 시각을 수단으로 하는 문자로 구분한다. 그렇다면 구술(oral, 말하기)과 문자(letter, 글)의 차이는 무엇일까?

맥루한(McLuhan)은 미디어가 창출하는 인간 생태계의 확장에 관한 해석에서 말(oral word)은 사람의 감정과 정서에 포괄적으로 개입하는 참여적 언어이고, 고립적이고 중립적인 특성을 가진 문자는 사고의 확장에 기여하는 미디어적 언어라고 하였다.

옹(Ong)은 소리는 통합하는 감각이고 시각은 분리하는 감각이라고 한다. 소리는 듣는 사람을 중심으로 그 주위를 아우르는 '중심화 작용(centralization)'이 일어나 개인과 외부를 하나로 묶어 준다. 반면에 시각은 보고 있는 사람이 대상의 외측에 위치함으로써 그것과 분리된다. 따라서 말은 사람과 사람 사이의 정서적 결합을 속성으로 하고, 문자는 분리를 속성으로 한다.

말은 공동체가 만든 합의의 결과물이다. 소쉬르(Saussure)는 말소리(記標)와 말뜻(記意)의 상호관계를 자의적인 사회적 약속이라고 했다. 그 속에는 특정한 해석이 미리 규정되어 있어서 우리가 우리의 방식대로 보고, 듣고, 경험할 수 있게 해 준다.

그러므로 말은 문화를 해석하는 기호이기도 하다(Sapir). 말이 서로 달라도 의사 교환은 가능하다. 그러나 깊은 곳에 있는 문화적 함의까지를 교환하기는 어렵다. 말은 자신들만의 고유한 문화가 축적되어 있는 소리 체계로서 단순한 의사 교환의 차원이 아니라 사회·문화적인 정서가 농축된 복합적 이해를 배경으로 이루어지는 소통 행위의 도구이기 때문이다.

이처럼 말은 공동의 함축된 의식이 청각을 통해 전달된다. 그래서 구술(말)은 문자(글)보다 밀도 높은 역할을 한다. 삶의 양식을 투영하고, 공동체의 정서를 다층적으로 교환하며, 구성원들의 관계적 결합을 지향한다. 반면에 문자는 의미를 시각적으로 전달하므로 해독이 단층적이고, 개별적으로 이루어지며, 독립적인 사고를 지향한다.

한편 말을 수단으로 하는 커뮤니케이션은 개인을 향해 있는가 집단을 향해 있는가에 따라 개인 내부적(Intrapersonal) 차원의 커뮤니케이션, 대인 관계적(Interpersonal) 차원의 커뮤니케이션, 그리고 공적(Public) 차원의 커뮤니케이션으로 구분한다.

공적 차원의 커뮤니케이션은 말하는 사람의 대(對)청중 메시지 전달을 특징으로 한다. 그래서 비교적 자유롭게 사적 메시지를 교환하는 대인 간 커뮤니케이션과 달리 수많은 사람을 대상으로 메시지를 전달하는 방식이므로 윤리적이고 지적인 성격을 가진다. 그리고 공적 메시지는 공동체의 보편적 가치를 반영한다. 따라서 대인 간 커뮤니케이션은 그 내용이나 전달 형식이 상대적으로 자유롭지만 공적 커뮤니케이션, 특히 퍼블릭 스피치 방식에서는 형식과 내용이 일정한 법칙으로 통제되기도 한다. 또 설득적 관점에서 볼 때도 그것은 개인을 상대로 하는 설득과는 또 다른 메커니즘을 갖고 있으며 메시지 구성과 전달행위 등 여러 측면에서 기술성을 요구한다.

이상과 같이 사람의 생각과 느낌을 전달하고 의사 교환을 매개하는 구술과 문자는 같은 사회적 도구이면서 기능적 차원을 달리하고 있다. 문자의 중심이 정보의 기록과 예술의 창조, 그것들의 습득과 영속적 전달에 있다면, 말의 기능적 중심은 본질적으로 관계성에 있다. 그중에서도 퍼블릭 스피치는 공동의 원형적 정서를 연결하는 복합적인 기능을 수행함으로써 구성원들을 조정하고 통합하며 때로는 해체하는 언어적 가치 이상의 사회적 역할을 수행한다. 그래서 공적 메시지를 다루는 퍼블릭 스피치의 형식과 내용, 설득 행위는 여타의 커뮤니케이션 행위들과는 다르게 구조나 실행행위 면에서 자신만의 고유한 영역을 가지고 발전되어 왔다.

그러므로 우리가 구술과 문자의 차이를 이해하고, 거기에서 터를 잡아 퍼블릭 스피치를 인식할 때 그것은 단순히 말하기 기법이라는 기능적 수단을 넘어서야 한다. 퍼블릭 스피치는 공동체에 시선을 둔 공공의 사회적 행위이기 때문이다.

2.
개념망 분석

　퍼블릭 스피치를 보다 명확히 이해하기 위해서는 먼저 스피치에 대한 개념 분석이 필요하다.

　영어 speech의 사전적 의미는 일반적으로 address, talk와 구분하여 '공식적인 석상에서 청중을 상대로 하는 말'을 뜻하고, 그것을 웅변(연설)을 의미하는 oratory, eloquent speech와 구분한다.[1] 따라서 우리말의 연설, 웅변, 스피치는 모두 말하는 사람의 청중 메시지 전달 특징을 가진 퍼블릭 스피치 유형들이다. 즉 전통적으로 스피치라고 하면 그것은 공적인 영역에서 이루어지는 커뮤니케이션 과정 또는 그 형태의 말하기 방식을 의미한다. 그리고 공적인 영역에서는 구성원 및 커뮤니티 전체에 걸치는 사안들이 메시지로 다루어지므로 스피치를 곧 퍼블릭 스피치로 해석해도 문제는 없다. 그럼에도 '스피치'와 별개로 '퍼블릭 스피치'라는 말에 새로이 주목하는 이유는 스피치가 이미 우리 사회에서 말하기의 보통명사로 통칭 되고 있어서 두 용어의 사용에 대한 정리가 필요하기 때문이다.

　오늘날의 스피치라는 개념의 원류는 고대 그리스의 의례적(儀禮的) 레토릭에서 시작되었다. 주로 상류층에서 사용된 식장(式場) 스피치는 여러 의례적 상황에서 품격 있는 용어를 사용하고, 위트와 감성적 소구 등을 적절하게 배열하여 그 상황을 풍부하게 엮어 내는 미학적 말하기 방식이었다. 다시 말해 서구사회에서 레토릭의 한 장르인 의례적 연설에 기원을 두고 있는 스피치는 일반적으로 기념사, 축사, 졸업사와 같은 공적 커뮤니티의 말하기 방식을 의미한다.

한국 사회에서는 1950년대에 들어 현대적인 스피치 개념이 본격적으로 나타나기 시작한다. 1952년 계몽사에서 발간한 '雄辯과 式辭'는 "축하식이면 축하식, 기념회면 기념회, 위안회면 위안회 같은 자리에서 회합에 모인 사람들에게 적절하고 개성 있게 하는 말"로 '식사'를 정의하고 있다. 그리고 국내에서 간행된 이후의 관련 서적들도 같은 맥락으로 스피치의 개념을 해석해 왔다.

이렇듯 서구뿐 아니라 우리 사회에서도 스피치라고 하면 우선적으로 의례적 상황의 말하기라는 시각에서 접근하는 것이 일반적인 모습이었다. 그런데 현대에 이르러 위 스피치 개념에 프리젠테이션을 활용한 제안이나 발표, 보고, 아나운싱, 쇼호스팅, 상담, 면접과 같은 각종 실용적인 말하기 형태들이 침투했다. 그러면서 그와 같은 유형의 말하기 행위까지도 스피치라고 부르는 언어의 통시적 변화가 진행되었다.

그러나 이른바 생활세계의 공론장으로 통하고, 기능과 영역이 사뭇다른 웅변·연설, 대중강연·강의, 설교, 법정 변론 등과 같은 공적 스피치 행위들을 실용적인 스피치 유형들과 같은 개념망에서 이해하기는 어렵다.[2] 설득적 관념들이 지배하고 공적인 메시지를 중심으로 전개되는 퍼블릭 스피치와 대체로 사적 활동 영역에서 실용성에 주안점을 두고 이루어지는 말하기 형태는 성격이 다르다. 그러므로 기존의 공적인 말하기 방식은 퍼블릭(Public) 스피치 또는 공공(公共) 스피치로 개념화하고, 공공성보다는 실용성이 더 요구되는 여타의 현대적 말하기 방식들은 실용(practical use) 스피치로 구분하는 것이 합리적이라 하겠다. 그리고 이와 같은 형태들을 일반화하면 결국 퍼블릭 스피치와 실용 스피치도 말하기의 하위 종류 중 하나이므로 이미 우리 사회에서 말하기의 일반용어로 자리 잡은 스피치는 그것들을 포괄하는 메타 개념으로 해석하는 것이 타당할 것이다.

정리하여, '스피치'를 말하기 일반을 아우르는 보통명사로 규정한다. 그리고 '퍼블릭 스피치'는 공동체의 공론적 사안 또는 커뮤니티의 공적 논제를 다루거나 커뮤니케이션 참여자들이 메시지를 함께 공유하는 국가, 사회적 영역에서 설득, 감화, 의례적 행위 등을 목적으로 하는 대인 매스 커뮤니케이션 방식으로서의 공적 스피치로 정의한다. 마지막으로 '실용 스피치'는 공론장 밖의 기타 사회·경제·문화영역에서 행해지는 스피치, 대중 매체를 통한 정보전달과 오락적 행위 등의 사적 스피치 일반으로 부르기로 한다.

이런 관점에서 스피치의 하위 유형으로 퍼블릭 스피치와 실용 스피치를 분류하였고, 그 형태들의 쓰임 분야와 기능 등의 차이점을 다음의 표와 같이 비교 정리했다.

아울러 이하에서는 특별히 구분의 필요가 없는 한 퍼블릭 스피치를 스피치로 줄여 사용할 것임을 미리 밝힌다. 이 책이 공공적 맥락의 스피치 실행원리를 기술하고 있지만 적용 범위가 말하기 일반과 실용 영역의 스피치 원리를 기본적으로 포괄하고 있어서 용어를 그렇게 사용해도 해석상 무리는 없다고 판단하기 때문이다.

〈표 1〉 퍼블릭 스피치와 실용 스피치 비교

항목 \ 구분	스피치	
	퍼블릭(public) 스피치	실용(practical use) 스피치
분야	정치·사회, 종교, 법조, 의례적 영역	경제·문화, 사적 관계 영역
기능	공론장 역할, 권리 보호, 교리 전파, 설득적 정보전달, 의례적 기능 등	사실적 정보전달, 오락, 관계 형성, 경제적 기능 등
형식	대체로 정형적	대체로 비정형적
청취 방식	대면·비대면 방식 혼재	대면·비대면 방식 혼재
피드백	즉시적 피드백이 약함	즉시적 피드백이 강함
설득 수단	Ethos, Pathos, Logos 요소의 종합적 쓰임	Ethos, Pathos, Logos 요소의 종합적 쓰임
음성 의존도	실용 스피치와 비교하여 상대적으로 높은 편임	퍼블릭 스피치와 비교하여 상대적으로 낮은 편임
구체적 형태	웅변·연설, 강의·강연, 설교·설법, 소추·변론, 각종 예·식사 등	발표, 보고, 대담, 대화, 예능, 행사 진행, 토의·토론, 협상, 중재, 상담, 면접 등

3.
스피치의 요소

스피치의 요소는 그것을 퍼블릭 스피치라고 규정할 수 있게 해 주는 내외적인 구성의 성립 요소들로서, 메시지가 청중에게 어떤 결과 반응을 주었는가에 대한 평가를 포함하는 개념이다. 성립 요소는 다시 필수 요소와 보완 요소로 구분한다.

성립 요소 일반적으로 커뮤니케이션이란 채널을 통해 정보원의 메시지가 수용자에게 도달되는 의사전달 일련의 과정이다.

그런데 스피치 커뮤니케이션에 있어서는 좀 더 세밀한 진행이 반복된다. 일차적으로는 특별한 장소, 시간적 상황(situation)에서 말하는 사람(speaker)이 채널(channel)을 이용하여 듣는 대상(listener)에게 내용(message)을 전달한다. 그러면 듣는 사람이 이를 해석(interpretation)하여 언어 또는 비언어적 요소로 반응(feedback)하고, 말하는 사람은 다시 그 피드백을 기반으로 메시지를 조정하여 전달하는 순환 형태이다. 따라서 스피치 상황, 말하는 사람(연사), 채널, 듣는 사람(청중), 내용, 메시지 해석, 반응과 조정은 스피치를 구성하는 성립 요소들이다.

필수 요소 위 성립 요소 중에서 연사(S), 내용(M), 채널(C), 청중(A)은 스피치 성립의 필수적인 요소들이다. 어느 한 가지라도 존재하지 않으면 스피치가 이뤄지지 않기 때문이다.[3]

보완 요소 연사, 내용, 채널, 청중이 스피치 구성의 필수 요소라면 스피치 상황, 메시지에 대한 해석과 반응, 그리고 피드백에 따른 연사의 메시지 조정은 스피치의 커뮤니케이션 과정을 보완하는 요소이다. 성립의 관점에서 분류한 것일 뿐 이것들 역시도 스피치의 완성도를 좌우하는 중요한 요소들이다.

4.
스피치의 목적

스피치는 청중의 변화를 목적으로 한다. 변화에 이르도록 의도하는 커뮤니케이션 과정이 설득이다. 사적 커뮤니케이션과 달리 퍼블릭 스피치에서 설득은 고전 레토릭으로부터 현대에 이르기까지 여전히 중심적인 목표이다. 집단(공중을 포함하여)으로서의 청중, 그 집단의 구성 분자로서 개인이라는 이중적인 양태 구조를 가지고 있는 퍼블릭 스피치는 개개인을 넘어 집단의 설득적 반응행동이 사회 공동체의 변화와 긴밀하게 닿아 있다는 점에서 더 큰 중요성을 갖는다. 그래서 스피치의 최종적인 목적으로서 설득은 두 가지 관점에서 살펴볼 필요가 있다. 하나는 청중을 구성하고 있는 개별 인격체를 설득의 분석 대상으로 보는 목적이고, 다른 하나는 집단을 하나의 단일한 인격체로 두고 그것을 분석 대상으로 보는 목적이다. 전자는 집단 내 개인을 설득의 대상으로 지목한다는 점에서 내부적이고, 후자는 결속된 청중의 의사가 집단을 벗어나 공동체를 지목한다는 점에서 외부적이다. 따라서 스피치의 목적은 각각 '내부적 목적'과 '외부적 목적'으로 구분할 수 있다.

내부적 목적 집단 내부의 개인을 대상으로 하는 설득 목적은 그 결과가 개인들의 행동 변화로 귀착한다.

다양한 견해에도 불구하고 설득의 현대적 개념은 주어진 커뮤니케이션 상황에서 신념이나 태도, 행동 등의 반응변화에 참여하는 활동으로 요약된다. 즉 "새로운 신념이나 태도를 창출하는 반응 형성 또는 기존의 신념이나 태도를 보강하거나 소멸시키는 과정"이 설득이라고 할 수 있다(Gass & Seiter). 그러므로 스피치는 연사가 메시지를 통해 개인으로 하여금 새로운 생각을 갖도록 만들거나 이미 유지하고 있는 신념이나 태도를 변화, 제거, 보강함으로써 구체적으로는 스피치가 각각의 영역에서 의도하는 반응행동을 얻고자 하는 목적을 가지고 있다.

외부적 목적 집단에 대한 사회심리학적 분석은 그들의 비합리적인 행동에 주목하면서도 역설적으로 인간의 집합적 행동이 공동체 변혁의 본질적인 요인이었음을 공통적으로 말한다.

집단에 대한 위와 같은 이해는 스피치가 내부적인 개인의 설득에만 머무는 것이 아니라 청중을 하나의 관념적 인격체로 인식하면서 집단을 별개의 설득 대상으로 설정할 수 있음을 시사한다. 청중 속 개인을 향하는 설득이 동시에 집단이라는 단일한 대상에게도 향하게 되면 그 목적은 설득을 넘어 사회 공동체 또는 그들이 속한 커뮤니티의 변화를 가리키게 된다. 그러므로 설득의 효과성에 주력하는 퍼블릭 스피치는 청중 개개인의 반응행동과 집단 반응행동이라는 두 개의 목적, 즉 개인의 태도 변화와 집단의 움직임을 스피치 목적으로 가지고 있다.

5.
스피치의 분류

퍼블릭 스피치는 실행되는 영역, 연사의 주체성, 메시지 접근 방식 등에 따라 일정한 유형들로 분류가 가능하다. 이러한 분류를 통해 스피치의 범주를 가늠할 수 있고, 각 분류 유형들의 도드라진 특징들을 인식할 수 있다.

5.1 실행 영역에 따른 분류

스피치는 그것이 전개되는 사회적 쓰임 영역을 기준으로 법정(法庭) 스피치, 정치(政治) 스피치, 종교(宗敎) 스피치, 조직(組織) 스피치로 분류한다.

법정 스피치 법정 스피치(forensic speech)는 법적인 쟁점을 놓고 논증과 반박이 이루어지는 법정 영역의 퍼블릭 스피치 행위를 의미한다.

법정 레토릭, 정치 레토릭, 의례적 레토릭은 아리스토텔레스 이래 고전 레토릭이 각각의 장르로 구분한 공적 스피치의 오래된 분류였다. 오늘날 위 세 가지 스피치 중에서 법정 레토릭은 가장 큰 변화를 맞은 장르라고 할 수 있다. 거의 모든 국가·사회 제도가 성문화된

법으로 규율이 되는 현대 법체계에서 사회상규나 조리와 같은 법의 보충적 해석을 제외하고는 고대와 같이 법이 미처 지배하지 못하는 공간을 찾기는 어렵다. 법령의 규정에서 벗어난 행위의 논리적, 합리적 타당성을 배심원들에게 변론하는 형태의 스피치가 유지되기는 어려운 환경이 되었다는 것이다.

고대 송사(訟事)에서 이해 당사자는 본인이 소송 수행자이면서 변호인이었다. 그래서 법정 레토릭은 개인의 신상이나 재산보호 측면에서 대단히 중요하고, 소위 고도의 변론 기술이 필요한 퍼블릭 스피치였다. 우리가 텍스트를 통해 접하는 고전 레토릭 이론의 많은 부분이 법정 변론의 기술에 할애되어 있는 것도, 근대 초 우리 사회에 레토릭이 처음 소개되었을 때 그것을 법학의 변론 용어로 들여다본 것도 그런 이유 때문이라고 할 수 있다.

하지만 오늘날에는 법철학을 배경으로 방대한 법령, 규칙들이 입법기관을 통해서 정밀하게 제정된다. 법적인 쟁점도 법규 자체의 헌법위반 여부를 제외하고는 어떤 사건이나 행위가 실정 법규에 위반이 되는지, 절차적 정당성은 확보하였는지, 증거채택에 문제가 없는지 등을 중심으로 진행이 되는 지극히 전문적인 영역으로 발전하였다. 소송 수행자 역시도 거의 대부분을 이해 당사자가 아니라 법률 전문가들이 대리한다. 사실상 개인이 법규를 정확히 해석하고 소송 절차를 진행하면서 쟁점을 다투기는 어렵게 되었다. 법정 스피치의 주체가 법률전문가에게 이전된 것이다.

그렇지만 영역이 전문화되고 고도화되었다고 하더라도 법정 스피치는 현대사회에서도 여전히 중요한 스피치 분야의 하나로 분류할 수 있다. 향후 법정 시민참여가 더욱 확대될 것이라는 점은 논외로 하더라도, 설득 수단, 논거의 발견과 배열, 논증과 반박, 그리고 표현 기법 등은 지금도 법정에서 중요한 역할을 하고 있기 때문이다.

정치 스피치 정치 스피치(political speech)는 국가 및 사회 공동체 이념의 실현, 정책이나 제도의 수립과 관철, 선거, 입법 활동 등 정치적 사안을 놓고 이루어지는 정치 영역의 퍼블릭 스피치 행위를 의미한다. 이해 당사자 또는 변호사와 같이 자격이 있는 사람만이 할 수 있는 법정 스피치와 달리, 정치 스피치는 정치적 사안과 관련하여 국민을 대상으로 하는 스피치이므로 연사의 자격에 제한이 없다. 민주적인 선거제도와 정당정치, 언론의 자유가 보장되는 실질적 민주주의가 전제되어야 하는 것은 물론이다.

종교 스피치 종교 스피치(religious speech)는 교리의 전파나 전도를 위한 설교나 설법과 같이 종교적 영역에서 이루어지는 퍼블릭 스피치 행위를 의미한다.

특히 고대 그리스·로마의 레토릭이 쇠퇴한 이후 아우구스티누스(Augustinus)가 중세 기독교리 전파를 위한 이상적인 학문으로 레토릭을 채택하면서 설교는 레토릭의 네 번째 장르가 되었다고 할 만큼 오늘날 인간 공동체 생활에 큰 영향을 미치고 있는 대표적인 스피치 중 하나가 되었다. 사람들과의 직접적인 대면이 필요한 교리 특성상 기독교는 스피치에 대한 의존도가 다른 종교들보다 높은 편이다. 그래서 현대 기독 설교는 레토릭의 원리를 가장 세밀하게 분석 활용하고 있다. 또 퍼블릭 스피치의 효과적 실행이라는 측면에서도 다른 장르와 달리 그에 대한 연구와 논쟁이 활발하게 이루어지고 있는 영역이기도 하다.

종교 스피치에서는 일정한 종교적 지위가 있는 사람이 연사 자격을 갖는 것이 일반적이겠으나, 종교적 신념이 있다면 누구나 교리를 전파할 수 있다는 점에서 반드시 연사의 자격이 제한되는 것은 아니다.

조직 스피치 조직 스피치(organized speech)는 사적 결속체, 공·사 단체나 조직, 각종 커뮤니티 영역에서 구성원들의 결연(結緣), 사기진작 등을 목적으로 이루어지는 퍼블릭 스피치 행위를 의미한다. 레토릭의 세 장르 중 의례적 스피치가 이 영역에서 실행되는 가장 오래된 형태라고 할 수 있다.

사람은 누구나 혈연, 학연, 지연을 매개로 하는 모임에서부터 취미나 학문연구 등을 목적으로 하는 단체, 그리고 경제활동을 하는 법인에 이르기까지 다양한 결사체의 구성원으로 살아간다. 크게 보면 국가도 국민을 구성원으로 하는 조직이라고 할 수 있다.

조직 스피치는 실행 목적, 스스로의 위상 제고라는 운영 속성상 격식과 의례가 중요시된다. 따라서 그 같은 영역에서 실행되는 스피치는 여타의 다른 스피치 형태들보다 정형화된 특징을 보인다.

5.2 주체의 귀속에 따른 분류

퍼블릭 스피치는 주체의 귀속 형태를 기준으로 일반 스피치, 대리(代理) 스피치, 대표(代表) 스피치로 분류한다. 주체의 귀속이란 스피치를 실행하는 연사의 주체성이 누구에게 속하는가를 뜻한다.

일반 스피치　일반적으로 스피치의 주체는 연사 본인이다. 주체성이 다른 주체에게 이전되거나 다른 주체와 중첩되지 않는다. 즉 단일 연사의 단일 주체성이 스피치의 기본적인 형태이며, 대리·대표 스피치와 구분하기 위하여 분류의 편의상 이를 일반 스피치로 부른다.

대리 스피치　연사(실행 주체)가 본래의 연설 주체(위임 주체)를 대신하여 스피치를 실행하고 효과가 위임 주체에게 도달되는 형태의 스피치를 의미한다.

사전적인 의미로 볼 때 타인을 대신하여 일을 보는 것을 대리라고 한다. 따라서 스피치의 대리란 연사가 원래의 주체로부터 위임받아 스피치를 실행하는 것이다. 이때 위임 주체는 자신이 실행할 스피치 내용을 미리 작성하거나 구상하여 연사가 이를 단순히 청중에게 전달하도록 위임하기도 하고(전달 대리 스피치), 스피치의 구성 등 전반을 연사에게 일임하는 포괄적인 위임(포괄 대리 스피치)을 할 수도 있다.

가령 대통령의 신년사를 국무총리가 대리 낭독한다면 그것은 전달 대리 스피치가 될 것이고, 메시지 구성 등 포괄적인 위임을 받아 실행한다면 포괄 대리 스피치가 될 것이나 어느 경우라도 본래의 주체를 대리하는 것에 불과하여 연사의 자격 공신력에 공백이 생긴다. 그래서 대리 스피치는 불완전한 유형의 스피치라고 할 수 있다.

대표 스피치 연사가 단체나 조직의 대표자로서 스피치를 실행하고 그 결과가 연사 자신과 단체·조직 모두에게 중첩적으로 귀속되는 형태를 대표 스피치라고 한다.

대리 스피치의 위임 주체가 개인이라면 대표 스피치는 위임 주체가 단체나 조직이다. 대리 스피치는 위임 주체와 실행 주체가 자연인 대 자연인의 관계로서 스피치 효과가 본래의 위임 주체에게 회귀한다. 그러나 대표 스피치는 위임 주체와 실행 주체가 조직과 자연인의 관계이므로 청중은 연사의 스피치를 연사뿐만 아니라 그가 속한 단체나 조직의 의사 표출로도 받아들인다. 청중은 연사의 스피치를 단체의 의사로도 간주하기 때문에 연사와 단체의 의사가 하나로 인식되어 청중에게 도달하는 것이다. 이를테면 경찰청장이 연설을 할 때 청중인 국민은 경찰청장 개인의 연설을 듣는 것과 동시에 그것을 경찰 전체의 이미지와 결부시켜 경찰이라는 조직의 연설로도 받아들이는 식이다. 이러한 현상은 위임 주체인 단체·조직의 영향력이 크고 분명할수록 예민해진다. 즉 대표 연사와 조직의 결합 정도는 조직이 항구적이고 견고할수록 강하게 나타나고, 조직이 비교적 생소하거나 인지도가 낮은 경우에는 조직보다는 대표 연사 개인의 의사 표현에 더 비중을 둠으로써 그 정도는 느슨해진다. 그러므로 대중 인지도가 높은 조직이나 널리 알려진 단체일수록 대표자의 스피치는 청중에게 더 민감하며 그것은 스피치 외적 부분으로까지 메시지화하는 경향을 보인다.

5.3 메시지 접근 방식에 따른 분류

스피치는 크게 메시지의 구성과 그것을 구술하는 실행 단계로 나누어진다. 구성한 메시지를 실행할 때 연사는 주제를 놓고 시시각각 사고를 통해 메시지를 구성하면서 동시에 스피치를 진행할 수도 있고, 미리 원고를 작성하여 이를 읽는 방식으로 진행할 수도 있다. 접근 방식에 따른 분류는 이처럼 연사가 스피치를 할 때 메시지를 가져오는 방식을 기준으로 분류하는 형태이다. 여기에는 암기식, 낭독식, 메모식, 동시적 스피치가 있다.

암기식 스피치 용어 그대로 사전에 연사가 구성해 놓은 스피치 메시지를 전부 암기한 후 이를 기억해 가며 실행하는 형태이다. 스피치에 긴 시간이 소요되는 경우 메시지를 전부 암기하기가 어렵다는 문제가 있어서 크게 활용되지는 않는다.

낭독식 스피치 연사가 메시지를 원고에 빠짐없이 기록하고 이를 읽어 가며 실행하는 형태이다. 청중에 대한 연사의 시선 처리가 원활하지 못한 단점이 있어 공신력에 다소간 부정적인 영향을 미치기도 한다. 그러나 정확한 메시지 전달이 필요하거나 스피치의 실행 시간이 상대적으로 짧고 보다 격식이 요구되는 스피치 상황에서 낭독식 스피치를 하는 경우들이 많다.

메모식 스피치 메시지의 주요 부분을 스피치 흐름에 따라 개괄적으로 원고에 기록하고 각 부분의 상세한 메시지는 연사가 동시에 사고를 하면서 채워 나가는 방식이다. 또 낭독 스피치에서와 같이 미리 작성한 전체 원고를 기반으로 하되 주요 부분만을 알아보기 쉽도록 표시해 놓고 그 부분을 보면 말하고자 하였던 메시지 내용이 자연스럽게 연상되도록 연습을 한 후 실행하는 형태도 메모식 스피치에 속한다. 설교, 강연 등 현대 퍼블릭 스피치에서 널리 이용되고 있는 방식으로서 암기, 낭독, 동시적 스피치가 복합적으로 활용되는 형태라 할 수 있다.

동시적 스피치 별도의 원고나 메모를 작성함이 없이 설정한 주제에 대해서 연사의 사고와 구술이 동시적으로 이뤄지는 스피치 형태이다. 동시적 스피치는 어떤 주제에 정통하여 오랜 기간 그 주제로 스피치를 해 왔거나 깊은 사유와 지식을 바탕으로 스피치 기법이 풍부하게 축적되어 있는 숙련된 연사들의 주된 스피치 형태이다.[4]

5.4 메시지 통제 작용에 따른 분류

메시지를 생산하는 관점과 메시지를 수용하는 관점은 다르다. 연사의 입장에서 메시지는 구성하는 요소이고, 청중의 입장에서는 지각하는 요소이다. 이때 청중이 메시지를 지각하는 위치에 따라 퍼블릭 스피치는 '닫힌 스피치'와 '열린 스피치'로 구분할 수가 있다. 그리고 이를 연사의 입장에서 다시 해석하면, 그것은 메시지 구성을 어떻게 하느냐에 따라 받아들이는 청중의 지각 방식이 달라짐을 의미한다. 즉 닫힌 스피치와 열린 스피치는 연사의 메시지 통제 작용에 따라 나타나는 각각의 스피치 특성에 의해 구분되는 분석적인 접근 개넘이다.[5] 이에 대해서는 '스피치의 구성'에서 구체적인 예문들과 함께 자세히 다룰 것이다. 그러므로 여기에서는 개념만 간략히 정리하기로 한다.

닫힌 스피치　고전 레토릭에 기반을 두고 있는 논증 방식의 스피치 유형을 의미한다. 논리 전개라는 특성상 청중은 대체로 메시지를 수신하는 수동적인 설득의 대상이 되고, 스피치는 권고적이거나 단정적인 메시지 전달 형태를 가진다.[6]

열린 스피치　사례를 내러티브한 형태 등으로 제시하는 서사적 진행 방식의 스피치 유형을 의미한다. 이야기 전개라는 구조적 특성상 청중은 연사와 메시지를 공유하는 설득의 동반적 대상으로 인식되고, 메시지가 이야기 흐름을 따라 진행된 후 그 사례로부터 설득적 주장을 끌어내는 방식의 논증 구조를 가진다.

5.5 실행 목적에 따른 분류

　모든 퍼블릭 스피치는 설득과 무관할 수가 없다. 정도를 달리할 뿐 연사가 있고, 메시지가 있으며, 청중이 있는 한 설득적 요소를 완전히 배제할 수 없는 특성을 가지고 있다. 그럼에도 스피치의 목적이 어디에 더 주안점을 두고 실행되느냐에 따라서 조금씩 다른 양태를 보일 수는 있다. 그 목적이 온전히 청중의 설득에 맞추어져 있느냐, 아니면 정보를 제공하거나 격려 등의 차원에 더 맞추어져 있느냐에 따라 분류가 가능하다는 의미이다. 스피치의 실행 목적에 따른 분류는 위와 같은 기준에 의해 보통 설득적 스피치(persuasive speech), 정보제공 스피치(informative speech), 격려·감화 스피치(inspirational speech), 선전·선동 스피치(propaganda-demagogue speech)로 구분할 수 있다.

설득적 스피치　연사가 주장하는 메시지를 통해 청중의 행동, 태도, 마음의 변화를 일으킬 목적으로 실행되는 스피치로서 정치 스피치, 법정 스피치, 종교 스피치 등 대부분의 퍼블리 스피치 유형들이 여기에 해당한다.

정보제공 스피치　연구나 조사 결과, 전문 지식, 수집 정보 등을 전달하여 청중의 이해를 돕고자 하는 유형의 스피치로서 사실 전달 유형의 강의·강연 등이 있다.

격려·감화 스피치　커뮤니티의 우호나 결속, 특정 대상에 대한 찬양이나 격려, 정신적 고무를 위한 스피치 유형으로서 의례적 스피치가 대표적이다.

선전·선동 스피치　공동체의 특정 문제나 이데올로기를 일정한 의도를 갖고 청중에게 설명 또는 홍보하거나(선전), 청중의 파토스를 극단적으로 고취하여 직접적인 행동화를 촉구할 목적으로 실행되는 스피치 유형이다(선동). 인위적 조정이나 조작이 개입할 여지가 있으므로 청중 스스로가 면밀히 판단하고 이를 경계할 필요가 있다. 그러나 공동체의 위기 상황에서 구성원들의 강한 결집이 요구되는 경우 선전·선동 스피치가 광범위하게 활용되기도 한다.

5.6 채널의 형태에 따른 분류

스피치의 채널은 일반적으로 특정한 물리적 공간이다. 연사와 청중이 함께 있는 공간에서 스피치가 실행되므로 청중의 반응과 그에 따른 연사의 메시지 조정이 즉시적으로 이루어진다. 이것이 퍼블릭 스피치의 전형적인 모습이다.

그런데 디지털 전자 기술의 발전으로 현대의 스피치 채널은 매스미디어, 소셜 미디어와 같은 매체들이 기존의 공간 채널을 상당 부분 대체하고 있다. 이렇듯 채널의 형태에 따라 퍼블릭 스피치는 '대면적 스피치'와 '미디어 스피치'로 구분한다.

대면적 스피치 연사와 청중이 같은 공간의 채널에서 서로 대면하는 전통적인 퍼블릭 스피치의 형태이다. 전달과 반응이 즉각적으로 이루어진다. 말이 갖는 일체성 및 관계 중심화 작용이 현실적으로 나타나는 스피치 일반의 모습이라 하겠다.

미디어 스피치 연사와 청중이 서로 다른 공간에 위치하고, 촬영된 스피치 영상이 실시간 또는 시간적 간격을 두고 미디어 채널을 통해 청중에게 전달되는 스피치 형태이다. 기술적으로 스피치 장면들을 수정, 보완할 수 있다. 청중의 스피치 반응이 대면적 스피치와 다르게 즉시적이지 않고 더디게 나타난다. 연사와 청중이 서로 다른 공간으로 분리되어 있으므로 관계 중심화 작용이 크게 일어나지 않는다. 다만 청중이 있는 가운데 스피치 영상이 미디어를 통해 송출되는 경우라면 연사와 대면 청중 사이에는 관계 중심화 작용이 활성화될 것이다.

한국 퍼블릭 스피치의
지형

1.
퍼블릭 스피치의 기원과 확립

인류 최초의 대중을 기반으로 하는 말하기 형태는 기원전 메소포타미아 지역을 시작으로 고대 지중해 연안의 도시국가 등 유럽 전역에서 유행하였던 음유시인의 이야기 공연에서 찾을 수 있다. 기록으로 남아 있는 인류의 가장 오래된 詩 중 '길가메시의 서사시'는 음유시인들이 마을을 순회하며 대중들에게 들려주던 공연의 전문 소재 중 하나였다.[7]

이는 대중적 말하기 방식에도 많은 영향을 미쳤을 것이다. 왜냐면 문자화된 책을 접할 수 없었던 고대의 유일한 언어적 커뮤니케이션은 오로지 말하기 형태로 존재할 수밖에 없었고, 특정 또는 불특정 다수의 대중을 청취자로 두고 말을 할 때는 일정한 방식이나 기법, 논리적 체계, 전개 방식 등이 발달할 수밖에 없기 때문이다. 즉 그와 같은 규칙들은 이후 고대 그리스·로마 등 유럽 서구사회 전반에서 퍼블릭 스피치 문화의 직접적인 기원이 된 '레토릭(rhetoric)'에 영향을 주었을 것이라고 보는 것이다.[8]

퍼블릭 스피치는 고대 그리스의 레토릭에서 발원하였다. 그리스에서 레토릭이라고 하는 말하기 형태의 대중적 커뮤니케이션이 체계적으로 확립되고 발전한 배경에 대해서는 다양한 학문적 추론들이 있다. 그러나 "직접 민주주의 형태의 도시국가 시스템에서 시민들의 지지를 얻기 위한 정치인들의 대중 설득(양병우)", 그리고 "민주적인 배심제도하에서 자신의 재산과 권리를 지키기 위한 변론의 등장이 설득적 말하기 기술의 체계적인 발전을 가져왔다(Fishkin)"고 보는 것이 일반적이다.

대표적인 소피스트였던 프로타고라스(Protagoras), 고르기아스(Gorgias)를 시작으로, 플라톤 이후 아리스토텔레스에 이르러 고전 레토릭은 학문적으로 체계화된다.

이후 레토릭은 로마로 이어져 키케로(Cicero), 퀸틸리아누스(Quintilianus)에 의해 보다 실용적인 방향으로 그 이론들이 정밀해졌다. 특히 레토릭을 공적 스피치 기술로 이해한 키케로는 레토릭이라는 용어를 직접적으로 'Oratoriae(연설)'라는 말로 대체하여 사용하였다. 그래서 대체로 레토릭은 논증적 말하기 방식, 연설은 감화적 말하기 방식에 더 가까운 커뮤니케이션 형태로 이해되기도 하였으나 레토릭이 오라토리에로 이어졌다는 점에서 이 두 가지는 같은 학문적 개념 용어라고 보아야 할 것이다.

고전 레토릭은 보통 스피치가 전개되는 장르에 따라 정치, 법정, 의례적 레토릭으로 구분하여 논해졌다. 그중 정치 레토릭과 법정 레토릭은 서구사회에서 정치 연설, 법정 변론, 종교 연설로 그 전통이 유지되어 현대에 이르고 있다. 그리고 의례적 레토릭은 훨씬 광범위하게 발전되어 왔는데, 이 연결점이 일반적으로 스피치라고 하는 전통과 맥을 같이하게 된다.

앞서 살펴본 것처럼 의례적 레토릭은 고대 그리스 도시국가에서 주로 귀족 상류층을 중심으로 사용된 공적 스피치 형태였다. 모임, 결혼식, 장례식 등 의례적 상황에서 격식에 맞는 말을 품위 있게 표현한다는 것은 이후 서구사회를 관통하는 중요한 사교적 도구가 된다. 침묵을 미덕으로 여기는 유교 아시아권 문화와 달리 서구사회에서는 의례적인 자리에서 말 잘하는 것을 기품 있는 행동으로 여기는 전통이 형성되었고 이러한 말하기 문화는 중세, 근현대로 이어졌다. 그리고 오늘날 영·미·유럽에서 스피치라고 했을 때는 축사, 기념사와 같은 공식적인 커뮤니티 석상의 대중적 메시지 표출방식을 의미하면서 한편으로는 상황에 따라 퍼블릭 스피치, 말하기 일반의 보편적 개념으로 인식하여 확대 사용하기도 한다.

2.
퍼블릭 스피치의 현대적 확장

현대 레토릭 연구는 스피치라는 전통적인 구술적 형태에서 벗어나 다양한 분야에 걸쳐 활발한 탐구가 진행되고 있다. 그중 미디어 매체들의 레토릭 특징들을 들여다보는 전자적 레토릭(electronic eloquence)과 문화 속에 스며든 권력의 지배를 드러내 사회변화를 시도하는 비판적 레토릭(critical rhetoric), 젠더(gender)의 다양성 관점에서 성의 억압과 해방을 고찰하는 페미니즘 레토릭 등은 비평적 담론분석(discourse analysis)이라는 차원에서 의미 있는 메시지들을 계속해서 던지고 있다.

그러나 보셔스(Borchers)는 응용 학문의 하나로서 위와 같이 여러 시각에서 조명되고 있는 레토릭에 대해 몇 가지 논쟁들이 여전히 남아 있음을 이야기한다. 설득을 넘어선 보다 보편적인 레토릭의 정의와 의도성, 담화 위주의 레토릭, 철학적 맥락에서 여전히 계속되고 있는 레토릭의 정체성에 관한 문제들이 레토릭의 개념 정의와 결부되어 이론적인 논쟁으로 이어지고 있다는 것이다.

그러나 레토릭에 대한 여러 관점의 통찰과 비판적 시각에도 불구하고 변화된 현대의 커뮤니케이션 환경에서도 퍼블릭 스피치는 여전히 큰 의미가 있다.

그 배경으로는 무엇보다 급속도로 진화하고 있는 미디어 생태계의 변화를 들 수 있다. 특히 소셜 미디어에서 그런 현상들이 뚜렷이 감지된다.

구독자로 불리는 불특정 다수의 청중에게 문화, 교양, 시사 등의 정보를 목적으로 개인들이 영상과 메시지를 전달하는 모습은 본질적으로 퍼블릭한 형태의 스피치들이다. 또 소리라는 특성상 기존에는 한 번 들리고 사라졌던 스피치가 영상 기록으로 반복 재생되면서 양적으로도 팽창하고 있다. 퍼블릭 스피치가 디지털 미디어 광장에서 새롭게 펼쳐지고 있는 셈이다. 전통적인 스피치 양식에 매몰되지 않고 이러한 현상을 유연하게 바라본다면 그것은 분명하게 퍼블릭 스피치의 현대적 확장이다. 기존의 대면적 스피치 방식과 새로운 미디어 스피치 방식이 병존하면서 구술 레토릭이 사람들의 일상 영역에서 실재화되고 있는 것이다.[9]

불과 수십 년 전까지도 우리는 스피치와 영상이 하나의 시스템으로 구현되어 시공간의 구애 없이 제공될 것이라는 사실을 그다지 예상치 못했다. 그러다 보니 비음성적인 스피치 단서들의 중요성도 상대적으로 크지 않았다. 그러나 영상 의존도가 높아지면서 퍼블릭 스피치는 물론 실용 스피치 영역에서도 말하는 사람의 외양적 요소(의상, 스타일, 생김새 등)에 대한 평가 비중이 커지고 있다. 이는 대체로 메시지로만 인식되던 스피치가 위와 같은 개인의 고유한 생물학적 영역까지도 평가의 일부분으로 수용하는 또 다른 측면의 스피치 확장으로 이해할 수 있을 것이다. 현대의 퍼블릭 스피치는 고유한 기능성과 함께 개인적 가치의 표상으로까지 외연이 넓어지는 새로운 패러다임의 레토릭 시대에 서 있다.

3.
한국 퍼블릭 스피치의 전개 과정

퍼블릭 스피치는 공적 영역에서 이루어지는 커뮤니케이션 행위로서 정치·사회체제와 밀접하게 관련이 있다. 그 시작인 레토릭은 고대 그리스 아테네의 민주주의 정치체제를 배경으로 "시민들이 민회와 법정에서 설득력 있는 말하기를 통해 자신의 권리를 주장하거나 자신의 이익을 지키기 위한 말하기 기술"이었다(Herrick). 레토릭이 사회적 갈등 조정과 시민 교양의 공적 스피치 행위였다는 것은 그것이 민주적인 사회 질서 속에서 성장해 왔다는 것을 의미한다.

그런데 대략 19세기 후반을 기점으로, 말보다는 전통적으로 글을 중시하고, 민주주의 정치체제를 경험해 보지 않은 한자 문화권으로 낯선 서구의 학문인 레토릭이 들어왔다.

한국은 전통적으로 말의 신중함을 강조하는 사회였다. 그 가치관은 분명 이 시대가 보존해야 한다. 하지만 일방통행의 가부장적 수직 관계와 서툴더라도 꾸미지 않은 말이 인(仁)에 가깝다는 생각들은 그동안 우리 사회에서 개개인의 언어능력 빈곤을 부채질해 온 것도 사실이다(김현주). 그래서 서구 레토릭 문화의 한국 사회 진입은 어쩌면 하나의 도전일 수도 있었다.

특히 이 시기 일본은 제국주의로 들어서고, 중국은 열강들의 각축

장으로, 조선은 일본의 국권 침탈이라는 혼란한 국면에 놓여 있었으므로 사실상 레토릭이 뿌리내릴 수 있는 동북아시아의 사회적 환경은 열악했다. 그럼에도 레토릭은 우리 사회에서 빠르게 뿌리를 내리고 확산되는데, 다음과 같은 몇 가지 공론적 이슈에서 그 배경을 읽을 수가 있다.

첫째는 조선왕조 말 민중들의 민권계몽과 자강 등의 공론 이슈, 둘째는 강점기 일본의 국권침탈에 맞선 국권회복 공론, 셋째는 해방 이후 독재 항거와 자유민주주의, 군사 정권기 반공과 경제개발이라는 사회적 공론들이 한국 레토릭이 성장할 수 있는 역동적인 생태환경을 만들어 주었던 것이다. 그래서 주로 정치 사회적 공론장에서 대중연설·웅변·강연 등의 형태로 진행되어 온 한국 퍼블릭 스피치의 지형을 역사적 맥락에서 고찰하는 것은 의미가 있다. 그것은 근현대 우리 역사의 궤적을 레토릭 시각에서 분석하고 평가했을 때 어떤 함의를 엿볼 수 있는지에 대한 시도이기도 하고, 독창적인 한글을 기반으로 하는 한국 퍼블릭 스피치의 구조를 이해하는 출발이기도 하기 때문이다.

특히 스피치에 국한하여 한국 레토릭을 이해할 때 우리나라에서 그것은 수사학이라는 학문으로 통칭되고, 웅변·연설이라는 개념으로 해석되어 오늘날에 이르고 있는 퍼블릭 스피치 형태를 직접적으로 가리킨다. 즉 우리나라에서 웅변(연설)은 고전 레토릭의 한국적 모습이고 곧 한국어 퍼블릭 스피치의 역사를 관찰할 수 있는 좋은 표본이라고 할 수 있다. 그러므로 비록 충분한 사료가 축적되어 있지는 않더라도 그것이 한국 사회라는 풍토에서 어떻게 뿌리를 내리고 어떤 역할을 하며 전개되어 왔는지를 추적해 볼 이유는 충분하다고 본다.

3.1 웅변과 연설

웅변과 연설이 같은 개념인가에 대한 문제를 먼저 살피고 가야 할 것 같다. 그래야 용어상의 혼동이 없을 것이라고 판단하기 때문이다. 이를 위해서는 한국 근현대 역사에서 실제 그것을 사람들이 어떻게 사용해 왔는지를 인식할 때 가장 정확한 결론에 이를 수 있을 것이다.

우리나라 최초의 웅변 전문서적(연설법방, 안국선, 1907)은 웅변과 연설을 동일한 의미로 해석하고 있었다. 이후 한국의 웅변 관련 서적들도 대체로 웅변과 연설을 구분하여 사용하지 않았다. 그리고 Rhetoric과 Oratoriae의 역사적 관계 등을 볼 때도 명확하게 그 차이를 구분할 필요성이나 논거가 희박해 보인다는 점에서 웅변과 연설은 서로 개념이 다른 퍼블릭 스피치라고 볼 이유는 없을 것 같다. 실제 근대 초기 우리나라 계몽 사상가들의 대중 메시지 표출방식은 연설회라는 이름으로 광범위하게 이뤄졌고, 이후 1920년대에 들어서는 연설보다 웅변이라는 말이 보편적으로 사용되기도 하였다. 다만 이후 한국 역사에서 연설회는 대체로 명사들의 강연 방식으로 진행이 되는 경우가 많았고, 웅변은 대회 방식으로 진행되다 보니 마치 두 용어가 다른 것처럼 인식된 면도 있다.

우리가 굳이 웅변과 연설의 차이를 보자면 스피치 시간, 스피치 기술의 차이를 들 수도 있겠다. 먼저 스피치 시간과 관련하여 웅변이 반드시 시간제한이 있어야 한다는 생각은 아마도 스피치 기술을 엄격히 심사하는 웅변대회를 염두에 둔 이유 때문일 것이다(그러나 초창기 웅변대회 시간은 25분 내외인 경우도 많았다). 스피치 기술과 관련해서는 윤금선이 일제 강점기 웅변대회 연구에서 고찰한 바와 같이, 연설은 연사의 말할 내용에 중점을 둔 용어이고, 웅변은 연사의 말하는 기술에 더 주목한 용어 정도에서 그 차이를 이해할 수도 있을 것이다. 그러나 스피치 기술은 연설 실행 과정에서도 동일하게 요구되므로 이 또한 적절한 차이점으로 보기에 무리가 있다. 그래서 이 책에서는 웅변과 연설을 동일한 개념의 퍼블릭 스피치 형태로 이해한다.

3.2 레토릭의 유입

20세기 초반, 레토릭이라는 공적 스피치 개념이 일본을 통해 우리 사회에 처음으로 들어왔다. 일본은 메이지 유신(明治維新) 이후 근대 서구학문을 받아들이면서 고전 레토릭을 문예적 작문과 설득적 스피치라는 두 가지 시각에서 혼합적으로 이해하고 있었다.

이한정에 따르면 일본 근대 계몽사상가였던 니시 아마네(西周)가 레토릭을 한자적 용어로 번역한 최초의 인물이다. 그는 레토릭을 '文辭學(1870)'이라고 번역하였다. 그렇게 레토릭을 문예적 관점에서 소개한 해석관은 이후 일본 학자들에 의해 修辭學(기쿠치 다이로쿠, 1879), 美辭學(다카나 사나에, 1889) 등으로 이어진다.

한편으로 레토릭은 구술 스피치의 설득적 관점에서 소개되기도 하였다. 오자키 유키오(尾崎行雄, 1877)는 레토릭을 퍼블릭 스피치로 이해하여 그것을 '公會演說'이라고 번역 소개하였고, 구로이와 다이(黑

岩大, 1883)는 레토릭을 '雄辯美辭學'으로 번역하였는데, 이러한 초기 유입과정이 레토릭을 수사학, 연설, 웅변으로 해석 전파한 시발점이라 하겠다.

　일본의 학문적 영향을 받을 수밖에 없었던 우리 사회에서 수사학이라는 용어는 1907년 대한자강회월보 제7호(權輔相, 法學用語解)에 처음 등장한다. [10] 또 웅변이라는 용어도 같은 해인 1907년 안국선의 '연설법방'에서 처음 보이는데, 안국선은 웅변(연설)을 "백성을 개화하고 감복시키는 기운차고 논리가 정연한 말"로 정의했다. [11] 그리고 레토릭은 1927년 청년 잡지사가 발행한 靑年 제7권 제9호, '雄辯의 修辭學的 硏究'라는 소논문에 이르러 그것이 본격적으로 소개되는 등 이러한 일련의 흐름 속에서 레토릭, 수사학, 웅변, 연설이 통일되거나 구분된 개념 없이 우리 사회에서 혼용되기 시작한다.

3.3 레토릭과 수사학

　한국 레토릭의 전개 과정 맥락에서 수사학이라는 용어를 더 세밀히 고찰할 필요가 있다. 여기에는 한국적 풍토에서 자리 잡은 웅변·연설 등의 퍼블릭 스피치 형태들을 상위의 학문적 용어로 아우르고 있는 수사학이 말하기와 문장 각각의 영역에서 명확하게 인식될 수 있어야 하고, 한편으로는 레토릭이 문장의 수사학으로만 편향되는 학문적 오류 또한 없어야 하기 때문이다.

　앞에서 기술한 것처럼 20세기 초 일본을 통해 우리 사회로 들어온 고전 레토릭은 대체로 그것을 말하기와 작문이 혼합된 언어의 응용 기술로 소개하고 있다. "修辭學은 思想發表의 目的을 達ᄒ기 爲ᄒ야 言

語의 應用을 硏究호는(수사학은 사상발표의 목적을 이루기 위하여 언어의 응용을 연구하는) 학문(權輔相, 法學用語解, 대한자강회월보 제7호, 1907)", 수사학은 "自己의 思想을 文章이나 演說에 顯寫호야 其意味와 情趣를 人人에게 悟得호게 홈(雄辯法要訣, 新文界 제4권 9호, 1916)", 즉 '문장이나 연설을 통해 자기 사상의 의미와 감정을 분명히 드러내 사람들로 하여금 스스로 깨달아 얻게 하는 것'으로 정의 내린다. 이는 민주적인 방식의 공적 메시지 표출이 낯설었던 유교문화권에서 자신들에게 익숙한 문장의 작법 영역에 퍼블릭 스피치를 결합하고자 한 흔적이라고 할 수 있다.[12]

이처럼 일본을 통해 우리나라에 들어온 수사학은 비록 문예적 담론에서 채용한 레토릭의 한자적 번역이었을지라도 애초에는 그것이 구술 장르에 속한 언어적 행위였음을 밝히고 있었다. 다시 말하면 20세기 초반 우리 사회에 레토릭이 유입되던 당시에는 수사학이 말하기로서 레토릭의 구술적 관념을 내포하고 있었다. 그런데 근대적 학문 체계가 현대에 이르러 자리를 잡아 가면서 수사학이라는 용어 속에 내포되어 있었던 구술 개념은 희미해지고 문학의 하위 연구 분야 중 하나로서 문예 또는 문장의 수사학이 레토릭의 본질적 의미를 축소 대체해 온 것이 대체적인 흐름이었다.

이와 관련해서는 레토릭의 본질적 왜곡을 비판적 시각에서 보는 학자들의 견해가 많다. 특히 김헌은 "레토리케(rhêtorikê)가 수사학(修辭學)인가?"라는 의문을 직접적으로 던지면서 다음과 같은 분석을 내놓았다.

"레토리케는 민주주의라는 독특한 정치체제를 만든 고대 그리스의 역사적, 사회적, 교육적 상황에서 꽃 피어난 언어 소통의 한 기술이다. 말의 뿌리를 따져볼 때 레토리케는 레토르, 곧 연설가의 기술을 의미하는 것이었다. 그런데 제정 로마 2~3세기 이후 지시체의 자유로운 의사표현의 제도적 장치가 무너진다. 레토릭은 설득을 위한 연설의 마당에서가 아니라 이제 쾌감과 감동을 주는 극문학, 시와 같은 문예 창작의 영역에서 글쓰기, 작문과 표현의 기술로서 살아남는다. 그리고 19세기 후반 문체의 생동감을 잃고 변질되어 떠돌던 레토릭은 한자 문화권에 들어와 피상적인 분류학으로 치달으며 고유한 영역과 의미가 축소된 채 극단적인 장식이나 변형, 조작의 의미를 담은 수사학으로 번역되어 들어온 것이다.”

그러나 다듬어진 문장을 통해 말을 하고 실연(實演)된 말이 문장으로 옮겨지는 것은 현대 언어의 자연스러운 현상이다. 고전 레토릭이 글을 토대로 실행하던 스피치가 아니라 그야말로 생각으로 작법하고 말로 옮기는 구술시대에 탄생한 것이라면 지금은 레토릭을 일체화된 말과 글의 상호관계 속에서 재탄생시키는 것이 옳은 작업이다. 따지고 보면 수사학, 또 그것을 구술행위로 해석한 웅변이라는 개념도 레토릭이라는 생소한 주제를 생소한 환경에 심기 위해 고민한 결과라고 할 수 있다. 그것에 접근하기 위해 필연적으로 요구되었던 학문적 용어가 수사학이라는 이름으로 뿌리내렸다면 그것을 적절하게 수용하는 것이 바람직하다.

오래전부터 우리는 이미 언어라는 이름으로 말과 글을 분리할 수 없는 하나의 커뮤니케이션 수단으로 인식하며 살고 있다. 따라서 수사학이 구술 영역에서 말하기를 다룬다면 '말하기의 수사학'이 되고, 글쓰기를 다룬다면 '문장의 수사학'이 되는 것이다. 한자 문화권의 독특한 시각을 담은 개념 용어로서 수사학을 말하기 또는 문예적 장르 어느 하나에 국한하여 사용해야 할 당위와 필요성은 커 보이지 않는다. 수사학을 스피치와 문예 기법 상위의 학문적 개념으로 이해하는 것이 합당하고, 그렇게 보는 것이 수사학을 분명하게 이해하는 현명한 사고일 것이다.

3.4 시대별 전개 과정

1) 근대

근대 한국 퍼블릭 스피치의 태동과 변천은 크게 두 단계로 나누어서 살펴볼 수 있다. 하나는 19세기 말부터 1910년대 연설과 토론이라는 형태의 새로운 담화방식이 성황을 이루던 시기이고, 다른 하나는 3.1운동 이후 일제가 소위 문화정치를 표방하면서 조선사회에 활발하게 진행되었던 현상웅변대회(懸賞雄辯大會)라는 사회적 담론이 전개되었던 시기이다.

신문물과 신사상의 조류를 일반 대중에게 알리고자 하는 문화운동이 역동적으로 전개되었던 전자의 시기는 우리 사회에 처음으로 연설과 토론이라는 형태의 공론적 담론방식이 등장하여 근대계몽기를 특징짓는 하나의 사회적 현상을 보여 준다. 이 시기의 계몽운동은 일제의 국권침탈에 따른 국권회복운동의 일환인 애국계몽운동과 합일되면서 개화와 계몽, 그리고 실력자강을 위한 공론장으로써 연설과 토론이 중요한 수단이 되었다.

대략 1890년대 전후 등장한 연설이라는 형태의 공적 스피치는 대단한 성황을 이루었다. 근대 계몽기의 대표적 신문인 대한매일신보와 황성신문은 신사연설(紳士演說), 청회연설(靑會演說) 등의 제목하에 연설회 모임, 일시, 장소, 연설 주제, 연사 등을 광고하거나 소개하여 일반 대중의 참여를 적극 유도하였다. 연설회는 또 토론회와 별도로 개최되거나 함께 개최되기도 하였는데, 1905년 을사늑약 이후 연설회는 수천 명이 운집하는 시민집회의 성격을 띠는 등 일제의 침탈이 더욱 노골화되어 가던 시대 상황 속에서 대중연설은 국권 회복과 국민 계몽의 유력한 사회적 수단으로 자리를 잡는다(정우봉). 그리고 그러한 시대적 상황은 관련 전문 서적들의 출간으로 이어져 이 시기에 한국어 최초 스피치 단행본인 演說法方, 演說大海(김광제·이호진, 1909) 등이 출간된다.

그러나 근대 계몽기 활발했던 연설회 등은 1910년 한일 강제 합병에 따른 일제의 단속과 탄압으로 위축되었다가 1919년 3.1운동 이후 상품을 내건 각종 웅변대회가 등장하면서 한국 퍼블릭 스피치의 형태가 본격적으로 모습을 갖추기 시작한다.[13]

1920년대는 3.1만세운동의 저항 결과로 일제가 언론의 자유를 표면적으로나마 보장하는 시기였다. 이에 따라 각종 저널과 사회, 교육 단체들이 만들어지고 각 분야에서 활발한 활동이 전개되었다. 그리고 신문·잡지사와 민족 사회단체들은 사회적 담론 공간을 넓히고자 연사의 메시지를 대중이 같이 호흡하는 방식의 웅변대회를 기획

하게 되는데, 그렇게 해서 생겨난 1920년대 현상웅변대회는 우리 사회 전반에 걸쳐 거대한 공론장을 형성하기 시작한다.

우리나라 최초의 웅변대회는 유학생 18명이 동아일보의 후원을 받아 1920년 7월 9일부터 부산 동래를 시작으로 전국을 돌며 일종의 순회형식으로 개최한 대회가 처음 시작이었다(동아일보, 1950.4.1.).[14] 이후 이러한 형태의 웅변대회는 연사들이 서로 겨루는 방식의 상품을 내건 대회로 발전하였고, 청중들은 기부금 형식으로 입장료를 내고 대회장을 들어갈 정도로 성황을 이룬다.

현상웅변대회는 1920년대 중반에 이르러 가장 활발한 양상을 보인다. 대회 주체는 전술한 대로 각종 사회·종교단체와 언론사 등이었다. 그리고 정치·사회·문화 전반의 다양한 논제를 놓고 실시되는 과정에서 민족 및 정치적인 색채의 웅변이 진행되는 경우에는 경관이 임석하여 단속을 하는 등 그로 인해 대회장에서 청중과 마찰을 빚기도 하였다(조선일보, 1929.6.29.).

현상웅변대회는 단순히 말하기를 겨루는 성격의 대회가 아니었다. 당시의 웅변은 대중들에게 연설회의 연속적 개념에서 인식되는 것이었고, 국권이 침탈된 특수한 상황에서 대회를 빌려 민족 자주국권을 회복하고자 했던 시국 연설의 성격이 짙었다.

웅변대회가 사회 전반으로 확산되면서 언론·잡지에서 웅변에 대한 비평과 논평, 당대 웅변가들의 전범(典範)을 소개하는 일이 많아졌다. 또 웅변 장려를 위하여 학교에 변론부, 강연부 등이 결성되고 교내 현상웅변대회가 활성화된다. 그리고 전문서적과 연구회가 만들어지는 등 1920년대는 실질적으로 웅변이라는 형태의 한국적 레토

릭이 태동과 동시에 자리를 잡은 시기였다.[15]

이상과 같이 일제 강점기 우리 사회에서 이전까지는 볼 수 없었던 공적 메시지 표출방식이 도입과 동시에 국민의 호응을 받은 배경에는 흔들리는 왕조를 대체하고자 하는 계몽 민권의식과 국권회복이라는 공론적 논제가 있었기 때문이다. 이는 한국 스피치 역사에서 매우 중요한 지점이다. 레토릭이 유입되고 오래되지 않은 시점에서 사회 변혁과 직접적으로 닿아 있는 공동체의 다양한 논제들이 웅변·연설의 형태로 활발하게 펼쳐졌고, 그것이 공론장의 핵심적인 역할을 수행함으로써 한국 퍼블릭 스피치의 역사를 만든 근원이 되었기 때문이다.

그러나 1930년대로 들어서면서 일제의 단속과 탄압이 거세지기 시작하였다. 많은 웅변대회들이 일제의 검열과 단속으로 인해 취소되거나 금지되기에 이른다. 특히 자주국권이나 독립과 같은 정치적 발언들은 엄격히 통제되면서 한국 퍼블릭 스피치는 언론의 자유를 박탈당한 채 해방 시기까지 사실상 암흑기를 보낸다.

2) 현대

해방과 함께 찾아온 자유민주주의 정치제도하에서 스피치는 정치인들의 역량과 학생, 재야 지식인들의 사회 변혁 공론 수단, 그리고 보다 다양한 주제와 정밀화된 방식의 웅변대회로 그 영역이 넓어지고 세분화하였다. 현대 한국 퍼블릭 스피치의 전개 과정은 특히 정치 시대적 상황에 따라 그 시기들을 몇 가지로 구분하여 살펴볼 필요가 있다.

1945년 8.15해방 이후부터 5.16군사정변 이전은 전쟁의 참화 속에서 민주주의 체제를 뿌리내리고자 하였던 혼란한 시대적 특징을 보인다. 그리고 박정희 정권을 시작으로 1993년 문민정부 출범 이전까지의 31년은 군사정권이라는 시대적 특징이 도드라진 시기였고, 1993년 이후 현재는 민주주의 시스템의 안정화 시기라고 규정할 수 있을 것이다. 이러한 구분은 레토릭이 태생적으로 민주주의 성숙 과정과 긴밀하게 관련되어 있고 그러한 시대적 특징들을 우리 현대사가 반영하고 있기 때문이다. 그래서 이 시기들을 각각 성장기, 확산기, 전환기로 구분하면서 한국 퍼블릭 스피치가 구체적으로 정치·사회 영역에서 어떻게 진행되어 왔는가를 살펴볼 것이다.

성장기 1900년을 전후한 시기가 한국 퍼블릭 스피치의 역사적 태동기였다면, 1945년 해방 이후부터 1961년 5.16군사정변 이전까지는 성장기였다. 앞에서도 보았듯이 레토릭은 민주주의와 함께 성장하고 부침을 겪는다. 한국 사회가 왕조시대와 일제 강점기를 지나 민주주의 정치체제로 들어서면서 스피치가 사회적 공론자로 다시 등장한 것은 그래서 자연스러운 현상이었다.

이 시기 웅변·연설은 단순한 공적 스피치 행위라기보다는 국가 사회의 주요한 언론 수단 중 하나였다. 당시 군중을 직접 운집시킬 수 있는 기회는 선거기간이 아니면 전문 연사나 정치인, 지식인 등의 시국 연설 또는 정부의 관제 강연회, 각종 웅변대회로 한정되었다. 그래서 퍼블릭 스피치는 여론 형성의 필수적인 역할을 담당했던 주요 창구였다고 할 수 있다.

먼저 새로운 자유민주주의 정치체제의 도입이라는 측면에서, 스피치는 정치인의 역량을 가늠하는 필수적인 수단이자 능력으로 자리 잡는다. 선거에 당선되기 위해서, 때로는 선거 부정과 독재에 항거하며 민주주의를 지키려고 하였던 정치인들에게 스피치는 반드시 습득해야 할 소양이기도 하였다.[16)]

일제 강점기 전국의 학교로 확산하며 웅변부, 변론부 등을 통해 전파된 스피치 이념과 기법은 학생들의 새로운 시대에 대한 각성과 사회 참여를 일깨우는 통합 결속의 커뮤니케이션 수단이었다. 그래서 한국의 퍼블릭 스피치는 6.10만세운동, 광주학생항일운동을 거쳐 해방 이후 반독재 반민주 체제 항거로 전환되는 한국 학생운동의 정치·사회적 활동에 있어 주요한 기능적 역할을 담당한다.

일제 시기 학생운동이 항일 민족투쟁으로 일관했던 점에 비하여 해방 이후 학생운동은 그 성격과 양상이 시대에 따라 다양하게 나타난다(유영익). 반탁 운동과 국대안(국립서울대학교설치안) 파동, 4.19혁명 등 학생들의 시대와 사회를 보는 시각은 반정의, 반민주주의에 대한 저항의 모습으로 전개되었다. 그리고 퍼블릭 스피치는 학생운동이라는 공론장에서 자유·정의를 전파하고 실천하는 주요한 커뮤니케이션 도구로서 역할을 수행하였다.[17)]

1930년대 이후 사실상 침체기로 들어갔던 대회 중심의 웅변과 그에 대한 기법의 연구 및 전파는 해방과 동시에 다양한 필요적 논제에 부응하며 곧바로 사회 전반으로 확대된다.

이 시기 웅변의 주요 논제는 시대 상황을 그대로 반영하고 있다. 반탁(反託), 반민(反民), 3.1운동, 건국정신, 반공방첩, 동포애, 산림녹화, 농촌부흥, 신생활, 인권옹호 등은 정부 정책의 전파와 의식개혁을 목적으로 진행된 웅변의 주요한 논제들이었다. 반면에 백범 선생 추도, 대학 주최 웅변대회, 야당의 지원을 받은 웅변대회들은 독재와 부정선거 규탄, 민주주의 회복 등의 공론화를 목적으로 하는 웅변 논제들을 채택하였다. 그러나 이승만 대통령을 찬양하는 탄신기념 웅변대회까지 열렸던 것으로 미루어 짐작해 보면 당시 반정부 태도를 취한 웅변에 대해서는 정권의 규제 강도가 작지 않았을 것으로 짐작된다(조선일보, 1960. 2. 29. 참조).

1920년대 이후 주를 이루었던 현상웅변대회는 이 시기에 몇 차례 개최가 되기는 하였으나 대회 우승자에게 지급하던 상품이 상장으로 차츰 대체되면서 1950년 2월 11일 서울시여자기독교청년회가 주최한 현상여성웅변대회(동아일보, 1950. 2. 11.)를 끝으로 현상웅변이라는 말은 사라진다.

대학 주도로 웅변대회가 많이 개최되기도 하였다. 동국대학교 웅변부 주최 남녀학생웅변대회, 서울대학교 법과대학 주최 웅변대회 등 주요 대학들이 웅변대회를 통해 건국과 민주주의 이념 등을 전파하는 소통 창구의 역할을 하였다. 그리고 각 대학의 학도호국단이 주축이 되어 멸공·방첩을 논제로 하는 웅변대회도 자주 개최되었다.

웅변문화의 사회적 확대로 웅변전문학교가 생겨나고 웅변대학이라는 명칭으로 신문사들이 웅변강좌를 개설하기도 하였다. 그리고 웅변학회 및 단체가 결성되기 시작하였고, 웅변 전문잡지들이 발간되는 등 이 시기 한국 레토릭은 질적으로도 한층 성장한다.[18] 그러나 해방과 함께 찾아온 자유민주주의 정치체제가 자리를 잡기까지는

많은 시간을 요구하였고, 그 과정에서 레토릭 논제들이 정권 유지의 여론 수단으로 이용되기도 하였다.[19]

확산기 1961년 박정희 집권 이후 한국 사회는 이제 군사정권이라는 긴 역사의 터널을 지나게 된다. 병영문화를 기반으로 하는 군부 정치는 독재와 언론 자유의 탄압으로 이어졌다. 이는 자유를 본질적 기반으로 하는 공적 스피치에 대한 억압으로도 해석할 수 있다.

그런데 이 시기는 한국 스피치가 양적으로는 가장 팽창한 시기였다. 역설적이지만 사회변화가 변증적 대항의 결과라고 이해한다면 그러한 현상은 오히려 자연스러울 수 있을 것이다. 또 다른 시각에서 보면 반세기 가까이 일제 강점에 대항하며 뿌리내린 저항의 레토릭이 다시 반민주주의에 대한 저항의 레토릭으로 증폭된 것이라고도 볼 수 있다.

극단의 정치 상황은 독재 종식과 민주주의 국가 실현을 요구하며 정치·사회 전반의 의제가 된다. 정당의 정치인, 학생, 그리고 제도권 밖의 정치라고 불리는 재야 운동가들의 공통된 논제들이 기형적인 민주주의 구조를 바로잡는 데로 집중되면서 필연적으로 퍼블릭 스피치는 확장한다.

스피치가 정치인의 전문 소양으로 인식되면서 1960~1980년대는 그 능력을 검증받은 사람들이 정치에 입문하는 사례들이 많아진다. '한국웅변 50년사(길정기, 1997)'를 분석해 보면, 특히 야당을 중심으로 웅변대회 입상자나 대중 스피치 능력이 뛰어난 사람들이 다양한 추천 경로를 거쳐 국회의원이 되거나 정당에 가입하여 정치활동을 했던 것으로 확인된다. 한 가지 특징은 그렇게 정치에 입문한 이들 중에는 민주주의에 대한 신념과 용기, 정치적 철학을 가진 사람들이 많았다는 점이다. 웅변·연설이라는 퍼블릭 스피치가 한국 현대 정치사에서 지식, 신념, 그리고 민주주의에 대한 최소한의 철학을 갖춘 정치인 양성 통로로써 한 축을 담당했다고 볼 수 있는 대목이다.

민족과 민주라는 거시적 주제로 전개되어 오던 학생운동의 양상은 1960년대를 거쳐 1970년대에는 민중의 역사 창조에 기여하는 지식인 운동으로 승화되고, 계속되는 군부 정권의 비민주적 정치 행태에 대항하며 민중성과 대중성 확보에도 성공했다(유영익; 이창언). 이 시기 역시 학생운동의 흐름을 함께 지탱해 온 것은 특유의 학생연설·웅변이라는 스피치 기제였다.

학생운동과 더불어 한국 퍼블릭 스피치 확장의 한 지류를 형성했던 것이 재야 사회운동 세력이다. 재야(在野)는 권위주의체제 기간인 1961년에서 1992년까지 우리 사회에 존재했던 비제도적인 조직적 반대운동을 지칭한다(박명림). 한국 스피치의 변천 과정에서 재야 사회운동이 차지하는 위치는 특별하다. 그 이유는 재야로 분류되는 사람들 중에는 동시대를 대표하는 진보 지식인들이 많았고 그들이 던지는 메시지 파급력이 오히려 제도권 내의 정치인들을 능가했기 때문이다. 또 그들 중 상당수는 사상가이자 웅변·연설가이기도 했다.[20] 그들은 레토릭의 사회적 책무를 잘 보여 주었고 시민활동과는 또 다른 사회적 공론장에서 한국 퍼블릭 스피치의 영역을 확장시켰다.

한편 퍼블릭 스피치는 웅변을 매개로 대단히 광범위한 사회 문화적 현상을 만들어 낸다. 양적 확대만을 놓고 본다면 이 시기는 어느 때보다 사회 전반에 걸쳐 웅변문화가 폭넓은 그물망을 형성한 시기였고, 그 결과로써 한국 특유의 웅변 형태가 완성된 구간이었다고 할 수 있다.

확산기 한국 웅변은 다음과 같은 몇 가지 특징들을 보인다.

첫 번째로 웅변의 논제가 반공, 통일, 새마을, 불조심, 자유 수호, 재건, 국민운동, 저축, 경제개발과 같은 정부 정책의 홍보 선상에서 활발하게 전개되었다는 점이다. 획일적인 통제 방식의 국가 운영 시스템에서 정부 정책을 홍보할 수 있는 적절한 수단 중 하나가 웅변이라는 공론적 도구였다는 사실을 보여 준다. 그리고 그것은 웅변이라는 스피치 문화를 사회 저변으로 크게 확산시키는 주요한 요인 중 하나가 된다.

두 번째로는 1960년 이전까지 언론의 많은 관심을 받던 웅변대회 기사가 이후부터는 급격하게 줄어든다는 사실이다. 웅변대회가 사회 깊숙이 들어와 빈번하게 개최되다 보니 신선도가 떨어진 면도 있었고, 정권에 반하는 공적 스피치들의 통제, 그리고 저변확대에 따른 웅변의 상업화로 고유의 저항력이 약화된 것도 원인 중 하나라고 분석할 수 있을 것이다.

세 번째로는 웅변의 공론적 성격이 크게 두 가지로 분화하였다는 사실이다. 그것은 웅변대회를 개최한 주최 목적에서 알 수가 있다. 첫 번째에서 본 것처럼 주로 정부 정책을 논제로 개최되었던 웅변대회가 그 하나이고, 다른 하나는 광주학생독립운동 기념, 4.19혁명 기념, 3.15의거 정신 함양과 같이 우리 근현대 역사적 사건을 기념하면서 그것을 반독재 민주투쟁의 시각에서 보고자 했던 웅변대회가 그

것이다. [21]

한국 스피치의 확산 시기 웅변 문화가 전 사회적 문화현상의 하나가 될 수 있었던 배경에는 웅변단체와 웅변학원, 그리고 웅변대회라는 세 가지 요소가 긴밀하게 결합 운용된 결과라고 할 수 있다.

주요 웅변단체의 경우, 기존에 설립 운영 중이던 〈대한웅변인협회〉와 1950년대에 설립된 〈한국웅변가협회〉외에 1960년대에 들어서는 〈전국웅변협회〉가 설립된다. 1970년대에는 〈대한웅변중앙회〉, 1983년에는 〈전국웅변인협회〉, 1994년에는 〈사단법인 한국웅변인협회(現, 사단법인 한국스피치·웅변협회)〉가 설립되는 등 웅변단체의 확산으로 한국의 레토릭 문화는 더욱 분명해진다. 단체들이 중심이 되어 웅변대회가 개최되고, 웅변학원들은 단체에 소속된 회원으로서 일선에서 웅변기법을 교육하고 대회에 연사를 출전시키는 관계를 통해 그때그때 사회가 필요로 하는 논제를 전파하고 공론화하는 과정에서 한국적 방식의 웅변이 확산 완성된 것이다. [22]

또한 이 시기에는 초등학교에서 대학에 이르기까지 웅변반, 변론부 등의 이름으로 웅변 동아리가 다시 모습을 갖추면서 교내 웅변 습득이 활발하게 진행되기도 하였다. 그리고 현대적 형태의 웅변 전문 서적, 원고집, 월간지 등이 다량으로 출간되는 등 양적인 면에서도 웅변에 대한 사회적 수요가 어느 때보다 팽창하였던 국면을 보여 주었다. [23]

전환기 한국 레토릭은 1993년을 분기점으로 우리 사회가 민주주의 시스템으로 재조직되면서 서서히 변화의 바람을 맞는다. 학생,

재야운동이 제도권 정치화, 시민 사회 활동으로 편입되면서 이전의 레토릭이 우리 사회에서 선명성을 잃어 가기 시작했다. 한국 퍼블릭 스피치의 특징을 분명하게 보여 주며 성장 확대되어 온 웅변 또한 2000년대에 들어서며 차츰 모습을 감추기 시작한다. 이러한 사회적 현상에 대해서는 다양한 분석이 가능하겠으나 본질적으로는 우리의 정치·사회적 삶의 양식이 바뀌었기 때문일 것이다.

퍼블릭 스피치, 특히 웅변·연설은 격동기 공동체의 위기 타개에 더 적합한 양식이기는 하다. 우리 사회가 이제 확고한 자유민주주의 시스템 속에서 움직이고 있다면 위기라는 측면에서 지금은 필요 동력이 많이 요구되는 시대적 상황이 아닌 것은 사실이다.

그럼에도 지난 120여 년 동안 웅변, 연설이라는 이름으로 한국 근현대 역사와 함께해 온 한국 퍼블릭 스피치의 의의를 크게 다음과 같은 두 가지 점에서 평가할 수 있다.

첫째는 그것이 근대 계몽기와 일제 강점기 민권자각과 국권회복을 논제로 하는 주요한 공론 수단 중의 하나였고, 해방 이후 민주주의 정부 수립과 혼란 속에서 그리고 군사정권의 억압 속에서 정치, 재야, 학생들의 부단한 메시지가 한국적 풍토에 정착한 레토릭이 있어서 가능했다는 사실이다.

둘째는 서구와 달리 체계적 말하기 방식의 전통이 전무한 사회에서 레토릭 기법과 교육 및 전파라는 교육적 임무를 한국 웅변·연설이 수행해 왔다는 점이다. 나아가 한국어의 공적 말하기 방식을 우리 언어에 맞는 스피치 기법으로 구축한 것은 실제적인 구술행위가 언어를 가장 이상적으로 구현한다는 시각에서 볼 때 특히 웅변·연

설 기법은 그 자체로도 큰 의미라고 할 수 있다.[24]

그러나 우리 사회가 반드시 새로운 국면의 시대 상황을 맞이하지 않았다고 하더라도 한국 퍼블릭 스피치의 환경을 둘러싼 위와 같은 변화는 그 도래를 예상할 수 있었다. 통신 기술의 비약적인 발전이 이미 사회적 생태환경을 이전과는 전혀 다른 모습으로 변화시킬 준비를 하고 있었기 때문이다.

일반적으로 기술의 변화는 사회 전반의 양식을 변화시키는 힘을 갖고 있다. 맥루한은 인간이 만든 모든 기술은 힘과 속도의 증가를 지향하며 그것을 우리 신체와 신경조직의 연장이라고 보았다. 그는 현대 전자 통신 기술의 발전이 시간과 공간을 뛰어넘어 이전까지는 존재하지 않았던 다양한 사회적 환경들을 창조해 나갈 것임을 예견했었다.

특히 모바일 미디어의 발전은 더 빠른 속도로 사회변화를 이끌어 간다. 라인골드(Rheingold)는 오래전 그것이 '영리한 군중(smart mob)'이라는 새로운 형태의 정치·사회적 집합체를 만들어 사회변화를 추동할 힘을 갖게 될 것이라고 예상하기도 했다.

매스 미디어와 인터넷, 디지털 모바일 기술의 발전은 1990년대 중·후반을 통과하면서 서서히 사회변화를 견인하기 시작했다. 가장 핵심적인 변화는 커뮤니케이션에 있어서 시간과 공간의 붕괴이다. 그중에서 공간의 붕괴는 오랫동안 우리 사회를 지탱해 온 공론적 도구로써 공적 스피치 형태에 직접적인 영향을 주었다. 과거 특정 공간으로 청중을 불러 모으던 공론적 스피치 방식이 범위를 확장하여 미디어 공간에서 새로운 방식으로 대체되기 시작한 것이다.

이와 같은 기술의 발전은 사람들의 의식 변화에도 많은 영향을 주었다. 정치 무대가 광장에서 매스 미디어와 인터넷 공간으로 옮겨가면서 정치인들의 퍼블릭 스피치에 대한 사고에도 변화를 가져왔고, 또 기존 스피치에 대한 사람들의 의식에도 연쇄적인 변화를 불러일으키면서 새로운 환경에 맞는 스피치 방식을 요구하게 되었다.

그 결과는 먼저 입시·취업 면접, 상담, 아나운싱, 프리젠테이션과 같은 각종 실용 스피치에 대한 수요의 증가, 소셜 미디어 운영자들의 미디어 스피치 방식에 대한 기법과 이론의 요구, 그리고 정치, 종교 분야에서는 기존의 대면적 스피치가 새로운 영상 미디어 환경에서도 효과적으로 구현되는 퍼블릭 스피치의 체계적인 분석과 응용에 대한 고민으로 나타나고 있다.

퍼블릭 스피치는 인간이 공동체 생활을 영속하는 한 언제나 존재하는 행동 양식이자 주요한 사회적 기능이다. '퍼블릭 스피치의 현대적 확장'에서 보았던 것처럼 오늘날 퍼블릭한 형태의 스피치는 외연이 더 넓어지고 있다. 때로는 인플루언서(influencer)들이 과거 웅변·연설가의 모습으로 나타나기도 한다. 다양하게 변모하는 커뮤니케이션 환경에서 퍼블릭 스피치가 실용과 공공의 영역 모두에서 말하기의 기본 원리를 제공하는 새로운 패러다임의 사고를 해야 하는 시점이다. 이를 위해서는 지엽적인 테크닉 위주의 시각에서 벗어나 말하기의 보편적인 원리와 응용을 체계적으로 정립하는 학문적 탐구가 우선적으로 필요하다. 스피치를 보다 과학적인 견지에서 분석하고 실제에 적용할 수 있을 때 미래에 대면하게 될 어떠한 변화에도 능동적으로 대처할 수 있기 때문이다.

스피치의
설득 매커니즘

1.
보편성과 상호성

스피치는 청중의 변화를 의도하는 설득 커뮤니케이션 과정이다. 속성상 의도가 중립적이라 할 수 있는 정보제공 메시지도 설득으로 부터 완전히 비켜설 수는 없다. 어떤 사실이나 정보가 객관적이고 타당한 것임을 청중이 확신할 수 있도록 견인하는 과정이 설득을 함의하기 때문이다. 그래서 임태섭은 주된 목적이 설득이 아닌 스피치도 부분적으로는 설득적 요소를 포함하는 것이 보통이므로 스피치에 있어서 설득에 대한 이해는 필수적이라고 말한다. 실제로 설득 중립적이라고 생각할 수 있는 사실과 정보 그 자체가 설득 메시지가 되는 경우도 많다. 왜곡된 채 알고 있었던 사실이나 정보의 진실성을 깨뜨리는 또 다른 사실이나 정보의 등장은 정교한 설득 장치가없이도 커다란 힘을 발휘한다. 많은 경우에 사람들은 그러한 정보를 통해 평소의 생각이나 태도를 바꾸기도 한다. 그래서 아리스토텔레스는 명백한 증거로서의 사실 등을 기술 외적인 설득 수단이라고 했다. 퍼블릭 스피치의 모든 장르, 실행 영역에는 설득이 보편적 목적으로 내재되어 있다.

한편으로 설득 스피치는 메시지를 매개로 연사와 청중이 끊임없이 상호작용하는 과정을 보여 준다. 설득을 하나의 시각에서 보면 그것이 연사의 역할에만 의존하는 것 같다. 그러나 청중은 연사의 경력, 명성과 함께 메시지의 질, 표현하는 방식, 태도를 시시각각 관찰하면서 연사가 신뢰할 만한 사람인지를 탐색한다. 반대로 연사는 청중의 신뢰 확보와 설득을 위해 보다 실효적인 메시지 구성에 주의를 기울인다. 그리고 그것들을 효과적으로 표출하기 위하여 적절한 언어·비언어적 소구들을 사용하고 청중의 반응을 살핀다. 스피치 설득 과정은 이처럼 드러나지 않은 청중의 인지 처리 과정과 연사의 메시지 구성 및 표현행위가 복합적으로 상호작용을 하며 진행된다. 그러므로 설득의 효과성은 연사, 메시지, 청중이라는 세 가지 스피치 요소들의 유기적인 작용의 결과라고도 말할 수 있다.

2.
고전 레토릭과 설득

설득 커뮤니케이션 혹은 설득 스피치라고 했을 때 그것의 기원은 언제나 고전 레토릭에서 시작한다. 아리스토텔레스에 의해 체계화되고 키케로에 의해 실천적이고 실용적인 방향으로 구체화된 레토릭의 주요한 개념적 소산이 바로 설득이다.

그러나 레토릭에서 설득은 의미 이상의 단순한 가치를 넘어선다. 철학과 레토릭의 분리, 레토릭의 윤리적 논쟁이 설득이라는 개념에서 시작되었기 때문이다. 그래서 고전 레토릭의 설득 메커니즘을 보기에 앞서 우리는 철학과 윤리라는 문제화된 시각에서 설득 개념을 생각해 볼 필요가 있다. 그럼으로써 레토릭 내 설득 장치들이 본질적으로 어떤 사유와 연결되고 또 어떤 외적 문제와 결부될 수 있는지를 좀 더 넓은 시각에서 생각할 수 있어서다.

2.1 설득의 철학 · 윤리 논쟁

플라톤은 철학으로부터 레토릭을 추방하기 위한 근거를 설득에서 찾았다. 레토릭이 행하는 설득의 성격을 규명하기 위하여 플라톤은 설득의 종류를 '지식'과 '믿음'으로 구분했다. 지식과 믿음은 둘 다 설득을 전제로 하지만 믿음에는 참된 믿음과 거짓된 믿음이 있다. 반면에 지식에는 참된 지식과 거짓된 지식이 없으므로 배움을 가져다 주는 설득과 믿음을 가져다주는 설득은 다르다고 전제한다. 그러면서 레토릭이 구사하는 설득은 "사람들에게 정의(正義)와 부정의(不正義)를 가리지 않고 믿음을 갖게 하는 것"에 불과하다고 주장했다(Gorgias). 진리는 항상 참이고 정의로워야 하는 플라톤의 철학적 관념에서 참과 정의가 가변적인 레토릭은 철학적 사유에서 배제되어야 마땅한 것이었다. 이러한 사고는 레토릭의 철학적 배제와 함께 그것을 도덕적, 윤리적 비판의 중심에 서게 한다.

그러나 레토릭과 설득이 가치 지향적이어야 한다는 플라톤의 위와 같은 시각과 달리 아리스토텔레스는 그것을 중립적으로 보았다. 의학이 건강과 질병의 상태를, 기하학이 규모의 변이에 관계하듯 다른 모든 기술(art)들은 각각의 대상에서 교육과 설득에 고유한 영역을 가지고 있다는 것이다. 그런데 "레토릭은 어느 경우에나 쓰일 수 있는 설득의 방식을 고찰하는 지식"으로서 그 자체는 보편적이고 가치 중립적이다. 다만 사람들이 말의 모호한 능력을 부당하게 사용하면 해악이 될 수 있고, 정당하게 사용하면 유용할 수 있는 것처럼 그것은 어디까지나 사람의 의도에 달려 있다(rhetoric, 1355b). 그리고 정의를 현실에 적용하고자 하였던 아리스토텔레스의 세계관에서 레토릭은 철학이 아니라 철학적 사변을 위한 변증 논리적 사고의 도구였다. 그래서 철학으로부터 그것을 배제할 것이냐에 대한 논의의 대상도 아니었다.

로마 레토릭에서도 설득의 윤리적 문제는 여전히 계속되었다. 키케로는 레토릭의 윤리적 문제는 아리스토텔레스와 마찬가지로 사람의 문제임을 지적한다. 인격적 소양과 지혜를 갖춘 이상적인 연설가의 말은 공동체를 문화와 문명의 세계로 이끄는 진정한 힘의 근원임을 주장한 키케로에게 있어 연설가의 혀와 이성의 일치는 레토릭의 윤리적 논쟁에 대한 해답이었다. 그래서 그의 "주요한 레토릭 이론서의 제목 대부분이 '연설가(orator)'라는 말을 사용하고 있는 것은 레토릭의 취약점인 윤리적인 면을 기술한 것이 아니라 그것을 사용하는 사람의 문제에 겨냥한 것으로서 여기에는 중요한 의미가 담겨 있다"고 할 수 있다(안재원).

2.2 아리스토텔레스

아리스토텔레스의 레토릭 이론은 설득을 가능케 하는 구체적 수단은 무엇이며, 그 수단이 실제 스피치 과정에서 어떻게 전개되는가라는 두 가지의 핵심 지류에 다양한 세부 요소들을 종합적으로 연결하여 설득에 이르고자 하는 체계적인 커뮤니케이션 기법을 다룬다.

1) 설득 수단

아리스토텔레스는 사람들을 설득하는 두 가지 방법을 제시한다. 하나는 논리적 입증을 통한 '논증적 설득'이고, 다른 하나는 청중의 정감에 의존하는 '감동적 설득'이다.

또 설득 수단에는 물리적 증거와 같이 이미 주어진 '기술 외적인 설득 수단'과 연사가 구체적인 사안에서 만들어 내는 '기술적인 설득 수단'이 있다. 전자는 있는 것을 명백한 설득의 근거로 사용하는 것이고, 후자는 실제 스피치 과정에서 연사가 고안하는 것으로서 논증,

논거 발견, 논거 배열 등 레토릭의 일반적 지침들이 이곳에서 나온다.

아리스토텔레스는 위의 두 가지 설득 방식을 연사의 품성(ethos), 청중의 감정(pathos), 논증(logos)으로 구분하면서 그것들을 레토릭의 주요한 기술적 설득 수단으로 인식했다. 그리고 논증적 설득에 관여하는 로고스와 달리 정서적 설득에 관여하는 에토스와 파토스는 사안을 직접 밝히는 데 사용하는 것은 아니지만 그것들 역시 효과적인 증거를 구성하는 주요한 설득 수단임을 강조한다.

에토스와 파토스는 추론적인 로고스 설득 방식과 달리 메시지의 표현 형태에 의존하는 비추론적인 설득 수단이다. 그래서 합리적 설득을 중시하는 아리스토텔레스의 레토릭은 로고스를 통한 논증에 집중되어 있어서 '기술적인 설득과 수단'은 곧 '기술적인 논증과 수단'을 의미하게 된다.

(1) 에토스

에토스는 청중의 신뢰감을 얻는 연사의 인간적 품성이며, 신뢰감은 다시 통찰력(good sense), 미덕(good moral), 호의(goodwill)를 기준으로 결정된다(1378a).

'통찰력'은 논의되는 사안에 대한 연사의 단순한 지적 능력뿐만 아니라 지혜, 판단력, 분별력 등을 포괄하는 개념이다. '미덕'은 연사가 정의와 진리를 용기 있게 추구할 수 있는 인물인가 하는 신뢰성과 관련된 도덕적 탁월성, 즉 선한 행위를 선택하는 성향이다. 그리고 '호의'는 도움이 필요한 사람들을 기꺼이 도와주려는 선한 마음 상태로 이해할 수 있다.

아리스토텔레스의 에토스관은 연사가 청중에게 자신을 신뢰할 만한 사람으로 인식되도록 해야만 효과적인 설득에 이를 수 있다는 점에서 공신력(credibility)에 상응하는 청중의 지각적 태도와 일맥상통한다고 볼 수 있다. 연사가 가지고 있는 것이 아니라 청중이 연사에게 느끼는 특질로서 그것은 보여지는 것이다. 그래서 이전에 연사가 지니고 있는 성품은 설득의 고려 대상이 되는 것이 아니라 연설을 통해서 드러나는 성품이 설득의 고려 대상이 된다. 따라서 에토스는 연사의 도덕적인 인격에 가깝다기보다 개념적으로 연사의 스피치를 통해 청중이 연사로부터 느끼는 신뢰감에 관계하는 인상에 가까운 것이라고 이해할 수 있다.[25)]

(2) 파토스

파토스는 "사람들의 다양한 판단에 영향을 미치는 감정의 정념들"이다. 정념(情念)은 통념(habitus)을 기반으로 사람들의 마음속에 생겨나는 것이다. 파토스의 생성은 이처럼 청중이 속한 그 사회의 통념적 정서를 기초로 하는 것이므로 보편적이 아니라 상대적이다.

파토스의 구체적인 설득 작용은 "청중의 욕망과 그것을 제어하는 상태와의 긴장 관계를 거론하거나 그와 같은 심리상태의 긴장을 불러오는 특정 대상을 거론하는 것, 또는 그러한 심리상태의 원인에 대한 구체적 사실 언급을 통해 연사가 원하는 감정을 유발하고 동일시를 창조"함으로써 가능해진다(김종영). 그래서 파토스는 청중의 심리발현(心理發現)에 관계하는 연사의 메시지 전략 중 하나가 되며, 이런 맥락에서 에토스가 스피치 과정에서 연사로부터 지각되는 인격적 성품에 대한 정서적 설득 요소라고 하면, 파토스는 메시지로부터 파생되는 정서적 설득 요소라고 할 수 있다.

(3) 로고스

아리스토텔레스가 특별히 그 중요성을 강조한 것은 로고스였다. 로고스는 논리적으로 추론하고 사유할 수 있는 능력에 근거한 것으로서 주장을 증명하기 위한 논증적 설득 수단이다.

증명과 설득은 등식 관계에 있다. 설득이란 본질적으로 설득력이 있다고 믿을 만한 것이기 때문에, 그리고 때로는 믿을 만한 이유들이 있어서 증명되는 것처럼 보이기 때문에 누구에게나 설득력을 갖게 된다(1356b). 따라서 아리스토텔레스에게 있어 설득되었다는 것은 곧 증명되었다는 것을 의미한다. 이런 점에서 아리스토텔레스의 증명은 확고 불변의 사실 추론이 아니라 청중의 입장에서 논의 사안이 완전하게 증명되었다고 여겨질 때, 즉 개연성을 전제로 하는 증명이다.

개연성은 사람들의 보편적 인식 기준에서 진실에 가까운 것, 사회 공동체에서 통상 일어나는 일을 뜻하며, 개연성은 더 이상 반박될 가능성이 없다고 생각될 때 완전하게 증명되었다고 할 수 있다(1357b).

로고스와 관련해서는 조금 더 구체적으로 논증적 추론 방식, 그리고 토포이라는 개념을 이해할 필요가 있다.

논증적 추론   논증적 설득은 추론 방식의 작동을 통해서 이루어진다.

아리스토텔레스는 그것이 연역적 추론 방식인 '엔튀메마(enthymeme, 생략삼단논법)'와 귀납적 추론 방식인 '예증(example)'이라는 논증 수단들을 통해 증명될 수 있다고 보았다. 따라서 논리적 측면을 강조한 아리스토텔레스의 위와 같은 입장에서 보면 레토릭 논증은 문답을 통해 진리를 인식하고자 하였던 변증법(dialectic, 辨證法)과 매우 유사한 추론 방식으로 이해된다.

토포이 아리스토텔레스가 논증적 추론 방식으로 제시한 생략삼단논법이나 연역법 또는 귀납적 예증법 등은 어떠한 주제나 논의를 전개하고 발전시켜 나가는 방법이지 그 자체가 논거가 될 수는 없다는 점에서 사람들이 연사의 말에 설득력이 있다고 믿을 만한 또 다른 명제가 요구된다(박성창). 이러한 기술을 체계화한 개념이 토포이(topoi) 또는 토피크(topique)이다.[26]

청중이 연사의 말에 설득력을 얻게 되는 경우는 그 말이 일반적인 사실과 규범에 합당할 때이다. 예를 들어 "아버지조차 때릴 수 있는 사람이라면 이웃을 때리는 일도 가능하다"라고 하였을 때 어떤 것의 '많고 적음'을 규준으로 하여 합당한 개연적 논증을 추론할 수 있는 토포이가 도출된다. 이처럼 토포이는 대부분의 사람들이 인정하고 받아들일 수 있는 사회 공동체의 상식이 모여 있는 것으로서 논제를 설명하기 위한 아이디어들이 하나의 카테고리로 구성되어 있는 착상의 장소이다. 그리고 논증은 그와 같은 "사회적 공지식(共知識) 또는 개개의 사회 집단이 가진 공지식이 침전되어 있는 토포스 체계"로부터 나온다(Ueding).

토포이는 연사가 논의하고자 하는 주제 또는 논제에 대하여 공동체의 보편적인 인식에 합당한 논거의 원리를 찾아내는 착상의 방식이다. 그래서 그것은 새로이 만들어 낸다는 개념이라기보다 라틴어 loci(장소)가 의미하듯 주제와 관련된 논거 아이디어들이 범주화된 틀 속에 존재한다는 맥락에서 '토포이의 발견'으로 이해된다. 이런 점에서 토포이는 사회 공동체의 시대적 변화, 공동체 간의 문화 차이에 따라 변할 수도 있는 속성을 내포하고 있다.

토포이는 결국 연사의 메시지가 공동체 구성원들이 추구하는 보편적 가치와 규범의 인식에 어느 정도 부합하는가를 결정짓는 설득 요소이자 그것을 얼마나 잘 읽어 내는가 하는 연사의 개인적 능력과도 밀접하게 관계된 요소라고 할 수 있을 것이다.

2) 레토릭의 전개와 구성

위 수단들은 이제 구체적인 스피치 메시지의 구성과 실행 과정을 통해서 설득 작용으로 구체화된다. 아리스토텔레스의 레토릭에서 설득 스피치는 크게 논거의 발견, 논거의 배열, 표현, 연기 영역으로 나누어진다.

(1) 논거 발견

논거 발견은 연사의 주장을 입증할 논리적 근거를 탐색하는 활동이다. 토포이가 바로 논거를 찾아내는 접근 원리 중 하나이다. 논거가 주장을 뒷받침함으로써 완전하게 입증이 되는 시점이 곧 설득이므로 고전 레토릭에서 논거의 발견은 스피치의 핵심을 담고 있는 중요한 사안이라고 할 수 있다.

(2) 논거 배열[27]

논거 배열은 위와 같이 수립한 논거들을 어떤 순서의 틀에 짜서 배치할 것인가에 관한 기술적 이론으로서 스피치의 짜임을 다루는 영역이다. 아리스토텔레스는 들머리(서론, exordium), 얼거리(설명, proposition), 밝히기(증명, probatio), 마무리(결론, peroratio)로 구분되는 네 부분의 논거 배열을 설명하고 있다. 논거 배열은 설득하고자 하는 주장과 논거, 설득의 방향적 수단들을 짜임새 있게 배분함으로써 스피치의 설득력을 효과적으로 끌어내고자 하는 원리를 설명한다. 아울러 위 네 부분의 논거 배열은 다시 서론, 본론, 결론으로 삼분할 수 있는데, 들머리가 서론에 해당하고, 얼거리와 밝히기가 본론부, 마무리가 결론 부분이 된다.

들머리 들머리는 인사말과 더불어 이야기를 듣고자 하는 마음이 생기도록 청중의 주의를 이끄는 스피치의 시작 부분이다. 여기에서는 전달될 메시지의 내용이 중요하거나, 개인적인 사안과 관련되어 있거나, 새롭거나 놀라운 사실임을 알려 줌으로써 청중의 기대감을 끌어낸다(1415a, 1415b). 들머리에서는 청중의 관심을 끌고, 경우에는 청중의 동정을 사기 위해 파토스와 관련된 부분들을 충분히 활용해야 한다. 또 연사가 앞으로 실행할 설득과 논증의 신뢰성을 확보하기 위해 에토스의 여러 특성들을 제시할 필요도 있다. 그래서 들머리는 마무리와 함께 논리적 수단보다는 정서적 설득 수단이 많이 작용하는 부분이다.

얼거리　얼거리는 어떤 사안에 관한 사실 또는 일어날 수 있는 일을 핵심적 요지와 함께 개괄적으로 진술하는 부분이다. 얼거리는 "증명부인 밝히기와 더불어 이야기의 중심 부분으로서 신빙성을 확보하기 위한 토대이고, 여기서는 일어났거나 일어날 것 같은 일이 설득하기에 유용하게끔 처음으로 설명"된다(양태종). 따라서 얼거리는 간결하고, 명확하며, 신빙성 있게 서술되어야 하나 반드시 짧게 진술하여야 하는 것은 아니다. 진술은 사안에 따라 그리고 스피치의 장르에 따라 구체적으로 비교적 길게 이야기할 수도 있고, 간단히 짧게 이야기하거나 암시만으로 충분할 수도 있으며, 경우에 따라서는 생략할 수도 있다(1416b).

밝히기　밝히기는 연사가 자신의 주장에 대해서 기술 외적인 설득 수단과 생략삼단논법, 예증과 같은 논증적 설득 방식을 통해 논거를 제시하거나 반대의 관점이 존재하는 경우 이를 논박하는 증명의 핵심이 되는 부분이다.

마무리　마무리는 스피치의 끝내기 부분이다. 그래서 연사는 본론의 요점을 요약, 열거하여 청중의 기억을 다시 한번 상기시켜 주면서 효과적인 설득을 위해 마지막으로 청중의 감정에 깊은 인상을 심어주는 스피치 부분이다.

(3) 표현

레토릭의 세 번째 영역인 표현은 설득하고자 하는 주제 및 주장에 대한 논거들을 연설의 적절한 틀에 따라 배열한 이후 그것들을 구체적인 말로 구성하는 메시지 생산 과정이다. 표현은 발견한 논거를 더 적절하고 효과적인 말로 구성하는 기술을 다룬다는 점에서 담론의 형식에 관련되는 부분이다. 그리고 스피치의 설득 효과를 목적으로 연구되는 화체(style, 話體)와 화채(figure of speech, 話彩, 수사법), 낱말의 사용, 말의 연결 등에 관한 이론 분야이다.

화체(스피치 스타일)는 논거들을 보다 훌륭하게 드러내 주고, 연설에 대해 청중이 느끼는 생각들을 더욱 긍정적으로 끌어내는 데에 기여한다는 점에서 설득력에 관계한다. 아리스토텔레스는 스피치의 스타일에 필요한 세 가지 지표 덕목을 제시한다. 어법에 맞도록 말을 정확하게 사용하는 '명확성', 지나치게 과장되거나 평이하지 않으며 말들이 정념과 단어의 성격을 잘 표현하면서 그것들이 주제를 이루는 대상들과 효과적으로 어울림으로써 갖게 되는 '적합성', 색다른 말들을 구사함으로써 얻는 스피치의 '신선함'을 들고 있다. 그리고 스타일은 일종의 장식적인 의미로서 말의 형태, 구조, 의미, 리듬에 관계되는 다양한 표현방식을 통해 결정된다고 보았다.[28]

(4) 연기

연기는 스피치 실행에 관계하는 비언어적 요소들의 작용과 쓰임에 관한 이론 영역이다. 비언어적 전달행위(non-verbal communication)가 화자의 공신력에 영향을 미친다는 현대의 다양한 연구 결과는 연사의 물리적 신체행위와 구술행위의 청각적 양태 역시 청중에게는 스피치 내용에 흡착된 일체의 설득 변인으로 작용할 수 있다는 사실을 보여 준다.

그러나 아리스토텔레스는 연기술의 기법이 아직 확립되어 있지 않았고, 레토릭은 공론에만 관련되어 있으므로 사실을 증명하지 못하는 것들은 불필요하다고 보았다. 특히 청중의 타락에 영향을 미칠 수 있다는 인식 때문에 연기 영역에 대한 이론은 목소리의 사용과 관련하여서만 원론적인 수준에서 짧게 언급하고 있다. 그러나 스피치 스타일의 효과적인 실연이라는 관점에서 목소리 사용의 세 가지 요소, 즉 음량, 억양, 어조는 위와 같은 부정적인 인식에도 불구하고 그것들이 설득에 강력한 영향을 미친다고 보았다. 그러면서 연기술이 비록 이상적인 것은 아니지만 필요성이 크므로 연기술에도 주의를 기울여야 한다는 점을 강조한다.

아리스토텔레스의 레토릭 이론은 기술한 대로 여러 단계로 구분된다. 그러나 그 과정들 각각을 풀어서 기술한 것일 뿐 실제 그것들은 스피치의 준비, 구성, 실행이라는 세 가지 과정으로 추출할 수 있다. 아리스토텔레스와 함께 고전 레토릭을 완성한 다음 키케로의 이론 체계도 마찬가지이다.

2.3 키케로

아리스토텔레스에 의해 체계화된 레토릭은 로마 공화정 말기 정치사상가이자 웅변가였던 키케로에 의해서 보다 실용적인 방향으로 이론들이 다듬어진다. 그러나 키케로의 레토릭 이론은 아리스토텔레스의 레토릭과 맥을 같이하고 있으면서 몇 가지 차이점을 보여 준다.

첫째, 아리스토텔레스는 논증 외 청중의 감정에 관계하는 기술적 설득 수단(ethos, pathos)들은 설득에 효과적인 증거를 구성하기는 하나 사안의 증명과는 무관한 요소이므로 무엇보다 논증(logos)을 통한 이성적 설득을 강조한다. 반면에 키케로는 '청중의 신뢰를 획득하는 방법'과 '청중의 마음을 움직이는 방법'을 연설가가 발견해야 할 임무로 대등하게 제시함으로써 논거와 함께 감정의 통제를 스피치의 설득적 구성에 큰 영향을 미치는 핵심 요소로 인식한다. 따라서 아리스토텔레스가 스피치의 구성요소를 연사, 청중, 메시지로 구분하며 에토스, 파토스, 로고스를 각각에 상응하는 기술적 설득 수단으로 설명한 것과 달리 키케로의 기술적 설득 수단은 이성에 근거를 둔 '논증 영역'과 감정에 근거를 둔 '심리발현 영역'으로 이분된다.

키케로의 이분 구조에 따르면 에토스와 파토스는 둘 다 감정의 영역이다. 부드러운 감정은 에토스, 격렬한 감정은 파토스로 불린다. 그래서 에토스와 파토스를 다른 종류의 독립된 설득 수단으로 간주하는 아리스토텔레스와 다르게 키케로는 그것들을 정도만 다른 같은 특질로 이해하고 있음을 알 수 있다(백미숙).

둘째, 키케로는 세 가지 연설(정치, 법정, 의례적 연설)의 각 설득 목적과 함께 문제 제기의 목적에 따라서도 논거의 배열을 자유롭게 할 것을 주장한다. 아리스토텔레스 역시 논거의 배열은 탄력적으로 운용할 수 있음을 말하고 있다. 이를테면 스피치가 목적하는 바가 명확하거나 사건의 중요성이 미미한 경우 서론을 생략할 수 있다. 또 법정 스피치에서 연설의 논점을 쉽게 기억할 수 있는 경우라든지 연설이 짧을 때 결론을 생략할 수 있는 경우 등이다. 이처럼 아리스토텔레스가 연설의 배열을 논의되는 사안의 성격에 따라 축소 또는 확대시켰다면, 키케로는 연결된 각 종류의 스피치 목적, 또 그것과 연계하여 문제를 제기하는 목적(알리기, 자극하기, 즐거움 주기)이 무엇이냐에 따라서도 연설의 배열 구성이 달라질 수 있다는 점에서 차이를 보여준다.

셋째, 아리스토텔레스가 설득 스피치의 이론 영역을 논거 발견, 논거 배열, 표현, 연기로 나누어 설명하고 있는 것에 덧붙여 키케로는 기억 또는 기억술을 추가하고 있다. 따라서 그 위치에 대한 논쟁이 있기는 하나 키케로의 연설이론 영역은 논거 발견, 논거 배열, 표현, 기억, 연기로 나누어진다.

넷째, 스피치 메시지의 구성과 관련하여 키케로의 설득 이론은 좀 더 구체적이다. 키케로는 자연과 조작에 의한 표현방식의 구분, 개별 단어와 문장에 따른 표현 단위의 구분, 그리고 표현의 덕목(명확성, 간결성, 신뢰성, 선명성, 매력성)을 기준으로 설득 스피치의 표현방식들을 논한다. 그리고 사안과 청중에 따라 적절한 스타일의 연설이 균형 있게 실행되어야 한다는 아리스토텔레스의 주장에서 한 걸음 더 나아가, 위와 같은 표현방식들의 운용에 따라 고전 레토릭 이론에서 전통적으로 다루어 왔던 연설의 세 가지 스타일(話體), 즉 단순한 스타일, 중간적인 스타일, 장엄한 스타일의 구분이 도출되는 근거를 제시한다.

특히 키케로는 연설의 생생함(vividness)을 강조하였다. 선명성은 청중의 마음을 움직이는 중요한 표현 덕목이다. 마치 눈앞에서 일어나고 있는 사건을 보고 있는 것처럼 우리의 마음에 강력한 반응을 일으키는 표현방식이 메시지의 생생함이다. 이는 아리스토텔레스와 달리 스피치의 정적(情的) 요소가 로고스와 함께 설득의 중심 역할로 작용한다는 키케로의 생각을 잘 보여 주는 것이라고 할 수 있다.

다섯째, 스피치의 실행(연기)과 관련하여 아리스토텔레스는 메시지의 효과적인 구현이라는 관점에서 주로 목소리의 사용에 대해서만 다룬다. 이에 반해 키케로는 "목소리의 다양함과 몸짓, 표정에 의해서 연설은 더욱 선명하고 명백해진다"고 봄으로써 스피치의 설득적 효과 요소로서 목소리와 표정, 몸짓 언어의 중요성을 강조한다.

이상과 같이 아리스토텔레스와 키케로로 대표되는 고대 그리스·로마의 레토릭 이론은 스피치의 효과적인 설득 원리를 탐구케 하면서 스피치 상황에 합당한 설득적 논거를 제시할 수 있는 사변적 토대를 제공하고 있다. 그리고 한편으로는 보존된 연설 텍스트의 미시적인 분석을 가능하게 하는 이론적 틀을 마련해 주고 있다는 점에서 실제와 분석 모두에 용이한 일련의 체계적인 도식이 가능해진다.[29] 〈그림 1〉은 이러한 맥락에서 고전 레토릭 이론을 크게 네 가지 영역으로 구분하여 정리한 설득 체계도이다. 각 영역은 메시지 수신자로서 청중, 주제 또는 논제의 설정과 논거의 발견, 그리고 논거를 구체화시킬 메시지 구성 및 배치(배열), 이를 청중에게 드러내 전달하는 연기(실행) 부분으로 나누어진다.

〈그림 1〉 레토릭의 설득 체계도

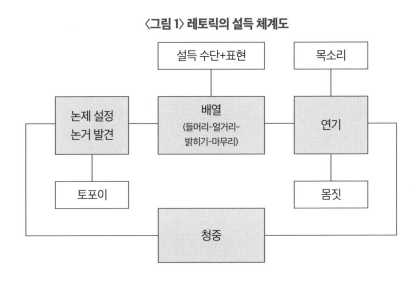

설득 스피치에서 청중에 대한 인식의 문제는 레토릭 이론 전체를 흐르는 중추라고 할 수 있다. 청중이 수동적 존재인가 아니면 능동적 존재인가 하는 이성의 자율성 여부에 대한 판단은 사회가 방출하는 메시지의 다양성 유무를 결정할 것이고 그럼으로써 공동체의 성격이 규정되기 때문이다. 그런데 레토릭은 근본적으로 설득 메시지의 타당한 논증에 근거하고 있다. 비록 청중의 성격과 존재에 대한 명시적인 논의가 없었다 하더라도 논증은 메시지 수신자의 합리적인 사유를 전제로 하였을 때 작동한다는 점에서 레토릭은 이성적 존재로서의 청중을 조건으로 하고 있는 것이다.

고전 레토릭은 이러한 존재로서 청중이 중심에 있다. 그래서 청중의 유형, 스피치 장르의 구분 및 설득 수단의 분류, 논제와 논거의 설정 등은 모두 청중을 기준으로 개념들이 도출되고, 또 그에 맞도록 메시지가 구성되어야 한다는 점을 강조한다. 위 그림의 체계도가 그와 같은 구조를 함축하고 있다.

3.
현대 설득 커뮤니케이션

20세기에 들어 설득은 과학적인 학문연구의 하나로 자리를 잡게 되었다. 고전 레토릭의 설득 이론이 대체로 스피치의 논리적 기술을 강조하였다면, 현대의 설득 이론들은 메시지를 보내는 사람의 '의도'와 받는 사람의 '내적 동기'에 초점을 맞추면서 그것들을 일련의 과정으로 인식하는 커뮤니케이션 연구로 안착한다. 브렘벡과 호웰 (Brembeck & Howell)은 설득을 "사전에 설정된 목적을 향하여 사람들의 생각이나 행동을 바꾸려는 의식적인 시도"로 보았다. 그것은 고전 레토릭이 주된 관념으로 갖고 있던 메시지에 중심을 둔 기술적인 방식으로서의 설득 이론이 메시지를 받는 사람의 내적 변화를 목적으로 시도되는 '의도적 행위'로 시각적 변화를 가져온 것이라고 할 수 있다. 특히 커뮤니케이션 연구자들은 효과라는 측면에서 설득을 분석하면서 그것을 "행동을 변화시키기 위해 주로 언어적 자극을 전달하는 과정" 또는 "메시지를 통해 의도된 행동을 유발하는 역동적 과정"으로 인식했다.

이처럼 설득 문제에 대한 현대 커뮤니케이션 연구들은 설득의 효과성에 영향을 미치는 다양한 변수들의 작용과 결과를 사회과학적인 연구 방법의 객관화를 통해 밝히고자 하는 시도들이다. 그리고 그 목적은 설득 효과에 대해 커뮤니케이터가 의도하는 수용자의 태도 변화에 대한 심리학적 실험 연구를 통해 구체화되었다.

3.1 설득 효과와 태도 변화

사람의 태도 변화에 대한 원인을 분석하는 현대의 과학적 커뮤니케이션 연구들은 다음과 같은 몇 가지의 흐름에서 진행되어왔고, 그것들은 퍼블릭 스피치의 설득 행위를 이해하는 데 있어 폭넓은 도움을 준다.

행동주의 왓슨(Watson), 스키너(Skinner) 등의 연구를 통해 발전된 행동주의는 외적 자극과 반응의 관계로 인간의 행동을 이해하고자 하였다. 행동주의 관점에서 태도는 자극-반응 체계를 매개하는 '강화(reinforcement) 작용'을 통해 형성된다. 이러한 강화 작용은 반복적이고 지속적인 학습이 조건화되어 나타나거나 타인의 관찰을 통한 모방이나 경험과 같은 사회적 학습이 인지적인 처리 과정을 거쳐 나타난다. 행동주의 관점은 사람들의 태도가 학습이나 경험과 같은 조건화된 부정·긍정의 강화 요인에 의해 변화되고, 그로써 행동이 결정된다는 기본 가정하에서 설득 이론의 토대를 세우고 있다. 즉 인간의 태도나 행동은 그렇게 형성되도록 조건화된 외적인 자극, 학습이나 사회적 경험 등이 지속됨으로써 나타나는 결과물이다. 이런 관점에서 보면 스피치 메시지는 태도를 변화시키는 조건적 강화 매개체가 된다. 그래서 메시지 반복, 선택적인 보상을 통해 반응이 일어날 확률을 증가시키는 조건화 메시지의 구성 등은 행동주의 관점에서 생각할 수 있는 퍼블릭 스피치의 메시지 구성과 관련한 고려 사항이라 할 수 있다.

인지주의 행동주의 관점이 인간을 수동적인 반응 존재로 보고 있다면, 하이더(Heider), 페스팅거(Festinger)로 대표되는 '균형 이론(Balance Theory)'과 '인지부조화 이론(Theory of Cognitive Dissonance)'은 사람이 보다 능동적으로 환경을 통제한다는 시각에서 인간 행동을 설명한다. 위 이론들은 사람들이 인지적으로 심리적 일관성을 유지하려고 한다는 가정에 기초하고 있다. 따라서 기존의 태도와 반대되는 메시지로 특정한 행위를 유도하거나 어떤 이슈나 노선에 개입하도록 행위를 유도하면서 설득 메시지를 던지면 사람들은 그로 인해 야기되는 심리적 불균형 상태를 해소하기 위해 스스로 태도를 변화시킬 가능성이 증가하게 된다. 이때 변화의 가능성은 그 사람이 기존에 가지고 있는 생각이나 태도와 상반되는 메시지가 질(강도)에 있어서 더 우월할수록, 그리고 제시되는 메시지의 양이 많을수록(근거가 많을수록) 더 크고 민감하게 이뤄진다. 인지주의 관점은 퍼블릭 스피치에서 연사가 주장하는 메시지의 논리적 타당성, 주장이나 반박의 근거가 많을수록 청중의 태도 변화에 미치는 영향이 크다는 사실을 말해 준다. 논증이 탄탄할수록 청중 설득에 유리하다는 레토릭의 일관된 주장을 과학적으로 해석한 것이라고 말할 수 있다.

자기지각 이론 자기지각 이론(Self-Perception Theory)은 설득적 태도 변화의 원인을 사람들이 자신이나 타인의 행동을 태도 형성에 중요한 외적 단서로 받아들이기 때문이라고 보는 데서 출발한다. 행동이 변하면 태도도 변한 것이라고 스스로 추론한다는 것이다. 이를테면 어떤 행동에 대해서 "난 원래 그래" 또는 "다를 그렇게 하잖아"라고 하듯 자의적 추론을 통해 자신의 행동을 정당한 태도 변화라고 인식하는 경우이다. 이때 추론은 자기 지각적 추리, 즉 자신 또는 다른 사람의 행동 원인이 무엇인지를 찾는 심리적 추론 과정으로서의 '귀인(歸因, attribution)'을 통해 이루어진다. 그리고 사람들의 이러한 심리적 행위는 어떤 행동이나 결과에 대한 원인을 명확히 하여 불확실성을 줄이고자 하는 내적 과정에서 비롯되는 것이다.

귀인의 행태는 크게 어떤 행동의 원인을 그 사람의 기질과 같은 내적 요소(내부 귀인, internal attribution)에 두는 경우와 사회적 규범이나 외부 압력과 같은 상황적 요소(외부 귀인, external attribution)에 두는 경우로 나누어진다. 사람들은 보통 내적 요소를 더 중요하게 생각하고, 외부적 상황 요소를 덜 중요하게 생각하는 경향이 있다고 한다(기본적 귀인오류). 귀인 이론은 자신의 행위에 대한 정당한 근거가 희박할 때 심리적 불균형 상태를 회복하기 위해 태도에 변화가 일어난다는 인지주의 관점과 달리, 그 행위가 개인의 본래적 태도나 외부적 상황에서 비롯되었을 것이라는 심리적 추론의 결과를 근거로 태도의 일관성을 유지한다고 보는 것이다.

자기지각이론은 특히 '기본적 귀인오류'와 관련하여 스피치 메시지가 외부적 상황 요소에 근거를 둘 때보다 내적 요소에 근거를 둘 때 청중의 태도 변화를 더 수월하게 끌어낼 수 있다는 사실을 보여 준다. 그러나 퍼블릭 스피치는 사실이나 현상, 대상으로부터 나타나는 결과를 객관적이고 이성적인 사고를 통해 분석하고 그 원인을 바르게 진단하는 연사의 인지적 수고를 필요로 한다.

사회적 판단이론 사회적 판단이론(Social Judgement Theory)은 사람들이 메시지를 받아들일 때 개개의 주관적 상황(기존의 태도, 자아관여 정도)에 따라 판단하는 기준이 상대적이며, 또 기존에 가지고 있는 자신의 태도를 기준으로 메시지를 받아들일지 여부를 결정하는 태도 영역대가 있다는 것을 전제로 하고 있다. 그래서 기존의 태도 영역대를 준거점으로 설득 메시지를 수용하거나 거부하거나 중립적인 태도를 취하게 된다. 만약 어떤 메시지와 관련하여 개인이 평소 그 메시지에 대해 강한 자기 의견을 가지고 있다면 메시지를 수용하는 영역은 좁게 형성될 것이고, 반대로 의견이 없거나 약한 의견을 가지고 있다면 수용 영역이 넓게 형성될 것이다. 따라서 사회적 판단이론은 연사가 스피치 실행 전에 청중의 성향이나 기존 태도를 왜 분석해야 하는지에 대한 이론적 근거가 된다.

세리프(Sherif)와 호블랜드(Hovland) 등에 의해 개발된 위 설득 이론은 이후 '정교화 가능성 모델(Elaboration Likelihood Model)'이 사회적 판단이론과 함께 기존 설득 이론들을 하나의 모델로 수렴하여 통합적인 관점에서 이를 체계화한다.

정교화 가능성 모델 정교화 가능성 모델은 부정확, 부적절한 태도는 일반적으로 적합하지 못하며 유해한 행동적, 감정적, 인지적 결과를 초래할 수 있으므로 사람들은 비교적 정확한 태도를 취하려고 한다는 가정을 전제로 한다(Petty & Cacioppo). 그러나 사람들이 정확한 태도를 취하고 싶어도 메시지를 받아들여 평가하거나 평가할 수 있는 개인적, 상황적 여건은 서로 달라서 메시지를 평가하는 인지적 숙고(정교화, elaboration)의 양적, 질적 성격도 다르게 나타난다. 구체적으로 그러한 숙고 과정은 인간 사고체계의 서로 다른 두 경로를 거친다. 즉 메시지의 장점을 능동적, 논리적인 입장에서 주의 깊게 이해하고 평가하는 '중심경로(central route)'와 메시지의 장점에 관한 비교적 단순한 추론을 가능하게 해주는 설득 맥락 내의 감정 및 행동적 단서들에 근거하는 '주변경로(peripheral route)'를 통해서이다.

ELM 모델의 핵심은 중심경로를 통해 유발된 태도 변화는 주변경로를 통한 태도 변화보다 더 많은 심사숙고를 요하지만, 태도가 더 오래 지속되고 태도와 행동의 일관성을 더 잘 예측할 수 있다는 것으로서 〈그림 2〉는 그와 같이 두 가지 경로로 처리되는 설득의 태도 변화 과정을 보여 준다.

그림에서 보듯 동기(motivation)와 능력(ability)은 메시지에 대한 청중의 정교화 가능성에 영향을 미치는 주요 요소이다. 그리고 메시지 처리 동기와 능력이 클수록 그것을 이성적이고 합리적으로 판단하는 인지적 숙고의 정도(정교화 가능성), 다시 말해 중심경로를 통한 메시지 처리 가능성이 높아진다.

〈그림 2〉 정교화 가능성 설득 모델

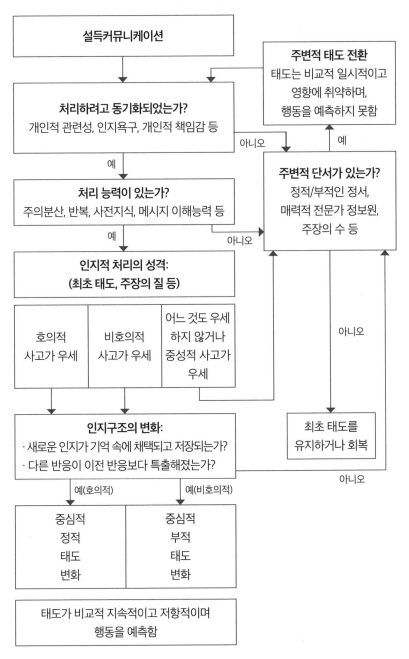

'동기'는 메시지를 처리하고자 하는 청중의 심리적 의향의 근거로서 주제 또는 설득 메시지가 특별히 개인적으로 관련이 있는가, 인지적 사고 성향은 어떠한가에 따라 사람마다 메시지에 대한 접근이 달라진다. 메시지가 자신과 관련성이 높거나, 복잡한 인지적 사고를 좋아해서 또는 특별히 그 주제에 관심이 클수록 중심경로를 따라 메시지를 처리하고자 하는 노력을 더 기울이게 된다는 것이다.

'능력'은 청중이 메시지 자체를 얼마나 이해할 수 있는가(인지능력), 메시지와 관련된 주변 지식이 얼마나 있는가(사전 지식) 하는 개인의 메시지 처리 가능 정도를 의미하는 것으로 그와 같은 능력이 클수록 중심경로를 통한 숙고의 가능성도 커진다.

그런데 설득은 반드시 인지적 숙고를 크게 요하는 중심경로에 의한 메시지 처리에만 의존하는 것은 아니다. 연사의 매력, 목소리, 유머 등과 같이 인지적으로 부담이 덜 되는 주변 요소들에 의해서도 많은 영향을 받는다. 주변경로는 스피치의 비언어적 요소들이 작용하는 장소이기도 하다.

정교화 가능성 이론은 연사의 설득적 메시지가 중심경로를 통해 처리되도록 할 때 태도 변화의 일관성과 영속성을 유지할 수 있으므로 청중의 심리적 경로 선택에 영향을 미치는 전략적인 설득 메시지 조정이 필요함을 시사하고 있다. 그리고 청중은 직접적인 설득 요소로부터 비껴 있는 주변 요소들에 의해서도 영향을 받는 사실에서 이제 살펴보게 될 비언어적 요소들의 스피치 작용을 더 주의 깊게 다룰 필요가 있다.

이상과 같이 현대의 설득연구들은 수용자의 태도와 행동을 관찰

가능한 과학적인 연구방법의 일환으로 설정하고 그것을 효과라는 측면에서 분석한다. 그럼으로써 설득자의 의도와 반응의 형성에 관계되어 있는 메시지의 질, 전달 수단 등 다양한 변인들의 조작이 설득 효과에 미치는 영향을 예측 가능케 함으로써 스피치를 한층 과학적인 차원에서 들여다볼 수 있도록 도움을 준다.

3.2 설득의 비언어적 단서

커뮤니케이션은 상징(symbol)을 수단으로 이루어지는 교호적 반응 체계를 특징으로 한다(Miller). 따라서 인간이 사용하는 언어와 행위의 비언어적 요소들은 상징화된 기호 또는 사회적으로 관습화된 의미를 담고 있는 상징적 커뮤니케이션 매개체라고 할 수 있다. 특히 비언어는 언어와 달리 반응과 해독이 즉각적이고 본능적이어서 통제에 약한 경향이 있다. 그래서 말이 정보전달과 문제 해결에 적합하다면, 비언어는 내면적 가치나 감정 상태의 반응을 전달하는 데 중요한 역할을 하게 된다(Forgas). 사람들은 커뮤니케이션 상대방의 내면 상태를 파악하고자 할 때 간혹 언어적 메시지보다 비언어 메시지에 더 의존하기도 한다. 이런 점에서 비언어 커뮤니케이션 요소는 그 자체로 완전하게 표시된 메시지라기보다는 그것을 근거로 말하는 사람의 내적 상태나 의도를 추적하는 단서적 기능을 한다고 볼 수 있다. 특히 비언어적 요소들이 언어적 메시지와 결합하여 작용하는 경우에 그것은 메시지의 전달 효과 또는 의미 가감에 영향을 미치는 기능적 역할을 하게 된다.[30]

비언어는 크게 메시지 내용과 별도로 연사 그 자체, 그리고 몸짓,

시선, 자세, 제스처, 의복, 신체적 외양, 시간과 공간 등의 비음성적 요소, 언어적 기호체계를 둘러싸고 있는 음성 자극 요소인 유사언어(paralanguage)로 구분한다. 스피치 상황에서 이러한 비언어 요소들은 연사의 지배력이나 힘, 권위, 공신력, 매력 등에 관계함으로써 설득 효과에 영향을 미치게 된다.

비음성적 요소 비음성적 요소란 스피치 행위에 영향을 미치는 음성적이지 않은 일체의 요소를 말한다. 스피치에 있어서 설득 효과에 영향을 미치는 비음성적 요소로는 시선, 손동작, 자세 등과 같이 연사의 움직임에 관련된 요소와 생김새, 옷차림, 헤어스타일과 같이 연사의 외모에 관련된 요소, 그리고 스피치 장소, 시간 등 외부 환경적인 요소가 있다.

퍼블릭 스피치에 특정하여 위와 같은 변인들의 설득 효과를 실험적으로 분석한 연구 결과들이 많지는 않으나 일반적으로 스피치 행위 시에 적절한 시선과 제스처의 사용은 청중 설득에 긍정적인 영향을 미치는 것으로 알려져 있다.

해방 전후로 출간되어 온 국내 웅변·연설 관련서들 역시 연사의 태도 또는 신체적 표현방식이라는 관점에서 그것들이 스피치 효과에 기여하는 다양한 효과들을 기술하고 있다. 그리고 대체로 스피치의 비음성행위 요소들은 그 작용이 연사의 자신감 있는 스피치 태도, 연사에 대한 청중의 호감도(매력)와 관련을 맺고 있는 것으로 보고 있다. 그래서 비음성적 요소들은 직접적으로 설득 효과에 기여하는 변인이라기보다 연사의 공신력에 영향을 미치는 변인에 가깝다고 볼 수 있을 것이다.

유사언어　메시지 전달의 대부분을 음성에 의존하는 커뮤니케이션 특성상 스피치의 비언어 연구는 비언어 음성행위, 즉 목소리의 크기, 고저, 속도, 휴지 등 주로 음성 메시지의 효과적인 전달이라는 맥락에서 유사언어를 중심으로 진행되어 왔다. 유사언어는 직접 메시지를 구성하는 음성적 요소는 아니다. 그렇지만 메시지의 효과적인 전달과 그로부터 파생되는 연사에 대한 호감도, 설득 효과라는 관점에서 그 특징들이 매우 의미 있는 역할을 한다.

　이와 관련하여 목소리의 질과 설득의 효과성에 대한 연구를 보면, 통상 연사의 목소리에 비음이 있거나 성량이 부족한 경우, 목소리가 얇거나 목소리에 긴장감이 느껴지는 경우 등은 설득에 부정적인 결과를 가져온다(Addington). 또 목소리의 크기 및 속도와 관련해서는 남자는 전반적으로 낮으면서 조금 느릴 때 호감도가 높고, 여자의 경우에는 평균 여성의 음높이보다 목소리가 높고 속도가 조금 더 빠를 때 호감도가 크다는 연구 결과들이 있다. 그런가 하면 스트릿과 브래디(Street & Brady)는 남녀 모두 약간 빠른 속도로 말을 할 때 연사에 대한 인식이 좀 더 호의적이라고 했다. 그러나 이 경우에도 전달하고자 하는 주제가 의학적 혹은 성(性)적인 문제와 같이 개인적으로 진지하게 경청할 여지가 있는 사안일 때는 오히려 천천히 차분한 속도로 말할 때 더 설득적일 수 있다고 한다.

　퍼블릭 스피치에서 연사의 비언어적 행위 요소들은 각 요인들이 별개의 독립적인 설득 단서로 작용한다기보다 그 요소들이 표현되는 언어 세계와 긴밀하게 관계하면서 전달 과정에서 조화롭게 기능함으로써 전반적으로 효과적인 설득에 이르게 된다. 그래서 아리스토텔레스와 키케로는 비언어적 요소를 연설이 드라마틱하게 완성되는 데에 필요한 작동 기제로 파악했다. 스피치를 일종의 극적(劇的)인 영역과의 경계에서 다루어질 수 있는 표현적 기예라는 인식에 접근한 것이다. 이런 시각에서 유사언어는 구술 실행 과정에서 메시지의 성격과 느낌, 스피치 상황을 적절하게 반영하여 가장 효과적으로 전달하는 꾸밈 요소가 된다. 구체적으로는 스피치의 전체적인 리듬감 속에서 그것들이 구현될 것이다. 스피치 리듬 및 비언어 표현 기법에 대해서는 '스피치 실행'의 장에서 자세히 고찰한다.

이상에서 살펴본 비언어적 요소들은 과거보다는 현대에 이르러 훨씬 더 중요해졌다고 할 수 있다. 청중의 대면적(對面的) 시각과 청각을 통해서만 감지할 수 있던 연사의 신체 부위들이 현대에 와서는 다양한 시청각 미디어의 개입으로 세밀한 얼굴 근육은 물론 목소리의 미세한 떨림까지도 포착하고 있기 때문이다. 비언어 요소들이 설득 효과에 미치는 영향의 정도가 과거와 비교할 수 없을 정도로 커진 현대적 스피치 상황에서는 그것들의 보다 정밀한 통제가 요구된다.

4.
메시지 인지와 처리 구조

메시지의 언어적 인지구조는 메시지를 수신하는 청중이 어떤 말이나 단어를 들었을 때 그 메시지를 통해 떠올리는 사고유형 및 감정의 공유를 인지심리학적 관점에서 보는 것이다. 참고할 수 있는 연구 자료로는 '언어 연상'과 '심상', 그리고 '거울 뉴런'이 있다.

메시지 인지 처리 과정에서 나타나는 위 세 가지의 지각 유형은 연사가 스피치 메시지를 구성하는 데에 있어서 청중이 그것들을 어떻게 해석하고 수용하는가를 가늠할 수 있게 해 준다. 그럼으로써 언어·비언어적 스피치 실행행위에 대한 실제 응용력의 이론적 기반을 제공한다.

4.1 언어 연상(聯想, word association)

인지과학 분야에서 연구되어 온 '언어 연상'은 어떤 말을 들었을 때 사람들이 그로부터 연상하여 다른 말이나 생각을 떠올리는 사고의 관계적 경향을 의미한다. 소쉬르는 그것들을 언어의 연합적 관계로 보았다.[31] 가령 공산주의라는 말을 들으면 한국인들은 특수하게 축적되어 있는 경험이나 기억이 있어서 북한, 6.25전쟁, 이산가족과 같은 단어를 떠올리는 것처럼, 하나의 단어나 말은 그 의미장(意味場)

내에서 연관되는 다른 말이나 단어들과 연쇄적으로 관계를 짓는 특성이 있다.

그러므로 같은 의미장 안에 있는 말이나 단어는 일정하게 규칙화가 이뤄진다(이찬규). 이는 하나의 말은 다른 말들과 연합하여 범주화됨을 의미한다. 범주화되는 양이 많을수록 그 언어에 대한 공동체의 경험치가 크다고 할 수 있다. 공동의 경험치가 크다는 의미는 어떤 메시지에 대한 청중의 이해가 그만큼 용이해진다는 말이다. 따라서 메시지의 범주화 폭이 넓을수록 청중의 공감 폭 역시 넓어진다고 할 수 있다.

다수의 청중을 수신자로 하는 스피치에 있어서 메시지 범주화의 폭은 사람들의 경험과 기억이 저마다 다르다는 점 때문에 중요하다. 연상하는 말이 모든 사람들의 기억 속에서 동일하게 나타나지는 않는다는 점이다.

언어 연상은 주제 단어나 메시지를 취사선택할 때 다수의 설득(공감)을 위해 고려해야 할 중요한 요소가 되는 것이다. 그래서 연사는 동일 언어 집단 내에서 청중의 지각에 영향을 미치는 공통의 언어적 문화 요소를 읽어 낼 수 있어야 한다.

4.2 심상(心象, mental imagery)

언어 연상이 어휘 간의 관계성에 관한 특성이라면 '심상'은 언어 자체의 고유한 특성에 관계한다.

심상이란 존재하지 않는 사물이나 대상의 속성을 표상하고자 하는 개인의 주체적인 뇌 활동의 결과물이다. 다시 말해서 저장된 경험의 기억 및 회상의 방식을 통해 실제 감각적인 경험을 하지 않은 상태에서 새로운 경험을 창출하는 지각 처리 과정을 의미한다.

고전 레토릭에서 기억술의 한 방법으로 활용되었던 심상은 어떤 말이나 단어를 들었을 때 머릿속에 떠오르는 구체적이고 감각적인 형상, 존재·비존재를 불문하고 그것들을 관념에서 현상하는 것으로서 시지각(視知覺)뿐만 아니라 언어적 명제를 통해서도 생성되는 관념적인 특성을 가지고 있다. 가령 "용이 승천한다"는 말을 들을 때 우리는 실제로 용을 본 적이 없지만 '총체적 심상(allgemeinvorstellungen)'을 통해 용이 하늘로 올라가는 모습을 그릴 수 있고, 사랑이라는 추상적인 단어에 대해서도 우리는 심상을 통해 그것을 형상화할 수 있다.

경험하는 모든 것들이 원천 정보가 되어 기억으로 저장되었다가 시·청각, 후·미각과 같은 외부 자극을 통해 심상으로 나타나는 인지적 정보는 외부 자극이 구체적일수록 또렷하게 생성되는 특성이 있다. 이것은 스피치 메시지의 구체성이 몰입과 설득에 효과적이라는 주장의 근거이기도 하다. 스피치에 있어서 언어적 자극에 의한 심상의 형성은 시각 요소와 결합하게 되면 더 또렷해지고, 파토스 설득 수단이 필요한 스피치 국면에서 음악적 청각 요소와 결합이 되면 그것이 증폭되는 경향이 있다. 이는 단일한 인지 수단보다는 복합적 인지 수단이 심상의 형성 및 강화에 더 효과적이라는 사실을 상기시킨다. 다만 프리젠테이션을 활용한 스피치의 경우와 같이 다중감각적 커뮤니케이션 상황에서는 일정한 제약이 따른다.

4.3 거울 뉴런(mirror neuron)

1990년대 리촐라티(G. Rizzolatti)의 연구로 발견된 '거울 뉴런'은 뇌 과학 분야에서 인간행동 연구의 혁명으로 평가받는다. 거울 뉴런의 작동 원리는 '뉴런의 매칭 메커니즘(matching mechanism)'으로 요약된다. 사람은 자신이 어떤 행동을 직접 하지 않더라도 타인의 행동을 보거나 어떤 행위와 관련한 말을 듣기만 해도 우리 뇌의 이마엽과 마루엽을 연결하는 신경체계의 작용으로 마치 내가 그 행동이나 일을 수행하는 것과 같은 상태를 느낀다는 것이다. 나아가 직접 어떤 행동을 할 때, 타인의 행동을 볼 때, 그리고 그와 같은 행동을 묘사하는 말을 들을 때, 즉 행위, 보기, 듣기 사이에 활성화되는 뉴런의 정도에는 차이가 없다는 사실까지도 밝혀지고 있다.

이러한 거울 뉴런의 작용은 다음과 같은 몇 가지 측면에서 스피치의 설득 원리 및 청중의 정서적 집단 관계를 뒷받침하는 근거가 된다.

하나는 메시지의 생동감이 설득에 효과적이라는 고전 레토릭의 주장을 거울 뉴런의 작용이 설명하고 있다는 점이다. 스피치에서 메시지의 생동감은 곧 구체성을 의미한다. 현장에 있듯 상황이나 사건이 구체적으로 묘사될수록 청중의 뉴런 매칭은 크게 활성화된다. 이러한 원리는 열린 스피치의 서사적인 메시지 전달 방식이 청중의 몰입도를 증대시킨다고 본 스피치 원리의 과학적인 근거이기도 하다.

다른 하나는 연사의 스피치 행동(신체 동작)과 설득 효과의 상관성에 대한 해석이 거울 뉴런의 '공감 효과'를 통해 가능하다는 점이다. 관련 연구들은 거울 뉴런이 타인의 감정을 똑같이 느끼는 공감 능력과도 관련된다는 사실을 밝히고 있다. 타인의 행동·정서·감각을 공유하게 해 주는 뇌 안의 공유회로(shared circuits)를 통해서 사람들은 자신의 행동·정서·감각 영역을 대리 활성화하고, 그로써 타인들과 정서를 공유한다는 것이다(Christian Keysers). 그래서 연사가 스피치 도중에 답답한 마음을 호소하며 상의 단추를 풀 때, 청중과 시선을 맞추며 고개를 끄덕이는 행동을 할 때도 연사와 청중 간에는 정서적 교감이 이루어지고 연사는 그러한 스피치 행동을 통해 설득 효과를 높일 수 있게 된다.

마지막으로 거울 뉴런은 흔히 군중심리로 불리는 집단역학적 관계에서 사람들 간의 감정 전이와 동조행위를 설명하는 근거가 되기도 한다. '감정의 공명현상'이라고 하는 그와 같은 집단의 동시다발적인 공감 현상은 청중의 행동을 이해하고 메시지를 구성하는 접근 방법을 제시한다.

집단 현상과
스피치

1.
집단 귀속

인간이 집단을 형성하고 또 스스로 집단에 참여하는 이유는 무엇일까? 메시지가 결속체로서의 집단에게 발화되는 스피치의 설득적 메커니즘은 "인간은 왜 집단적인가"라고 하는 근본적인 물음으로 이어진다. 개인의 의사결정은 자신이 속한 집단이나 조직, 사회 공동체의 의지를 반영할 때가 많고, 집단의 힘은 언제나 개인을 넘어서기 때문이다. 이런 관점에서 우리는 퍼블릭 스피치의 목적이 청중의 일원으로서 개인, 독립된 집단 인격체로서 청중에게 향한다는 사실을 스피치의 내·외부적 목적과 관련하여 이미 살펴보았다. 그러므로 이제는 청중을 집단이라는 특수한 개체로 전환하여 그것을 집단 현상이라는 시각에서 들여다봄으로써 퍼블릭 스피치와 청중 설득의 문제를 더 깊이 이해할 필요가 있다.

정신분석학적 관점　프로이드(Freud)는 인간의 집단성이 동일시(identification)와 전이(transference)에 의한 정신 역학적 상호관계를 통해 형성되는 무의식적 유대관계에 근거한다고 주장하였다. '동일시'는 개인이 닮고 싶어 하는 누군가를 모델로 삼아 스스로 그와 같이 되고자 하는 정신적 에너지(libido, 정신적인 것에 가까운 성적 욕구)의 움직임이다. 인간은 생의 초기 자기 자신에 대한 사랑에서 벗어나 애정 표현의 대상으로서 자기와 같은 성(性)의 부모를 선택하고 궁극적으로 자신의 부모를 사랑하는 동일시 과정을 통해 그들과 강한 유대 관계를 형성한다. 그리고 이러한 관계에서 어린아이들은 소속감, 타인에 대한 의존, 외부 위협으로부터의 보호, 그리고 자아 발달의 향상을 경험한다. 프로이드에 의하면 이러한 동일시는 인간이 점차 성장하면서 타인에게로 '전이'된다고 한다. 즉 부모를 동일시의 대상으로 지각하였던 것처럼 부모를 대체할 어떤 개인을 이상적인 자아로서 동일시하게 된다. 그리고 타인에 대한 이러한 전이 과정에서 집단이 형성되고 지도자가 출현한다. 프로이드는 이런 종류의 정신적 전이 활동이 집단을 형성하는 주요한 결정 인자라고 본 것이다.

인간 행동의 무의식적 욕구를 지나치게 확대하였다는 비판에도 불구하고, 우리는 프로이드의 위와 같은 심리학적 분석을 통해 일부 정치·종교 리더와 그들의 메시지에 무조건적으로 반응하는 일련의 대중 행동들에 대한 정신분석학적 해석이 가능하다. 그리고 그로부터 제기되는 인간의 반이성에 대한 경고, 퍼블릭 스피치가 줄곧 추구해 온 연사의 도덕적 품성 및 정의와 진실로부터 발을 멀리해선 안 된다는 스피치의 철학적 사변에 대한 최소한의 요구를 미루어 상기할 수 있다.

사회생리학적 관점 사회생리학적 관점(Social Physiological Perspective)에서 집단 현상을 이해하는 견해들에 의하면 인간의 집단 귀속 본능은 유전적으로 깊이 자리하고 있는 인간의 생리적 충동에서 비롯된다는 가정에 근거한다.

포사이스(Forsyth)는 모든 생물체가 자연도태의 과정을 거치면서 시간의 경과와 더불어 진화한다는 다윈의 이론에서 적자의 특성을 가진 종(種)의 집단일수록 더 오래 생존하고 그들의 다음 세대에게 더욱 성공적으로 자신들의 유전인자를 계승한다고 보았다. 동물의 행동양식은 궁극적으로 생리적 적응행동의 가능성을 증가시키는 진화적 과정으로부터 형성되며 비적응적인 행동은 소멸한다. 규칙적으로 형성된 인간의 거의 모든 사회적 행동을 개인의 재생산적 계승을 증가시키는 시도로 해석한 것이다. 그래서 현대 진화론의 관점에서 인간 행동을 분석하는 진화심리학은 우리가 자신과 같은 종의 구성원들과 무리 지어 섞이는 것은 대체로 그 종의 재생산적인 계승을 증가시키는 문화적으로 혹은 진화론적으로 의미 있는 생존의 이점을 제공한다고 주장한다.

이와 같은 견해에 의하면 인간은 무리를 통해서 얻어지는 생의 이점(방어와 안전, 종의 재생산, 보호와 양육, 식량의 확보)이라는 사회생리학적 이유 때문에 집단에 가입하고자 하는 욕구를 형성한다. 이런 맥락에서 위협적인 상황에 직면하였을 때 사람들이 집단에 더욱 귀속하려는 경향을 보이거나, 위협적인 소구방법으로 메시지 전달이 이루어졌을 때 더 설득적이라는 재니스 등(Janis & Feshbach; Schachter)의 실험 결과는 방어와 안전에 대한 사람들의 욕구가 집단에 귀속됨으로써 감소될 수 있다는 사실을 보여 준다.

사회생리학적 관점은 공동체의 존립이 외부로부터 위협을 받거나 구성원들의 결속이 필요할 때 공동체의 영속성과 구성원들의 일체감을 표출하는 스피치의 메시지 전략이 설득에 효과적일 수 있다는 방법론적 근거를 제시했다고 볼 수 있다.

사회적 비교이론 관점 인간의 집단 형성이 유전적인 무리 본능에 근거한다는 위와 같은 사회생리학적 견해와 달리, 사회적 비교이론 (Social-Comparison Processes)은 인간이 특히 불안정한 상황에서 무리를 찾는 것은 본능적인 이유라기보다는 정보를 얻기 위한 이유 때문이라고 주장한다.

페스팅거(Festinger)가 이론화한 사회적 비교 접근은 사람은 누구나 자신이 가지고 있는 의견이나 신념, 태도를 타인과 비교하여 그 타당성을 평가하고자 한다는 가정을 전제로 한다. 또 사람들이 어떤 현상에 대해 진실을 형성하는 방법으로는 개인이 직접 관찰함으로써 획득하는 '실제적 진실(physical reality)'과 집단 구성원들의 사회적 합의를 통해 획득하는 '사회적 진실(social reality)'이 있다. 의견이나 신념, 태도는 바로 후자의 영역에서 규정되는 진실이다. 따라서 사람들은 그것들의 합리성을 판단하기 위한 정보에 접근하고자 비슷한 처지의 구성원 집단을 준거로 삼는다. 그리고는 자신의 의견이나 신념 등이 다른 사람들의 해석과 일치하는지 여부를 가늠하는 사회적 비교과정에서 타인과 어울리고 집단을 이룬다.

페스팅거의 위와 같은 분석에 의하면, 만약 다른 사람들이 자신에게 어떤 사회적 비교 정보를 제공하지 않는다면 집단에 가담하려고 하지는 않을 것이다. 그래서 샤흐터(Schachter)는 사람들이 실제로 불안정한 상황에 직면하였을 때 집단을 통해 두려움과 불확실성을 덜

어내고자 하는지를 확인하기 위한 다양한 실험에서 페스팅거의 이론을 지지하는 결과를 제시하기도 하였다.

한편으로 이 이론적 관점은 집단 내에서 동조(conformity) 현상이 일어나는 원인이 무엇인지를 설명한다. 사람들이 사회적 진실을 규정하기 위해 집단을 준거의 틀로 이용할 때, 집단의 규범이 자신의 의견이나 행동을 평가하는 데 필요한 정보를 제공한다면 집단은 개인에게 규범적 영향을 미칠 수밖에 없다. 그 과정에서 집단에 동조하는 일련의 역학적 관계가 도출되는 것이다.

사회적 비교이론은 개인의 의견이나 신념이 아직 확립되지 않은 부동적인 상황에서 여론을 탐색하고 비교함으로써 태도를 완성하는 것이라고 볼 수가 있다. 따라서 이러한 관점은 특별히 정치 스피치 영역에서 메시지와 정치 대중 사이에 개입하는 집단적 설득 작용을 보다 접근성 있는 시각에서 이해할 수 있게 해 준다.

사회적 교환이론 관점　마지막으로 인간의 집단 형성과 귀속에 관한 또 다른 시각은 매우 합리적이고 경제적인 관점에서 분석하고 있다.

사회적 교환이론(Social-Exchanging Perspective)은 개인이 집단에 가담하여 대인관계를 시작하려는 의사는 그가 집단의 구성원이 되었을 때 받게 되리라고 생각하는 보상과 손해(비용)의 예측에 따라 결정된다고 한다. 집단 일원화(membership) 의식의 전반적인 가치를 보상 대 손해의 비율에 의해 사정되는 경제활동과 유사한 거래 관계의 하나로 규정한 것이다.

사람들은 어떤 집단에 가담하여 활동하고자 할 때 먼저 그 집단의 구성원이 됨으로써 얻게 되는 장점의 평가 기준인 '비교수준(comparison level)'을 분석한다. 그리고 포기해야 하는 집단과 새로이 귀속되고자 하는 집단을 비교하였을 때 후자의 집단이 개인에게 줄 수 있어야 하는 최소한의 보상 평가 기준인 '대체적 비교수준(comparison level for alternativeves)'을 균형 있게 판단한다. 그 결과 선택한 집단이 자신의 욕구와 목표를 최대로 충족시켜 주면서 손해는 최소화시켜 주리라고 믿을 때 대인 관계적 상호 교환을 시작한다(Thibaut & Kelly). 그래서 사회적 교환이론에 의하면 사람들은 집단에 가담함으로써 얻게 될 보상과 잃게 될 손해를 동시에 생각하지 않을 수 없다. 사회적 상호작용에 의한 고립의 탈피, 자아 존중과 같이 사회적으로 승인되는 존재성의 충족 등은 개인이 집단 활동에서 받게 되는 보상이다. 그리고 집단 초기 비친숙성(unfamiliarity)에서 오는 긴장감, 집단 활동을 위해 물질·정신적으로 소비해야 하는 개인적 투자 등은 감수해야 할 손해가 된다. 결국 사회적 교환은 "적은 손해를 감수하고 더 큰 이익을 얻고자 하는 개인의 집단적 관계 활동 과정에서 어떤 물질 또는 활동의 공급원을 자발적으로 주고받는 행위"로 요약할 수가 있다(Roloff).

　대체 집단과의 비교 및 보상-손해의 사정을 통해 집단 귀속이 이루어진다고 보는 사회적 교환이론은 집단이 개인에게 주는 이익의 우월성을 전제로 하고 있다는 점에서 기본적으로는 사회생리학적 견해와 맥락을 같이한다. 따라서 사회적 교환이론은 청중의 선택적 결속이 필요한 스피치 상황에서 논점을 비교 평가해 메시지를 제시하고 그것들이 청중의 합리적인 사고에 영향을 미칠 때 효과적인 설득에 이를 수 있음을 알려 준다.

2.
집단 압력과 탈개인화

집단은 때때로 개인에게 비합리적인 사고를 요구하거나 개인성이 그것에 매몰되기도 한다. 집단의 개인에 대한 영향력은 크게 '동조'와 '탈개인화(deindividuation)'의 형태로 나타난다.[32] 퍼블릭 스피치가 이와 같은 형태의 집단 압력에 주목하는 이유가 있다. 그것은 침묵하는 다수와 설득 메시지의 실제 효과성을 구분할 수 있어야 하기 때문이다. 그리고 퍼블릭 스피치는 비이성적인 집단행동에 일시적으로 편승할 수는 있어도 결코 영속적일 수 없다는 사실을 숙고하기 위해서이다.

동조　동조는 집단이 구성원들에게 가하는 현실적인 압력이나 집단 구성원 스스로가 느끼는 가상의 압력에 의해 개인의 행동이나 신념을 변화시키는 현상이다. 집단은 대다수의 구성원들이 결정한 사안에 대해 개인이 그것을 채택하고 행동하도록 촉구하며 또한 확산시키는 계획된 사회적 압력을 행사한다(Gass & Seiter).

개인 의사결정의 집단 동조 현상에 관한 세리프(Sherif)와 애쉬(Asch)의 초기 분석 이후 축적된 관련 연구들에 의하면, 집단 구성원들의 영향에 의해 나타나는 개인행동 및 인지과정의 변화 등 동조의 주요 원인으로는 다음과 같은 몇 가지가 고려되고 있다.

첫째, 개인들의 집단 동조는 규범에 의한 사회적 영향으로부터 나온다. 집단의 규범은 내재화된 표준을 내포하고 있기 때문에 규범의 영향으로 형성되는 동조는 다른 구성원들의 체면을 세워주는 원만한 사교 기대를 충족시켜 준다. 그리고 한편으로는 집단 내 갈등의 초래나 지위의 상실과 같은 일탈의 경우 직면할 수 있는 여러 가지 부정적인 결과들을 방지한다. 따라서 개인들은 존재하는 규범의 합법성을 받아들이고 행동하게 되며 구성원들과의 원만한 대인적 관계 유지를 위해 집단에 순응한다.

둘째, 동조는 자신의 지각과 신념의 정확성에 관한 정보를 집단으로부터 얻기 위한 맥락에서 일어나기도 한다(Festinger). 집단 형성의 심리학적 원인에서 살펴보았듯이 사람들은 자신의 생각이 타당한지에 대한 정보를 얻기 위해 집단 구성원들로부터 받은 영향을 그들에게 직접적으로 드러내는 동조행위를 통해 그것을 확인한다는 것이다.

셋째, 사람들이 집단의 의견과 판단에 동조하는 또 다른 이유는 합리적이고, 매력적이고, 호감 있는 사람으로 보이고 싶어 하는 일반적인 욕구로부터 나온다(Forsyth). 대부분의 경우 개인이 집단의 판단에 반대할 때 그것은 다른 구성원들의 능력과 건전성에 대한 도전으로 인식된다. 그 결과 집단으로부터 이상하고 비합리적인 인물로 평가받을 가능성이 높아진다. 그래서 사람들은 자신이 지극히 정상적이고 합리적이라는 사실을 드러내고자 하며, 한편으로는 다른 구성원들의 호감을 얻고자 하는 자기표현의 동기에서 집단 의견에 동조하기도 한다.

이처럼 동조의 원인은 다양한 차원에서 해석되고 있다. 그럼에도 집단 동조의 심리적 기저에서 하나의 일관된 의식을 추론할 수 있다면 그것은 인간관계 인식에서 출발하는 사회적 고립의 기피와 관련된 것이라고 할 수 있을 것이다. 동조가 행동의 규범적 측면과 정보적 측면 모두에서 비롯되는 것이라고 하더라도 그것들은 결국 사회성에 기여하는 인간 군집의 근본적 성질을 담고 있기 때문이다.

또 집단의 의견이나 행동이 조작된 것이 아니라고 전제하면, 개인의 집단 동조행위는 비교적 이성적이고 합리적이다. 특별한 사회적 상황에서 집단의 의견과 규범은 다른 사람들이 옳다고 생각하는 바가 무엇인지를 보여 주는 '사회적 증거'로 채택된다(Cialdini). 그리고 사람들은 그것을 기준으로 행위를 결정함으로써 결과적으로 여러 측면에서 올 수 있는 사회적 고립을 피할 수 있어서다. 따라서 동조와 관련한 스피치의 설득 메시지는 사람들에게 집단의 의견과 규범이 사회적 증거라고 명확하게 제시될 때 태도 변화에 긍정적인 영향을 미칠 수 있을 것이다.

탈개인화 동조가 집단에 접근하는 개인행동의 사회적 성격을 보여 주는 것이라면, 탈개인화는 개인성이 집단에 함몰되어 나타나는 집합적 행동을 보여 준다.

블루머(Blumer)는 탈개인화된 집단에 대해 그것은 비교적 조직적이지 못하고, 행동의 목표나 목적이 불투명하며, 개인을 초월하는 극도의 일치된 감각을 특징으로 한다고 하였다. 그래서 집합적 행동은 주로 통제를 필요로 하는 방어적 측면에서 다루어지고, 설득보다는 선동(instigation)의 부정적 행위 결과로 인식된 측면이 있다.

집단행동에 있어서 탈개인화의 원인으로는 바이러스가 전염되는 것처럼 사람의 정서와 행동 또한 한 사람에서 다른 사람으로 옮겨질 수 있다는 르봉(Le Bon)의 '전염이론(Contation Theories)'이 고전적이다. 정서와 행동의 집단적 전염에 대하여 르봉은 그것을 암시에 걸린 최면 현상의 일종으로 규정하면서 개인이 이러한 집단적 상황에 진입하게 되면 이성과 개성은 약화되고 사람들은 예측이 불가능한 비합리적인 행동(극단적인 도덕적 행동으로도 나타난다) 특성을 드러낸다고 주장하였다.

그런가 하면 사람들이 다른 방법으로는 만족할 수 없었던 억압된 무의식적 욕구를 실현하기 위해서 집단에 가담한다는 프로이드의 정신분석 이론에 의하면, 탈개인화는 이기적인 자기애(自己愛, libido narcissisme)를 사회적인 경향으로 변화시키는 에로스적 리비도(libido erotique)의 기제 작용에서 비롯된다. 리비도는 이상적인 자아(지도자)와 집단 구성원 간의 과잉 유대관계를 형성하며 그 과정에서 분출되는 사랑의 강렬한 충동에 이끌려 사람들의 감정은 전이되고, 극단적으로 응집되며, 개인성은 집단에 매몰된다(집단심리와 자아분석).

그러나 터너와 킬리안(Turner & Killian)은 집단 구성원들의 정신적 통합은 정서와 행동에서 일치된 것처럼 보이는 것일 뿐 실제 대부분의 집합적 행동은 사회적 규범과는 대비되는 불시적 출현규범(emergent norm)이라고 규정한다. 즉 어떤 집단적 상황에서 그것이 적절한 것처럼 판단되어 사람들의 행동에 강력한 영향을 미치는 일시적인 규범의 지배 현상이라는 것이다.

다른 관점에서 탈개인화는 익명성과 집단 응집력이 개인의 '공적 자아인식'과 '사적 자아인식'에 영향을 미쳐 나타나는 현상이라는 주장도 있다(Prentice-Dun & Rogers). 이 경우 익명적 환경에서 공적 자아인식의 감소는 책임감을 둔화시키지만 사적 자아 인식(소위 양심)은 감소되지 않는다. 그래서 사람들이 자신의 행동이 가져올 부정적인 결과를 심각하게 고려한다며 대부분의 경우 탈개인화는 일어나지 않을 것이라고 본다.

탈개인화된 집단행동은 일반적으로 억제되었던 감정에 지배되는 경향이 크다. 이런 점에서 탈개인화 상황에서 스피치의 설득 메시지는 도덕적 건전성을 지시하는 동기적 유인 방식을 통해 사적 자아의 존재를 인식시키는 것이 일차적인 목적이 되어야 한다. 그리고 행위와 결과의 인과관계를 제시하는 방향으로 메시지를 전달하되 파토스적 수단보다는 로고스적 설득 수단을 사용해야 할 것이다.

스피치 불안감
통제와 관리

1.
불안감의 원인

　사회불안의 대표적인 하위 유형으로써 그것의 약 3분의 1 정도를 차지하고 있는 것으로 알려진 스피치 불안(public speaking anxiety)은 무대 공포증(stagefright)이나 연설 공포증(speechophobia)으로 불리기도 한다(Cottraux).

　스피치 불안감에 대한 초기 시각은 다른 사람과 상호적 관계에서 생기는 과도한 부끄러움의 일종에 맞춰져 있었다. 그러나 스피치 불안은 보통 사람들 앞에서 말을 한다는 생각에서 오는 근심, 염려, 긴장, 부끄러움, 두려움과 같은 인지적, 생리적 반응으로 해석할 수 있다. 또 다른 관점에서는 "청중 앞에서 자신에 대한 평가가 예상되거나, 평가가 이루어지고 있는 상황에서 인정을 받고자 하는 강한 자기 의식의 정서적 상태"로 분석하기도 한다(Hogan & Cheek). 그리고 스피치 불안감은 사람들의 주목을 받는 물리적 환경에서 벗어나면 두려움이 사라진다는 점에서 대부분의 사회적 공포증과 마찬가지로 치유가 가능하다는 특징을 가지고 있다(Berko etc).

　스피치 불안은 크게 성격적 불안감과 상황적 불안감으로 나눌 수가 있다. 성격적 불안감은 공적인 스피치뿐만 아니라 사람들과의 일상적인 대화에서조차 불안함을 느끼는 상태로써 부분적으로 유전적인 면도 있으나 대부분은 자라온 과정에서 겪은 극심한 부정적 경험에 기인한다. 그리고 상황적 불안감은 퍼블릭 스피치와 같은 특정 상황에서만 불안함을 느끼는 것으로서 정도의 차이만 있을 뿐 사람이라면 누구나 느끼는 불안감이다(임태섭).

스피치 불안감의 원인에 대해서는 다양한 견해와 연구들이 있다. 데스버그(Desberg)는 스피치의 결과가 자신에게 미치는 영향이 크면 클수록, 반드시 스피치를 성공적으로 해야 한다는 압박감이 클수록 스피치의 불안감이 커진다는 점을 지적하면서 그것들을 스피치 불안감의 기본적인 원인으로 든다. 그런가 하면 불안감의 원인으로 사람들의 시선에 대한 두려움, 실패에 대한 두려움, 거절에 대한 두려움, 낯선(모르는) 것에 대한 두려움을 들면서 스피치 행위에서 두려움은 반드시 나쁜 것만은 아니며 때로는 성공적인 스피치로 이어 주는 유용한 에너지로 사용할 수 있다는 주장도 있다.

스피치 불안의 대표적인 원인으로는 '부정적 평가'를 들 수 있다. 클락(Clark)과 웰스(Wells)에 의하면 사회적 불안이 있는 사람들은 사회적 상황에서 보통 타인들에게 긍정적으로 평가되는 것을 매우 중요하게 생각한다. 그런 사람들은 자신에 대해 부정적인 내적 표상을 가지고 있다. 그래서 스피치 행위 시에 타인들이 나를 부정적으로 바라볼 것이라는 생각에 더 큰 불안감을 느낀다. 이런 시각에서 보면 스피치 불안감은 사람에 대한 불안감, 즉 대인 공포증과도 관련이 된다.

한편 개인적 사고 성향의 차이에 따라 스피치 불안감의 정도는 차이를 보이기도 한다. 비합리적인 신념이 강한 사람, 자기 효능감이 낮은 사람, 어떤 일에 대한 성취동기가 낮은 사람들은 그렇지 않은 사람들에 비해 스피치 불안감을 더 크게 느낀다.[33] 그리고 내적 귀인 성향이 강하거나 타인귀인과 우연귀인 성향이 낮은 사람들은 상대적으로 스피치 불안감을 적게 느끼며(장해순·이만제),[34] 외향적 성격, 사회적 친화력이 좋거나 성실하고 책임감이 강한 사람일수록 스피치 불안을 덜 느끼는 경향이 있다고도 알려져 있다.

다른 시각에서 스피치 불안감의 한 원인으로 '자기노출의 회피 심리'를 생각해 볼 수 있다.

알트먼과 테일러(Altman & Taylor)는 사람이 타인과 인간관계를 형성해 나가는 과정은 마치 양파껍질을 벗겨가듯 서로가 자신의 깊은 곳을 노출해 가는 과정에서 이루어진다고 했다. 사람은 비밀스런 사적 영역에 상대방이 침투할 수 있도록 자신을 노출할 수 있을 때 관계 발전을 기대할 수 있으며 거기에는 또 적정한 보상과 비용의 원리가 작용한다.

그런데 스피치에서는 연사의 일방적인 자기노출이 강요된다. 연사는 때때로 자신의 깊숙한 내면 정보까지도 청중에게 노출해야 하는 입장에 놓이게 되는 것이다. 일반적으로 사람들은 이러한 상황을 회피하고 싶어 한다. 보상과 비용이라는 측면에서도 봤을 때도 이는 거의 비용만 지출하는 상황이다. 사람들은 친한 관계가 아닌 이상 자신에 대한 정보를 불필요하게 노출하고 싶어 하지 않는다. 따라서 스피치 불안감은 연사의 일면적인 자기노출을 회피하고자 하는 강한 심리적 방어에도 불구하고 그것을 실행해야 한다는 현실적 압박이 방어기제와 충돌함으로써 야기되는 불균형, 그로부터 야기되는 불안정한 심리상태로 볼 수도 있는 것이다.

　이렇듯 개인이 다른 사람들 앞에서 실제 스피치를 하거나 혹은 스피치가 예상되는 행동과 연결되어 느끼는 심리적 두려움으로서 스피치 불안감은 그 강도의 차이만 있을 뿐 사람이라면 누구나 느끼는 보편적인 사회적 불안 중의 하나이다. 보편적이라는 말은 한편으로 비교적 어렵지 않게 극복이 가능한 불안임을 의미하는 것이기도 하다. 따라서 스피치 불안감은 그동안 다양하게 축적된 통제 방법들을 충실히 따라가며 활용하는 것이 가장 좋은 해결책이다.

2.
불안감 통제

스피치 불안감을 억제하는 방법들에 대해서는 다양한 경험적 사례들이 정리되어 있으며, 통제 방법은 주로 개인의 내적 감정이나 심리 상태를 조정하는 것에 초점이 맞추어져 있다.

불안감의 보편성 인식　스피치를 앞두고 불안감을 느끼는 것은 누구나 똑같다. 내가 느끼는 불안만큼 남들도 불안을 느낀다. 스피치 불안감은 경중(輕重)의 차이일 뿐 나 개인만의 문제가 아니며, 사람이라면 느낄 수 있는 지극히 자연스러운 현상이다. 비교적 유년 시기부터 스피치 교육을 받는 미국인들조차도 그들이 느끼는 사회적 공포 중 1위가 퍼블릭 스피치에 대한 두려움이라고 한다(Desberg). 그다음 순위의 공포가 죽음이다.

스피치 불안감 통제에 있어서 이 점을 인식하는 것이 매우 중요하다. 유독 자신만이 불안감을 느낀다고 생각하면 그로 인하여 불안감이 더 가중되기 때문에 불안감이 나만의 문제가 아닌 공동체 구성원 누구나의 문제라고 인식할 필요가 있다는 것이다. 고립되었던 개인의 문제가 사회적 공통 의제로 전환됨으로써 스피치에 대한 불안감이 그만큼 상쇄되는 것이다. 스피치의 두려움은 모두에게 공평하다.

불안감의 사전 노출 스피치 불안감은 청중의 성향에 따라 그 정도가 다를 수 있다. 반드시 어느 경우에 스피치 불안감이 더 크거나 작다고 말하기는 어렵겠으나, 친구나 동료와 같이 비교적 거리감이 적은 그룹을 대상으로 스피치를 할 때와 청중이 명성과 지위가 높은 그룹이거나 어느 분야의 전문그룹일 때의 불안감은 다를 수 있을 것이다. 또 스피치 불안감의 원인에서 살펴본 것과 같이 때로는 특수한 개인적 성향으로 인하여 불안감이 남들보다 상대적으로 클 수도 있다. 이런 경우에 우리는 나의 불안감 상태를 언급함으로써 청중들의 평가에 대한 부담을 완화할 수 있다. 스피치 불안의 대표적 원인 중 하나인 청중의 부정적 평가를 대비하여 연사가 미리 자신의 불안감을 미약하게 노출함으로써 부정적 평가를 완화시키면서 결과적으로 연사 스스로도 스피치 불안감이 감소되는 예방 효과가 있다는 것이다. 중요한 것은 예방적 노출이 짧고 가볍게 언급되어야 한다는 점이다. 노출이 너무 진지하거나, 길거나, 반복되면 오히려 연사의 신뢰감이 떨어져 역효과가 발생할 수 있다.

긍정적 상상 그레고리(Gregory)는 골퍼들이 스윙 전에 자신이 정확한 타격으로 컵 홀에 골프공을 넣는 상상을 한 후 게임에 들어가면 플레이가 훨씬 정확해진다는 사례를 들면서, 청중이 연사의 말에 몰입하는 긍정적인 상상을 반복적으로 하는 것이 스피치 불안 통제에 효과적이라고 주장한다. 이는 일종의 자기예언(self-fulfilling prophecies)과 관련이 있어서 청중이 나의 스피치에 몰입하면서 영향을 받는다는 상상은 생생하면서도 구체적일수록 좋다. 긍정적 상상의 반복은 성취동기를 만들어 내는 에너지가 된다. 그리고 자신이 왜 스피치를 하는지에 대한 명확한 목적의식을 생성시켜 주기 때문에 스피치 불안을 통제하며 나아가 스피치 향상에도 도움을 준다.

자신과의 대화 내적 대화(internal dialogues)는 집중이 필요한 긴장된 상황에서 더 명확해지는 경향이 있다고 알려져 있다. 스피치 불안 통제에서 중요한 것은 내적 대화를 통해 자신이 어떤 원인으로 불안을 느끼고 있는지를 알아내는 것이다.

그러나 원인을 찾는 것보다 더 중요한 것은 그 원인이 비합리적이고 과도한 두려움을 촉발하고 있다는 사실을 인지하는 것이다. 가령 내 스피치를 청중들이 지루해할 것이라는 생각이 스피치 불안의 원인임을 알았다면 그 생각이 비합리적이라는 사실을 스스로 인지함으로써 불안의 원인을 제거해야 한다. 그런 다음 자신을 있는 그대로 만족스럽게 받아들이고 수용해야 한다. 자기 수용이 높은 사람은 대인관계에서 느끼는 불안이 현저하게 적으며 스피치 불안감이 낮아지기 때문이다.

3.
불안감 관리

스피치 불안감을 통제하고 실제 스피치가 실행된다 하더라도 그 과정에서 여러 요인들에 의하여 스피치가 불완전하게 진행될 수 있다. 따라서 스피치 실행 과정에서 발생할 수 있는 몇 가지 변수들을 알고 이를 관리할 필요가 있다.

흐름의 정리 스피치에 익숙한 연사들에게도 스피치 전반의 진행을 완벽하게 정리해서 실행하기란 쉽지가 않다. 그렇다고 스피치 내용을 모두 암기하는 것도 사실상 불가능하다. 스피치 실행에 있어서 연사를 종종 당황하게 하는 것이 바로 스피치의 흐름을 잃어버리는 것이다. 전체 과정을 잘 잡고 실행하면 세부적인 스피치 내용들은 대부분 저절로 상기된다. 그런 점에서 사전에 스피치 흐름을 머릿속에 정리하는 일은 중요하다.

문제는 스피치 흐름을 어떻게 정리할 것이냐이다. 여러 가지 방법들이 있을 수 있겠으나 스피치가 전개될 해당 국면들을 일종의 지도처럼 머릿속에 미리 담아두는 것이 핵심이다. 이 책 스피치의 준비, 구성 각 장에서 기술하고 있는 내용들은 스피치가 어떤 흐름으로 전개되는지를 알려 주고 있으니 참고하기 바란다.

장소의 체크   연사가 스피치를 하는 장소의 여건은 스피치 행위에 많은 영향을 미친다. 스피치 장소를 사전에 가 보지 않는 한 연사는 스피치 공간의 상태가 어떠한지 대부분 알지 못한다. 스피치 공간이 너무 넓거나 반대로 좁을 수도 있고, 주변의 소음이 차단되지 않은 공간일 수도 있다. 그런가 하면 음향시설의 상태가 열악할 수도 있고, 공간이 너무 춥거나 더워서 진행에 어려움이 있을 수도 있다. 이처럼 스피치 장소는 낯선 방문자인 연사에게 당혹감을 주기도 하고, 결과적으로 원활한 스피치 진행을 방해하는 요소가 될 수 있다. 그러므로 연사는 스피치 장소에 대한 정보를 사전에 습득하여 그로 인해 야기될 수 있는 스피치 저해 요소들을 미리 체크할 필요가 있다.

청중 민감성 억제   연사가 스피치 도중에 직면할 수 있는 대표적인 위협 요소 중 하나는 청중의 반응이다. 청중은 하품을 하기도 하고, 졸기도 하며, 때로는 옆 사람과 잡담도 한다. 특히 스피치 과정에서 연사가 언어·비언어적 실수를 저질렀을 때, 연사는 청중의 작은 움직임 하나에도 민감해진다. 연사의 입장에서는 그러한 청중의 움직임이 자신의 실수에 대한 심각한 반응으로 해석되기 때문에 청중의 반응은 스피치 진행 과정 전체를 좌우하는 요인이 될 수 있다.

그러나 청중의 움직임에 과도하게 반응할 필요가 없다. 실수를 하지 않았음에도 청중의 반응이 산만하거나 호의적이지 않다 하더라도 연사는 그 반응에 예민하게 대응해서는 안 된다. 불안한 마음에 논점을 잃고 스피치 전체가 무용해질 수 있기 때문이다. 통상적으로 청중은 자신들이 스피치를 통해 무엇인가를 얻는다고 생각하므로 연사의 실수를 크게 의식하지 않는 경향이 있다(Gregory). 연사 스스로 청중의 반응에 민감할 뿐이다.

스피치 속도의 조절 사람마다 말하는 속도가 다르다. 평소 빠르게 말하는 것에 익숙한 사람이 있는가 하면, 천천히 말하는 습관에 익숙한 사람도 있다. 스피치가 중심을 잃고 중구난방 흐름이 전개되는 이유는 앞에서 본 바와 같이 그것이 정리되지 않은 탓도 있지만 성급한 마음에 빨리 스피치를 실행하려다가 흐름을 놓치는 탓도 많다. 그러므로 스피치가 익숙지 않거나 불안감이 많을수록 가급적 천천히 스피치를 진행하는 것이 좋다. 스피치 중간의 짧은 휴지는 다음 진행을 위한 시간적 여유로 작용하기도 하고 연사의 불안을 가라앉히는 효과도 있기 때문이다.

신체리듬의 이완 일반적으로 매우 긴장된 순간에 직면하면 사람의 생리적 리듬은 불규칙해진다. 이는 지극히 자연스러운 현상이다. 그렇다고 불안한 긴장 상태를 그대로 유지한 채 청중 앞에서 스피치를 실행할 수는 없다.

우리는 공연 무대에 오르기 전 가수나 경기 직전 운동선수들이 반복적으로 심호흡을 하고 몸을 푸는 행동을 흔히 본다. 심호흡과 가벼운 몸풀기는 흐트러진 신체 균형을 회복시키고 대뇌 활동을 안정시킴으로써 불안감을 떨어뜨리는 데 효과가 있기 때문이다.

심호흡은 천천히 깊게 반복적으로, 스트레칭은 몸의 윗부분에서 아랫부분으로 또는 그 반대로 진행해 가며 가볍게 풀어준다. 팽팽해진 신체적 긴장 상태를 이완시켜 주는 심호흡, 스트레칭을 통한 생리적 리듬의 안정은 스피치 실행 전 연사의 불안감 관리에 유용한 방법 중 하나이다.

스피치 음성의
원리

1.
말소리의 생성

　사람의 말소리는 일차적으로 폐로 호흡한 공기가 배출될 때 후두(喉頭)에 위치한 성대(聲帶, vocal folds)를 통과하면서 그 진동의 유무로 '유성음'과 '무성음'이 만들어진다. 〈그림 3〉과 같이 성대의 앞부분은 후두 안쪽 갑상연골에 함께 붙어 있고 뒷부분은 피열연골에 각각 한 쪽씩이 붙어 있다. 평소 우리가 호흡을 할 때 피열연골은 개방되어 있어서 소리가 생성되지 않으나 내쉬는 호흡을 이용하여 소리를 만들고자 하면 성대 아래의 공기압이 증가하게 되고 팽창한 기압을 맞추기 위한 '베르누이 효과'로 성대가 열린다. 그리고 그 탄력으로 성대가 다시 닫히는 반복이 진동을 만들어 내면서 발성이 이루어진다. 그리고 후두를 통과한 기류(氣流)는 계속해서 입과 식도 사이의 공간인 인두강(咽頭腔, ㄱ자 모양)을 거쳐 구강(口腔)을 통과한다. 이때 혀와 턱, 입술의 움직임으로 인해 구강음(口腔音)이 생성된다. 그리고 구강을 지난 기류는 마지막으로 이(齒)와 입술을 통해 밖으로 빠져나가면서 전체적으로 우리가 의미를 인지할 수 있는 말소리가 완성된다.

　한편 인두강을 지난 기류는 구강이 아니라 목젖이 있는 부분과 인두벽 사이를 열어 비강(鼻腔)을 통과하기도 한다. 이러한 통로는 평소의 발음 시에는 닫혀 있지만 비음(鼻音)을 낼 때 열림으로써 비강음

(鼻腔音)이 만들어진다. 특히 후두를 통과한 기류는 인두강, 구강, 비강, 순강을 거치면서 음색과 더불어 울림소리를 결정하며, 그것들이 울려서 소리를 나게 하는 공명상자 역할을 한다고 하여 위 네 부분을 공명강(共鳴腔)이라고 한다. [35]

즉 말소리는 폐로 들이마신 공기가 성대를 통과하면서 진동함으로써 음파를 형성하는 발성기관, 음색과 음량을 형성하는 공명기관, 입술·혀 등을 활용하여 구체적으로 알아들을 수 있는 말이 형성되는 조음기관의 작용으로 완성되는 것이다. [36]

〈그림 3〉 성대의 구조와 공명기관

성대 구조	공명기관
출처: 언어치료학(2019), 곽미영 외, 학지사	출처: 파퓰러음악용어사전(2002), 삼호뮤직

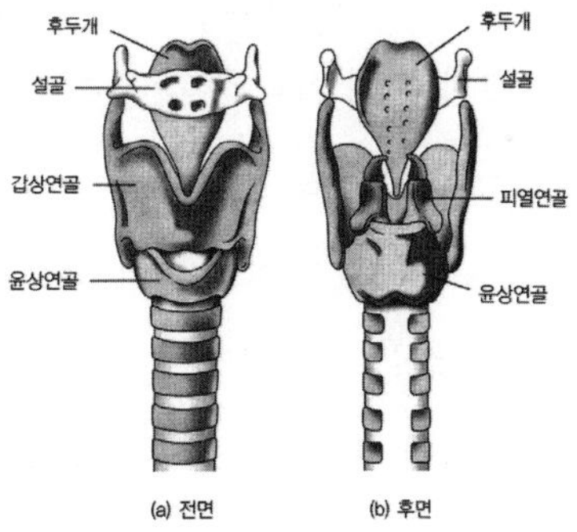

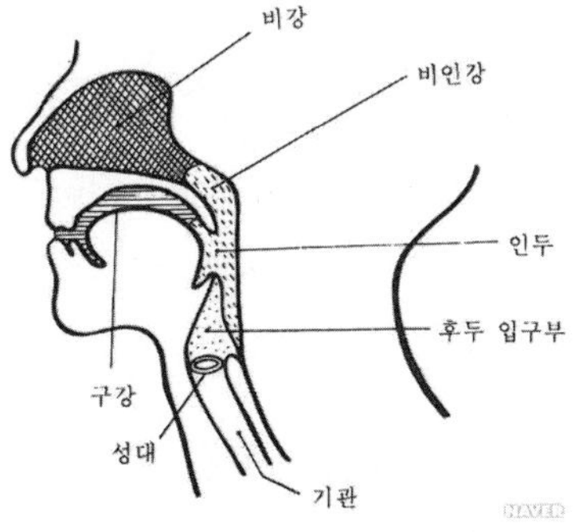

2.
스피치 음색

성대의 인체구조가 중요한 이유는 그로 인해 사람마다의 고유한 음색(音色, timbre)이 결정되기 때문이다. 음색은 목소리의 청각적인 특질을 의미한다.

변성기를 거친 후 성인이 되면서 성대, 구·비강의 상부 공명기, 기관지와 같은 하부 공명기의 선천적인 구조가 사람마다 독특한 자신만의 목소리 색깔을 결정한다. 이는 얼굴 생김새와 더불어 개개인을 구별 짓는 고유한 요소 중의 하나로 남녀의 음색 차이와 같이 본질적으로 타고난 특징에 좌우되는 것이다. 구체적으로는 성대의 길이와 두께에 의하여 음색은 일차적으로 결정되고, 공명기관의 구조와 움직임에 의해 최종적으로 자신만의 독특한 음색이 나타난다.

음색은 정확히 말해 내가 내보내는 음파의 형태를 감지하는 타인의 청각적 인지 특질이다. 음향이론에서 음색은 생체 구조로부터 외부로 송출되는 소리 파동(wave)이 서로 다른 파형을 만들어 개개인의 개성 있는 음색으로 특정된다고 분석한다. 즉 공기를 타고 전달되는 소리 파동의 모습이 사람마다의 고유한 음색으로 다른 사람들에게 고정되는 것이다. 따라서 사람의 음색을 완전히 새로운 음색으로 바꾸기는 어렵다.[37]

이해를 돕기 위해 같은 영화배우가 장군 역할을 하다가 장돌뱅이로 역할을 바꾼다고 가정해 본다. 위엄 있고 우렁찬 장군의 목소리로 장돌뱅이를 연기할 수는 없다. 이제 배우는 장돌뱅이에 어울리는 목소리로 연기를 해야 한다. 그런데 사람들은 장군에서 장돌뱅이로 역할을 바꾸어도 그 배우가 같은 사람임을 목소리만으로도 알아차린다. 본질적으로 그 배우의 음색 특질이 변하지 않았기 때문이다. 단지 역할에 맞게 자신의 목소리 톤을 바꾼 것뿐이다. 이처럼 보이스 톤은 가변적이고 상황 맥락적이다. 인체의 타고난 음성기관들을 바꿀 수는 없지만 성대와 공명기관의 움직임을 변화시켜 느낌이 다른 소리로 전환할 수가 있고, 또 그와 같은 전환은 막연히 일어나는 것이 아니라 특정한 스피치 국면에서 일어난다. 스피치를 실행함에 있어서는 음색도 중요하지만 실제 그 쓰임과 역할은 보이스의 톤에 더 많은 의존을 한다. 보이스 톤은 메시지의 느낌과 조화되는 목소리의 일체성이다. 그러나 개개의 스피치 상황에서 나타나는 메시지는 다양해서 보이스 톤의 조정 역시 다양한 맥락에서 이루어질 수밖에 없다.

보이스 톤의 조정은 크게 후두와 인두강, 그리고 비강의 움직임을 통제함으로써 가능해진다. 의식적으로 후두를 올리거나 내려 소리의 밝기 톤을 달리 나타낼 수 있고, 인두강을 좁히거나 넓혀서 소리의 굵기 톤을 달리 할 수 있다. 또 비강을 열고 닫아서 가볍고 무거운톤의 소리를 조정할 수 있으며 후두, 인두강, 비강의 미세한 조합으로 스피치 상황에 부합하는 다양한 소리를 엮어낼 수 있다. 결국 많은 훈련과 경험으로 이를 체득하는 수밖에 없을 것이다. 음색 및 보이스 톤의 작용과 활용은 실제 스피치를 실행하는 구술 표현과 관련한 문제이므로 '스피치의 실행'에서 자세히 살펴본다.

3.
스피치 호흡

말소리는 들숨이 날숨이 되어 우리 몸의 내부를 지나 후두에 도달하면서 성대의 진동과 조음기관의 움직임에 의해 완성됨을 보았다. 호흡은 인체에 산소를 공급하는 생존 요소일 뿐 아니라 의사소통의 필수적 요소이다.

특히 호흡은 목소리의 크기, 즉 음량(音量·聲量, voice volume)의 폭을 직접 결정한다. 음색, 보이스 톤이 생성되는 과정에도 호흡이 관여하지 않는다고 할 수는 없지만 그것들은 성대와 조음기관 등 생리적인 음성구조에 직접적이고도 더 큰 영향을 받는다.

성량은 날숨의 압력을 높여 성대의 진폭(dB)을 크게 하고 공명강의 모양을 통해 주파수대(Hz)를 변화시키는 '성도전이기능(vocal tract transter function)'으로 통제된다. 호흡의 작용에 의한 진폭(振幅)과 공명강의 크기(입을 벌려 공명 공간을 넓히는 크기)가 곧 성량을 결정하는 것이다.

일반적으로 사람들은 흉식호흡을 한다. 숨을 들이마시면 횡경막이 아래로 내려가고 늑골이 위로 올라간다. 그럼으로써 흉강 내부의 공간 확장으로 폐가 부풀어 올라 폐 내부의 기압이 떨어지면서 공기가 폐 속으로 들어오고 나가는 보통의 호흡식이다. 그런데 이와 같은 폐의 반사적 움직임만으로는 스피치에 적합한 음량을 만들어 내기가 어렵다. 그래서 스피치에서는 통상 숨을 배 속 깊이 들이마시는 횡경막 호흡(복식호흡)을 통해 몸속의 기류를 연장하면서 몸통을 악기처럼 이용하는 방식을 권장한다.[38]

복식호흡은 스피치에 유리한 일명 '뱃소리'를 만드는 호흡법이다. 배로 숨을 쉰다는 생각으로 폐 속에 공기를 깊숙하게 끌어당기면서 복강 내 여러 장기가 앞과 아래쪽으로 눌리게 만들어 배를 불룩하게 부풀렸다가 가라앉히는 방식이다. 복식호흡은 몸의 중심을 아래로 내려놓게 함으로써 목소리의 진폭을 키우고 크고 단단하게 울리는 뱃소리를 만들어 준다.

뱃소리는 감정표현의 심도를 깊어지게 하고, 음의 톤을 안정되게 만들어 탁 트인 목소리와 힘 있는 말을 가능하게 한다. 그리고 복부의 근육이 호흡의 속도를 제어하는 데 유리하여 말소리의 크기나 빠르기를 조절할 수 있고, 한 번의 호흡으로 말을 길게 가져가게 해 주는 장점이 있다.

그런데 복식호흡은 스피치 강화를 위한 생리적인 호흡 방식일 뿐이다. 실제 성량을 키우기 위해서는 복식호흡을 이용한 별도의 발성 훈련이 필요한데, 여러 방식 중에서도 '웅변식 발성 훈련법'이 효과적이라고 알려져 있다. 이 훈련법은 자신이 낼 수 있는 소리를 낮은 10에서 가장 높은 100의 소리로 상정하고 그 안에서 단계별로 목소리를 높여가며 훈련하는 '단계별 발성 훈련법'과 한 번의 들숨을 이용하여 같은 모음 소리를 같은 속도와 음폭으로 유지하는 '폐활 발성 훈련법'이 있다.[39] 전자의 훈련은 구체적인 발음을 병행하면서 소리를 천천히 또박또박 단계별로 올려 나가는 것이 중요하고, 후자의 훈련은 복식호흡을 이용하여 같은 크기의 소리를 최대한 오랫동안 흔들리지 않고 유지하는 것이 중요하다. 〈표 2〉와 같이 단계별 발성 훈련법은 다시 4단, 8단, 10단 훈련법이 있는데, 이는 하나의 예문이므로 평소에 발음이나 발성에 어려움을 느끼는 단어나 말이 있다면 그것을 단계별 문장으로 만들어서 훈련하는 것이 필요하다.

〈표 2〉 웅변식 발성 훈련법

단계별 발성 훈련법 **8단 발성 훈련법은 10단 발성을 8단계로, 4단 발성 훈련법은 4단계로 나누어 훈련하는 것이다.**	열 하면 열이 됩니다(100의 소리) 아홉 하면 아홉이 되고요(90의 소리) 여덟 하면 여덟이 되고요(80의 소리) 일곱 하면 일곱이 되고요(70의 소리) 여섯 하면 여섯이 되고요(60의 소리) 다섯 하면 다섯이 되고요(50의 소리) 넷 하면 넷이 되고요(40의 소리) 셋 하면 셋이 되고요(30의 소리) 둘 하면 둘이 되고요(20의 소리) 하나 하면 하나가 되고요(10의 소리)
폐활 발성 훈련법	날숨을 이용하여 최대한 천천히 오랫동안 같은 음성과 음폭을 유지하며 음량과 폐활량을 늘리는 훈련법이다. ① 아 ~ ~ (25, 50, 75, 100의 음성으로 반복) ② 오 ~ ~ (25, 50, 75, 100의 음성으로 반복) ③ 우 ~ ~

스피치의 준비

1.
단계별 과정의 도해

　지금까지 퍼블릭 스피치에 대한 이해와 설득 원리 등을 살펴보았다. 이제 그 원리들이 실제 스피치의 준비, 구성, 실행 과정에서 어떻게 작동하는가를 보아야 한다.

　스피치는 크게 무엇을 말할 것인가, 어떻게 말할 것인가로 나누어진다. 전자는 말하고자 하는 주제의 선정과 그에 따른 메시지 구성을 포함하므로 다시 준비 단계와 구성 단계로 나눌 수가 있으며, 후자는 구성한 내용을 실제 구술로 실행하는 단계이다. 따라서 퍼블릭 스피치는 준비-구성-실행이라는 세 단계로 진행이 되고, 각각의 단계 과정에는 마치 설계를 하고 골조가 세워진 집에 문을 달고 장식을 하듯 설득 수단들이 개입·작용함으로써 전체적으로 스피치가 완성된다. 〈그림 4〉는 그 같은 단계별 과정을 도해(圖解)한 것이다.

　준비 단계는 스피치를 진행하는 데 있어서 기초가 되는 사항이라 할 수 있는 청중 분석, 주제 선정, 스피치의 큰 흐름을 잡는 방향 설정, 그리고 논증에 필요한 아이디어 개발을 다루는 과정이다. 위 사항들을 순서대로 살펴본다.

〈그림 4〉 스피치의 단계별 도해

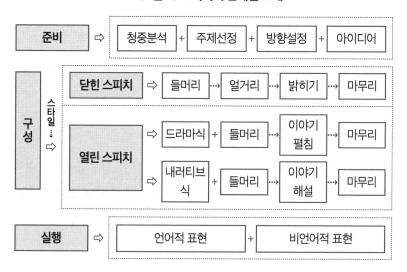

2.
청중 분석과 주제 선정

스피치를 시작하기 전에 메시지를 듣는 사람이 누구인지, 즉 청중이 어떤 사람들인지를 파악하고, 그에 따라 어떤 주제로 스피치를 해야 할지를 결정하는 일은 스피치 준비과정의 첫 번째 작업이다.

2.1 청중 분석

스피치에서 청중을 파악하는 일은 매우 중요하다. 사실상 스피치 전반이 청중 분석에 달려 있다고 보아도 무리는 아니다. 아무리 좋은 메시지라 하더라도 청중에게 맞지 않으면 그것은 맞지 않은 옷을 청중에게 권하는 셈이 된다. 반드시 어떤 주제의 스피치를 해야 한다는 요구가 없는 한 주제 역시도 듣고자 하는 청중의 성격에 가장 실효적인 테마로 접근하는 것이 타당하고, 선정한 주제와 청중의 성격에 맞춘 스피치 방향을 설정하는 것이 효과적이다. 그러므로 청중 분석, 주제 선정, 스피치 방향의 설정은 별개 또는 순차적으로 진행되는 요소들이 아니라 같은 사고의 카테고리 내에서 함께 맞물려서 도출되어야 하는 준비 단계의 거의 동시적인 고려 사항이다.

효과적인 스피치를 위해 고려해야 할 청중의 속성으로는 기존 태도, 지식수준, 욕구, 감정상태, 구성상의 특성(결집도)이 있고, 여기에 청중의 연령과 성별, 직업군, 경제 여건, 동기 상황 등을 추가하는 것이 일반적이다.

기존 태도　인간은 성장 과정의 경험과 서로가 처한 상황 등 각자의 개성이 다르므로 메시지를 수용하는 태도 역시 다르다. 그래서 스피치에 선택적으로 참여하고, 메시지를 선택적으로 인식·저장한다. 청중의 기존 태도는 그들이 듣고 해석하고 기억하는 대상과 방법을 결정하는 데 큰 영향력을 행사하므로 청중의 태도를 파악할 필요가 있는 것이다.

'사회적 판단이론'에서 본 것처럼 스피치 설득에서는 우선 주제에 대한 청중의 초기 입장을 인식하는 것이 중요하다. 키어니와 플랙스(Kearney & Plax)는 청중이 주제에 대해 가지고 있는 애초의 사회적, 정서적 입장을 고려하여 메시지 전략을 수립하였을 때 효과적인 설득에 이를 수 있다고 하였다. 그래서 연사의 주장에 대해 청중의 입장이 정리되어 있지 않거나 무관심한 경우에는 우선 흥미를 유발할 수 있도록 주의를 끌어 배경을 설명해야 한다. 그런 다음 주제나 사안에 대한 연사의 태도와 신념을 제시하고, 그 주장에 대한 근거를 제시하는 순서의 논리를 전개하는 것이 효과적이다. 또 연사의 주장에 대한 청중의 초기 입장이 반대에 서 있는 경우에는 태도 변화의 기대치를 낮게 맞추어 조정하고, 청중의 반대 입장에 대한 이해와 존중을 표명하면서 심리적 공감대를 형성할 때 효과적인 설득에 이를 수 있다.

청중의 기존 태도가 어떠하냐에 따라 메시지를 제시하는 방식도 달라질 수가 있다. 청중의 초기 입장이 연사의 설득 메시지와 반대되는 경우에는 주장과 반박의 '양면적 메시지'를 함께 제시하는 것이 좋다. 반면에 청중의 초기 입장이 연사의 설득 메시지에 찬성하는 입장이면 논쟁이 야기될 수 있는 반론은 생략한 채 연사가 주장하는 측면만 제시하는 '일면적 메시지'가 효과적이다(Lumsdaine & Janis).

주제 선정에 못지않게 청중의 기존 태도가 중요한 이유는 이처럼 연사의 생각과 청중의 생각이 같거나 다른 경우 현실적으로 메시지를 어떻게 구성하고 처리하는 것이 효과적인가 하는 문제와 닿아 있기 때문이다. 이에 대해서는 〈표 3〉을 참고하기로 한다.

지식수준 아리스토텔레스는 청중의 지식수준에 따라 스피치의 스타일을 다르게 구사할 것을 주문했다. 스피치에서 청중의 지식수준은 주제 선정과 메시지 구성, 표현방식 등을 결정하는 기준 중의 하나이다. 지식수준이 부족한 청중에게는 평이하면서 단순한 구문을 중심으로 반복적이고 강렬한 에토스 및 파토스 설득 수단을 사용하는 것이 효과적이고, 지식수준이 높은 청중에게는 차분하고 논리적이며 전문적인 구문을 중심으로 로고스적 설득 수단을 사용하는 것이 보다 효과적이다(Petty & Cacioppo).

〈표 3〉 청중의 태도에 연사가 적응하는 방법

우호적인 청중 (설득 목적에 동의하는 청중)	서로가 동의하는 부분은 입증하려고 노력하지 마라. 단순히 강조하거나 확대해서 강조하는 것으로 충분하다.
	입증 절차보다는 주장에 신경을 써야 한다. 행동화를 촉구하라. 공동의 적을 공격하라.
	동의하는 정도가 약한 부분에서만 보조자료를 통한 입증이 필요하다.
	결론을 앞세우고 이에 대한 근거는 차후에 논의하는 연역적 접근법이 효과적이다.
적의적인 청중 (설득 목적에 반대하는 청중)	청중을 비난하거나 그들의 입장에 반대하지 마라. 기존의 골을 더 깊게 할 필요는 없다.
	공통점 또는 동의하는 부분을 찾아 거기서부터 출발하라. 아무리 반대하는 사이라도 공통적 가치는 있게 마련이다.
	일거에 그들의 태도를 바꾸어 놓으려는 생각을 버려라. 그들이 받아들일 수 있는 부분을 조금씩 늘려가는 것이 최선이다.
	주장에 대한 근거부터 제시하고 주장은 맨 마지막에 내세우는 귀납적 접근법이 더 효과적이다.
동의는 하지만 행동을 하지 않는 청중	막상 하려고 하면 망설여지는 경우에는 '해야 한다'는 주장이나 이를 뒷받침하기 위한 근거를 제시하는 데 많은 노력을 들일 필요가 없다.
	망설이는 이유를 찾아내고 그 이유가 터무니없다는 사실을 보여 주는 데 더 많은 노력을 기울여야 한다.

〈임태섭, 스피치커뮤니케이션, 2004〉

욕구 스피치를 듣고자 하는 청중의 욕구는 다양하다. 이를테면 설교 말씀을 듣기 위해 예배에 출석한 성도라도 설교에 참여하는 동기나 목적이 모두 같을 수는 없다. 어떤 사람은 위안을, 어떤 사람은 기복(祈福)을, 또 어떤 사람은 좀 더 깊은 성경 말씀을 깨닫고자 하는 것처럼 청중의 욕구는 반드시 일률적이지 않기 때문에 사전에 그것을 파악하고 욕구 비중이 더 높다고 판단하는 일련의 선상에서 주제 선정과 메시지 구성이 이루어져야 한다.

감정 상태 말은 노래나 영화처럼 사람의 마음을 움직이는 감성적 특질을 갖고 있다. 어떤 스피치라도 청중의 마음을 움직이지 못하면 설득을 구하기가 어렵다. 에토스와 파트스가 중요한 설득 수단으로 인식되는 이유도 바로 그와 같은 사실을 간과하지 않고 있기 때문이다. 케사르(Caesar)의 살해를 놓고 로마의 시민들을 앞에서 실행한 브루투스와 안토니우스의 연설은 청중의 감정 상태와 논거, 메시지 구성 간의 관계를 잘 보여 주는 사례이다.

청중의 여러 감정 상태 중에서도 분노, 서운함 같은 부정적 상태에 연사가 직면했을 때 특히 문제가 된다. 이런 경우 메시지가 청중의 감정 문제를 비껴가는 것은 바람직하지 않다. 특정 감정에 몰입된 청중에게 있어서 그 문제의 해소는 설득의 선결 조건이기 때문이다. 따라서 이러한 상황이라면 청중의 감정 상태를 지지하고 공감하는 메시지가 선행되어야 한다. 그런 후에 그와 같은 감정 상태를 유발한 원인이 진실한 사실에 기초한 것인지 등을 로고스적 수단을 활용해 밝혀나가는 방식으로 스피치를 진행하는 것이 타당하다.

결집도 청중의 구성과 관련한 결집도는 동일한 커뮤니티의 구성원인지 아닌지와 같이 집단 구성원들의 동질성, 그리고 구성원들의 결합성이 어느 정도인가 하는 조직 특성을 의미한다. 청중이 동질적이고 조직화된 경우보다 서로 이질적이고 결집도가 약한 경우가 스피치에서는 더 중요한 문제로 대두된다. 그런 경우 연사에게 주어진 주제 선택지는 한정적이다. 왜냐하면 동질적이고 조직된 청중은 그 자체로 단일한 스피치 대상이지만 개개인의 특성이 강한 이완·이질적인 청중은 그 수만큼이 스피치의 대상이 되기 때문이다. 따라서 이런 경우 연사는 청중을 동질의 정서로 묶어 줄 수 있는 주제를 선정하고 스피치를 구성해 나가야 한다.

연령 청중의 연령(대)은 청중 분석에서 있어서 가장 기본이 되는 요소이다. 스피치를 듣는 청중이 어린이일 수도 있고, 청소년일 수도 있으며, 사회에서 중추적 역할을 담당하고 있는 중·장년일 수도 있다. 그런가 하면 청중이 일과 직업에서 물러난 노령층일 수도 있고, 경우에 따라서는 청중의 연령이 골고루 분산되어 있을 수도 있다. 연령층이 다르면 청중이 갖는 관심사나 사회를 보는 시각도 달라진다.

청중의 연령과 스피치 주제 선정에 있어서 중요한 지대는 청중의 연령대가 비교적 골고루 분포되어 있어서 어떤 층이라고 규정하기가 어려울 때이다. 이는 특별히 정치 스피치의 경우에 더 민감한 문제가 될 것이다. 이런 경우라면 연사는 전 연령층을 아우르는 공통된 상위의 주제를 선정해야 하고, 그것이 여의치 않으면 스피치를 실행하는 지역을 고려해야 한다. 그 지역에 어떤 연령층이 상대적으로 많이 분포되어 있다면 비록 청중의 연령대가 골고루 분포되어 있어도 그 지역의 핵심적인 연령층에 주제를 맞추는 것이 결과적으로는 효과적이기 때문이다. 더 나아가 만약에 지역 연령층도 파악하기가 쉽지 않다면 연사는 청중의 평균적인 연령대에 맞는 주제를 차선책으로 선정하고 메시지를 구성해야 한다.

성별 생리적 시각이나 사회적 생활 관념에서 볼 때 남녀 성별에 따른 사고나 습관 등의 차이점은 적지가 않다. 청중이 남성일 때와 여성일 때 선정되는 주제는 그래서 다를 수밖에 없다. 일반적으로 남성은 정치 사회적인 문제에 더 진중하게 관심을 가지는 경향이 있고, 여성은 가정, 결혼과 같이 가정 공동체나 문화적인 소재를 선호하는 경향이 있다. 그리고 거울 뉴런의 매칭 메커니즘에 관한 연구에 따르면 여성은 타인과의 정서적 공감 능력이 남성보다 월등히 높다는 사실을 보여 주기도 한다.

청중의 연령에서와 유사하게 연사는 청중의 남녀 분포가 비슷할 때 주제를 어떻게 선정해야 할지를 고민해야 한다. 연령대와 마찬가지로 남녀 공동의 관심사를 찾아내고 그것을 주제로 선정을 하는 것이 일반적이겠으나 부득이 한쪽의 성별만을 고려해야 할 때도 있다. 그런 경우라면 남성보다는 스피치 몰입도가 상대적으로 높은 여성의 입장에서 주제를 발굴하고 스피치를 구성해 가는 것이 효과적이다.

직업군 흔히 직업병이라고 말하는 데서 짐작할 수 있듯이, 직업은 장기적으로 개인의 말투, 사회적인 문제를 보는 시각, 습관, 심지어 옷 입는 패션에 이르기까지 미치는 영향력이 크다. 연사가 스피치를 할 때 특정의 직업군을 청중으로 대하는 사례는 빈번하다. 그래서 통상적으로 주제는 청중의 직업과 관련되는 경우들이 많다. 문제는 정치·선거연설과 같이 여러 직업군들이 섞이는 청중을 대상으로 스피치를 실행하는 경우에서 생긴다. 정치 공학적으로 보아 지지 유권자의 수가 많은 직업군을 중심으로 주제 선정이 이뤄져야 한다는 견해도 있으나 현대사회의 직업군은 다양하기 때문에 세부적인 직업에 초점을 맞추기보다는 경제활동이라고 하는 상위의 주제에 초점을 맞추는 것이 더 효과적이다.

빈부 청중의 빈부와 메시지 수용의 차이에 대해서는 다양한 해석이 가능하겠으나 중요한 것은 경제적 불평등을 보는 시각의 문제일 것이다. 자본주의 사회에서 이를 바라보는 관점은 크게 두 가지이다. 하나는 불평등의 문제를 사회 구조적인 시각에서 보는 것이고, 다른 하나는 그것을 개인의 문제로 보는 것이다. 이러한 각각의 관점은 메시지를 수용하는 과정에도 영향을 미치는데, 구조적인 문제가 빈부의 차이를 발생시키는 원인이라고 이해할수록 사회 변혁적인 메시지에 공감하는 정도가 크고, 그것을 개인의 문제로 이해할수록 사회 변혁에 대한 메시지보다는 자기관리와 같은 내적 문제를 해결하는 메시지에 더 깊이 공감하게 된다.

사회 내 경제적 빈부와 그 원인에 대한 해석적 입장에서 메시지를 수용하는 위와 같은 차이 이외에도 경제적 상·하위 계층에 속한 각 청중의 집단적 성격은 여러 각도에서 메시지 수용에 영향을 미친다. 빈부에 따른 메시지의 시간 지향적 속성, 사회적 갈등을 보는 관점

등 자신이 어느 경제적 집단이라고 판단하느냐에 따라 메시지는 다르게 처리될 수밖에 없다. 그러므로 연사는 청중의 경제적 집단 위치가 가지고 있는 일반적인 속성을 고려하여 주제의 선정뿐만 아니라 메시지 구성에 이르기까지 그것들을 신중하면서도 효과적으로 구성 전달할 수 있어야 한다.

동기 상황 우리는 앞선 '스피치의 설득 매커니즘'에서 설득 효과와 태도 변화에 대한 관련 이론들, 그리고 앞에서는 스피치를 듣고자 하는 청중의 욕구가 다양하다는 사실을 살펴보았다. 시각을 바꾸면 그것은 본질적으로 어떤 동기에 근거하여 그렇게 행동한다는 것을 의미한다. 태도 변화와 행위 욕구는 결국 목적이나 동기가 추동 인자가 되어 나타나는 것으로서 스피치 메시지는 청중의 그와 같은 동기적 상황을 읽을 수 있을 때 더 효과적인 구성이 될 수 있다.

사람들이 목표를 추구하는 행위접근 방식에 일정한 동기 성향이 작용한다고 보는 '조절초점이론(Regulatory Focus Theory, RFT)'은 퍼블릭 스피치의 설득 메시지 구성과 관련한 위 관점의 문제를 더 분명히 이해할 수 있게 해 준다.

히긴스(Higgins)는 촉진(promotion)과 예방(prevention)의 초점을 사용하여 사람들이 동기와 욕구를 조절한다고 보면서 원하는 것을 성취하고자 하는 향상 욕구와 원하지 않는 일이 일어나지 않도록 하는 예방 욕구에 따라 동기 성향을 '성취지향형(promotion focus)'과 '안정지향형(prevention focus)'으로 구분한다. 그리고 직면한 상황이나 목적에 따라 사람들은 다른 동기를 부여하고 그에 따라 다른 행동양식을 선택한다고 보았다. 따라서 청중에게 보다 적극적인 목표 실현의 동기가 필요한 경우라면 성취 지향적인 메시지, 실패가 있어서는 안 되는 현재 상황의 유지가 청중에게 필요한 경우라면 스피치는 보다 안정 지향적인 메시지로 구성할 필요가 있다.

2.2 주제 선정

주제란 연사가 스피치를 통해서 청중에게 궁극적으로 전달하고자 하는 스피치의 목적지이다. 주제어는 그와 같은 목적을 함축적으로 품고 있는 말감이고, 주제어는 다시 주제문을 통해서 전체적으로 윤곽이 드러난다. 청중 분석이 완료되면 가장 먼저 어디에서 주제를 찾아낼 것인가를 생각해야 한다. 연사는 자신만의 특별한 경험이나 인상 깊게 읽었던 책, 영화, 때로는 인터넷 기사 검색 등 다양한 경로를 통해 주제에 접근할 수가 있다. 이렇게 주제의 배경이 되는 소재는 사실 다양하다. 그렇지만 기억 속에 분포해 있는 소재들을 이용하여 주제화하기는 쉽지 않다. 어디까지나 그것들은 주제의 단서들일 뿐이다. 그러므로 주제를 활성화하는 특별한 사고 장치가 필요하다.

스피치의 주제 찾기 등 여러 분야에서 이용되고 있는 일반적인 사고 원리가 바로 '클러스팅(clustering) 기법'이다. 마인드맵이라고도 불리는 그것은 우뇌의 무작위적인 생각이 흐름을 따라 진행하면서 좌뇌를 통해 그 정보들이 쉽게 구성될 수 있도록 구조화라는 방식의 생각 기법이다. 생각의 흐름에 착안한 이러한 발상법은 그동안 주로 조직경영에서 '브레인스토밍'의 하나로 이용되어 왔으나 지금은 스피치 분야뿐만 아니라 학습·교육, 문예창작, 디자인, 조직문제 해결 등 다양한 분야의 사고 기법으로 활용되고 있다. 쉽게 말해 클러스팅 기법은 한 가지 동일한 정보에 대해서 마음속에 흩어져 있는 생각이나 정보들을 다발처럼 연결된 지도로 그려 가면서 해결책을 찾아가는 것을 뜻한다. 이를테면 하나의 단어를 종이에 적어 놓고 그 단어와 연관되어 떠오르는 또 다른 단어나 단문들을 자유롭게 연상하면서 그것들이 포도송이 얽히듯 진행되도록 생각이 흘러가는 대로 기록한 후 그중에서 가장 적절한 주제를 찾아내는 식이다.

이와 같은 방식은 주제를 찾는 것뿐만 아니라 후술하는 주제문 만들기와도 직접 연결이 된다. 생각의 자유로운 흐름을 따라 진행되는 과정에서 어떤 단어와 연관되는 문제점도 도출될 것이고, 때로는 그 문제점의 원인, 해결의 실마리까지 떠오를 수 있기 때문이다. 따라서 클러스팅 기법은 단순히 주제 찾기에만 국한된 것이 아니라 최종적으로는 주제문을 만드는 과정까지도 연결이 되는 기법이다.

1) 주제 접근 방법

주제를 찾고 선정하는 과정, 즉 주제에 접근하기 위해서는 다음의 몇 가지를 반드시 고려해야 한다.

연사가 다룰 수 있는 주제 좋은 스피치는 연사가 가장 잘 알고 익숙한 분야, 개인적인 경험, 평소 흥미와 관심을 가지고 있던 분야에서 주제를 선정했을 때 나온다. 연사가 잘 알지 못하는 분야의 주제를 택하면 준비도 많이 해야겠지만, 충분히 준비했다고 생각한 경우라도 돌발적 상황이 발생하면 원만하게 대처하기가 어렵기 때문이다.

연사가 잘 아는 분야의 주제를 선택하게 되면 스피치를 보다 열정적으로 실행할 수 있다. 내가 잘 알고 평소 관심이 많던 분야를 사람들이 궁금해하면 누구나 열의를 다해 말하고자 하는 경향을 보인다. 이는 사람이 자신이 경험했던 이야기를 할 때 더욱 풍부하고 진지하게 말하는 것과 같은 이치라고 하겠다.

또한 연사가 잘 알거나 정통한 분야의 주제를 선정하게 되면 그렇지 않을 때보다 스피치 태도에서 확고한 신념과 자신감이 드러나며, 이는 연사에 대한 청중의 신뢰감으로 이어져 설득 효과를 높여준다. 다만 주의해야 할 점은 연사가 잘 알고 있는 주제를 청중도 그에 못지않게 잘 알고 있다면 그 주제는 피하라는 것이다. 청중의 입장에서는 식상할 것이고, 연사의 입장에서는 부담이 되기 때문이다.

청중의 관심도가 높은 주제 'ELM 설득 모델'에서 보았듯이 사람들의 메시지 반응과 태도 변화에 있어서 가장 중요한 요인은 메시지가 얼마나 청중 개개인과 관련이 있느냐 하는 것이었다. 다시 상기해보면, 개인적 관련성이란 청중이 그 메시지가 자신의 삶에 중요한 결과를 초래할 가능성이 있는 쟁점 사안이라고 생각하는 정도를 의미하고 그 정도가 클수록 개인과의 연관성은 커진다. 사실 연사의 스피치가 나하고 아무런 관련이 없는데 듣고 있어야 할 이유나 동기는 없는 것이다. 의무적으로 들어야 하는 교육식 강연에서 사람들이 스피치에 집중하지 못하는 이유를 관련성으로 설명할 수 있을 것이다. 그러므로 연사는 청중에게 의미가 있는 주제, 청중의 삶에 관계되는 주제를 선택하는 것이 현명하다.

만약 스피치 주제와 청중 개개인 간의 관련성 떨어진다면 연사는 차선책으로 청중이 흥미를 갖고 들을 수 있는 주제를 찾아야 한다. 그러나 사람마다 흥미를 갖는 관심사가 다르다는 것이 문제이다. 그래서 주제를 선정할 때 청중 분석이 중요하다. 만약 청중 분석을 전혀 하지 못한 상황이라면 건강, 남녀의 차이, 사랑, 친구, 인간관계, 직장생활의 애환과 같이 일상의 생활에서 마주하되 구체적인 경험은 천차만별이어서 누구나 관심을 가질 수 있는 주제를 선정하는 것이 좋다. 물론 청중에게 생소한 주제라도 연사의 스피치 능력이 뛰어나다면 충분히 흥미를 불러일으킬 수는 있다.

하나의 주제 어떤 스피치라 하더라도 중심이 되는 주제는 반드시 한 개여야 한다. 여러 개의 중심 주제를 놓고 스피치를 하게 되면 메시지를 받아들이는 청중은 혼란스러워한다. 설령 연사가 몇 개의 중심 주제를 말할 수 있는 능력이 있다고 해도 스피치는 하나의 중심 주제로만 진행해야 한다. 분산은 설득을 방해하는 요인 중 하나이다.

큰 주제와 좁힌 주제 주제는 큰 주제에서 구체적인 주제로 좁혀나가는 것이 중요하다. 즉 주제의 선정은 큰 주제(주제어)→좁힌 주제(구체적 주제)→주제문으로 이어지도록 해야 한다. 예를 들어 '한글'이라고만 했을 때, 그것은 아직까지 단순한 주제어에 불과하지만, 좁힌 주제로 '한글의 세계화'를 생각할 수 있을 것이다. 이때 한글이라는 주제어와 한글의 세계화가 함께 묶여서 중심 주제가 되는 것이며, 이러한 주제를 기반으로 요점들이 추출되어 주제문으로 완성이 된다.

2) 주제문 만들기

주제문은 연사가 청중에게 무엇을 말할 것인가 하는 목적을 좀 더 구체적으로 드러내는 것이다. 따라서 주제문을 완성하기 위해서는 스피치의 세부적인 목적이 전제되어야 한다. 세부적인 목적은 위에서 기술한 좁힌 주제를 의미한다. 가령 주제어로 '가상화폐'를 찾았다면 클러스팅 기법 과정에서 떠오른 생각들 중 가상화폐의 위험성에 착안하여 세부 목적(좁힌 주제)을 '가상화폐의 허상을 알리기'로 정할 수 있을 것이다. 또는 반대로 '가상화폐 투자 기회'에 착안하여 '기존의 금융질서를 대체할 가상화폐에 대한 이해'를 세부 목적으로 정할 수도 있다. 물론 주제문을 만들 때는 청중의 성격을 고려하고, 나아가 후술하는 스피치의 방향성을 함께 설계하는 것도 메시지 구성에 도움이 된다.

주제에 대한 세부 목적이 정해지면 그 목적을 달성하기 위해 필요한 요점이나 논거들이 떠오르게 되어 있다. 이를테면 '가상화폐의 허상 알리기'라는 세부 목적에 대해서는 '화폐가치로서의 고정성 결여', '가상화폐의 불통제성'과 같이 목적을 뒷받침하는 소주제들을 어렵지 않게 찾아낼 수 있다. 소주제는 세부 목적이 상세하고 구체적일수록 선명해지며 세부 목적과 소주제를 연결하여 선언적인 하나의 문장으로 주제문을 완성한다. 이러한 예를 놓고 그것들을 하나의 주제 문장으로 연결하면 "가치 고정성이 없는 가상화폐는 투기에 불과하다"라고 하는 주제문을 만들 수 있을 것이다.

3.
스피치 방향의 설정

스피치의 방향성은 연사가 스피치 흐름을 통괄적으로 인식하고 전개 방향을 탐지하는 사고의 지향점을 의미한다. 여기에는 '기능적 방향성'과 '시간적 방향성'이 있다.

방향성이 중요한 이유는 다양한 스피치 조건들에 부합하는 가장 효과적인 스피치 전개 방식이 무엇인지를 거시적인 틀에서 생각하게 한다는 점이다. 주로 준비 단계에서 이루어지는 스피치의 방향 설정은 밑그림을 그리기 전에 풍경화를 그릴지, 인물화를 그릴지를 결정하는 것처럼 메시지의 구성과 배열에 필요한 사고적 도안(圖案)이라고 할 수 있다.

3.1 기능적 방향성

설득은 전통적으로 이성과 감성적 접근으로 나누어지고 감성은 다시 연사, 청중 측면으로 구분이 된다. 그것들을 로고스, 에토스, 파토스로 정의한 아리스토텔레스 이래로 이 세 가지는 현대에 이르러서도 여전히 설득을 위한 핵심적인 수단으로 인식되고 있다.

이와 같은 설득 수단들이 작용하게 되면 스피치는 구체적인 몇 가지 장면으로 펼쳐진다. 그리고 연사는 스피치 설계과정에서 주제 등 다양한 조건들을 고려하여 어떤 장면에 중점을 두고 스피치를 펼칠 것인지, 각 장면들을 어느 정도의 비중으로 구성할 것인지를 고려하게 된다. 이런 점에서 설득 수단들은 설득 작용과 더불어 스피치의 방향성을 현시하는 역할도 함께한다.

이처럼 청중의 이성과 감성에 의존하는 설득 수단의 작용, 즉 이성에 관여하는 로고스적 요소와 감성에 관여하는 에토스 및 파토스적 요소들이 작용한 결과로 청중은 몰랐던 사실 또는 진실을 알거나 깨우치게 되고, 재미와 즐거움을 느끼기도 하며, 때로는 연사의 스피치를 통해서 마음의 동요를 일으키기도 한다.

그래서 설득 수단의 작용은 구체적으로 정보제공, 즐거움(재미), 감정의 발현 형태로 나타난다.[40] 그리고 연사는 스피치 조건들을 고려하여 설득 수단의 질과 범위를 취사선택하고 작용의 결과를 스스로 조절할 수 있으므로 연사의 관점에서 보면 위 형태들은 스피치를 설계하는 기능적 방향성을 나타내는 것이라고 할 수 있는 것이다.

스피치 각각의 기능적 방향을 좀 더 자세히 살펴보면 다음과 같다.

첫째, '정보제공'은 객관적인 사실의 전달, 사안의 옳고 그름, 진실의 발견과 증명, 지식의 전파, 현상의 원인이나 본질의 분석·설명, 종교적 교리나 텍스트의 해석과 참뜻을 알려 주는 것과 같이 사실과 진실이 논증 등을 통해 제공되는 스피치 방향을 의미한다. 그 성격상 객관성과 합리성이 스피치의 기반을 이루는 곳이며 논증의 전개가 많이 요구되기 때문에 로고스 수단이 지배하는 영역이라고 할 수 있다.

둘째, '즐거움'은 부드럽고 온건하며 온화한 감정을 겨냥하여 청중을 자극함으로써 재미를 제공하는 스피치 방향을 의미한다. 여기에서는 전의(轉義), 화채(話彩) 같은 구어적 행위뿐만 아니라 유머와 기지, 연사의 인상과 외모, 옷차림, 행동 등 다양한 특징들이 청중의 즐거움과 관련이 된다. 재미는 연사에 대한 호감을 불러일으키고 주의를 새롭게 하며, 단조로움과 지루함을 막아 주는 등 연사의 성격이 많이 드러나는 부분이다. 따라서 이곳에서는 주로 연사에 대한 호의와 신뢰성, 영리함, 도덕성 등이 나타나므로 에토스 수단이 주로 이용되는 공간이라고 할 수 있다.

셋째, '감정의 발현'은 청중의 심리적 경향, 욕구, 정서를 포함하여 총체적으로 나타나는 감정의 상태를 뜻한다. 비교적 부드러운 에토스 감정과 달리 감정의 발현은 감화, 감동, 슬픔과 기쁨, 분노, 증오, 수치심 등 보다 격렬한 청중의 감정 자극에 의존하여 그것을 청중 설득으로 이끄는 스피치 방향으로 나타난다. 따라서 이곳에서는 파토스 설득 수단이 작동하게 된다.

그러나 위와 같은 스피치의 기능적 방향들은 큰 카테고리일 뿐이다. 각각의 방향들은 그 안에서 다시 세부적으로 구분할 수 있어서다. 이를테면 정보제공에 방향을 맞추었다 하더라도 다시 경쾌하고 활기찬 느낌, 단호하고 진지한 느낌과 같이 스피치 상황 등에 맞춰 방향이 구체적으로 여러 형태를 보일 수 있다. 또 이러한 방향들이 적절하게 혼합된 형태로 스피치를 구성할 수도 있다. 그리고 기능적 방향성은 실행행위를 통해 스피치의 전체적인 인상을 결정한다는 점에서 '스피치 스타일'로 구체화된다. 이런 점에서 기능적 방향성은 청중 분석, 주제 선정과 함께 스피치 준비과정의 하나이면서 실행을 통해 드러나는 스피치 스타일의 개념적 초안이라고도 할 수 있다. 스피치 스타일에 대해서는 '스피치의 실행'에서 다시 보기로 한다.

3.2 시간적 방향성

아리스토텔레스는 제시한 레토릭의 세 가지 장르에서 지향하는 각각의 시간이 다르다고 하였다. 정치적 장르는 앞으로 공동체에 닥칠 일의 득과 실을 판단하여 부추기거나 말리는 영역이므로 미래의 시간을 다루고, 법정 장르는 지난 일의 옳고 그름을 판단하는 영역이므로 과거의 시간을 다룬다. 그리고 의례적 장르는 지금의 일이 명예로운가 명예롭지 못한가를 가려 칭찬하거나 비난하기 때문에 주로 현재의 시간을 다룬다.

스피치의 시간적 방향은 비단 장르뿐만 아니라 메시지를 수신하는 청중의 성격에 따라서도 달라진다. 고령의 청중에게는 남아 있는 삶의 시간보다 기억에 보관되어 있는 시간이 더 많다. 반면 젊은 청중에게는 남아 있는 시간이 더 많으므로 각각의 청중이 가리키는 시간의 방향은 다른 곳을 향한다.

또 빈부의 차이로 구분되는 청중의 성격 유형, 주제나 논제가 무엇이냐에 따라서도 스피치의 시간적 방향성은 다르게 작동할 수가 있다.

한편 '관계라는 구조 속에서 의미를 갖는 언어의 속성'은 메시지를 인지하는 청중의 사고구조를 일정한 방향으로 향하게 하기도 한다.[41] 이를테면, 회상, 사건, 잘못, 후회, 뉘우침, 그리움과 같은 언어 감정들은 사고구조를 과거로 향하게 하고, 도전, 희망, 설계, 꿈, 포부, 발전, 진보와 같은 언어 감정들은 사고구조를 미래로 향하게 한다. 그리고 행복, 불행, 가난, 풍요, 이슈, 문제 해결, 난관, 어려움과 같은 언어 감정들은 청중의 사고구조를 현재에 머물게 하는 경향이 있다.

그뿐만 아니라 연사는 청중의 성향과 주제의 성격을 고려하여 스피치의 시간적 방향을 전략적으로 조정할 수도 있다. 이때 시적 방향성은 스피치의 발화 시제(時制)를 포함한다. 시제 체계를 과거·현재·미래로 나눌 때, 일반적으로 스피치의 설득 효과성은 과거·미래보다 현재 시제에서 이루어질 때가 가장 크다. 메시지를 받아들이는 청중의 입장에서 이미 지난 과거와 아직 도래하지 않은 미래의 일은 지금 진행되고 있는 사안과 비교할 때 그만큼 현실성이 떨어지기 때문이다. 그렇다고 명백한 과거를 현재 시제로 말할 수 없고 아직 실현되지 않은 미래를 현재나 과거의 일로 말할 수는 없으므로 연사가 임의로 시제를 뒤바꿀 수는 없다. 그러나 연사는 시제를 환치(假想換置)하여 청중이 메시지에 순응하도록 유도할 수는 있다.

'시제의 환치'는 모든 스피치 사안에 해당하는 것이 아니라 과거에 있었던 특정한 사건이나 어떤 원인의 결과로 발생하게 될 미래의 결과를 스토리 구조를 가진 하나의 이야기로 메시지를 구성하여 전달할 때 가능하다. 이는 스크린에 과거나 미래의 이야기를 투시하여 청중으로 하여금 현재의 일처럼 보여 주는 것과 같은 기법이다.[42] 영화에서 주인공이 과거를 회상하거나 미래를 상상하는 장면의 전환을 통해 관객을 현재의 시점으로 끌어오는 것과 같은 이치라고 할 수 있다.

이처럼 스피치가 품고 있는 핵심 논제나 주제는 메시지로 구체화되어 일정한 시간대로 들어가도록 만드는데, 방향의 적정한 유지는 설득의 효과 측면에서 중요한 역할을 한다.[43]

방향성은 스피치의 모습을 스케치하는 것이다. 연사가 청중을 알고 적정한 주제를 선정하였다면 동시에 고려해야 할 점은 어떤 패턴으로 스피치를 이끌어 가는 것이 효과적일까를 고민하는 것이다. 따라서 준비 단계에서 연사는 청중과 주제의 성격 등을 정밀하게 고려하여 스피치의 기능적, 시간적 방향을 개괄적으로 결정한 후 구성 단계로 진입했을 때 그 틀에 맞는 적정한 메시지를 구성할 수 있게 된다.

4.
토포이: 아이디어 개발

고전 레토릭에서 토포이 개념은 논증에 필요한 논제의 근거, 즉 논거들이 모여 있는 생각의 집합소 또는 논증의 근거가 되는 인식의 터를 의미하였다. 이를테면 과거 노예식민지 시대 "○○ 인종은 혈통이 우둔하고 열등하다"는 주장은 노예제도의 정당성을 '혈통'이라는 토포이에 터를 잡고 오랜 기간 주장되었던 논거였다.

이처럼 논증은 어떤 사안에 대해 연사가 옳고 그름의 이유를 들어 (논거를 제시하여) 그것이 정당한지 여부를 밝히는 것이다. 의례적인 스피치에 있어서도 연사가 어떤 대상을 찬양하자면 그 이유가 타당해야 청중이 납득을 하는 것처럼, 아리스토텔레스는 어떤 장르의 레토릭에서도 논증은 필요하다고 하였다. 이때 토포이가 모든 장르의 스피치에서 논거로 활용된다면 그것은 '일반 토포이', 개별 스피치에만 특별하게 활용된다면 그것은 '특수 토포이'가 된다. 이러한 토포이 개념은 로마 레토릭에서 어느 정도 정형화되었는데, 키케로와 퀸틸리아누스는 그것을 크게 사람과 관련한 토포이, 사안과 관련한 토포이로 구분하였다. [44]

그러나 고전 레토릭이 논리학 또는 변증법과 유사한 논증 방식으로 토포이 개념에 접근한 것이었다면, 현대 퍼블릭 스피치에서 그것은 논거의 원천으로서뿐만 아니라 스피치 메시지를 가장 설득적으로 도출해내는 창의적인 생각(아이디어) 또는 그러한 아이디어들을 생산하는 구조적인 생각의 틀을 의미하는 말로도 사용된다. "어떤 사안의 핵심을 짚어 명확하게 말하고자 할 때는 육하원칙에 따르는 것이 효과적이다"라고 할 때, 육하원칙은 사안이나 사건의 경위, 경과 사항을 보고하거나 설명하기에 유용한 스피치 아이디어, 즉 일반 토포이가 된다. 이처럼 아이디어는 그 의미가 논증과 논거의 발견이라는 고전 레토릭의 토포이 개념을 넘어서 논거를 제시하는 효과적인 형식까지를 포괄하는 것이다. 그리고 스피치는 물리적 자연법칙을 증명하는 것이 아니라 주장의 타당성에 기대어 청중의 공감을 요구하는 종합적인 설득 행위의 문제이므로 아이디어는 반드시 논리, 변증적인 형태일 필요가 없다. 연사의 주장을 확증하는 근거가 되는 한 주제에 적합한 대표적인 논증적 사례나 사건, 경험 등을 이야기 방식으로 전개하고 그로부터 주장을 추출하는 방식도 하나의 아이디어가 될 수도 있다.[45] 따라서 메시지 구성(배열)은 기존 레토릭의 논증 전개 방식과 더불어 위와 같은 사례나 사건 등을 이야기 형태로 메시지를 구성하여 전달하는 방식도 존재하게 되는데, 이미 살펴본 것처럼 전자는 닫힌 스피치, 후자는 열린 스피치 형태로 메시지 배열이 이루어지게 될 것이다.

스피치 준비 단계에서 아이디어 개발이 필요한 이유는 이것이 준비되어 있지 않으면 구성 단계에서 중심 메시지의 부각과 그것을 배열해서 드러내는 스피치의 전체적인 짜임새를 가늠하기가 어려워지기 때문이다. 그래서 흔히 "스피치가 논점을 잃어 가고 있다"라고 하면 그것은 연사가 주제를 뒷받침할 아이디어 개발과 메시지 구성에 실패했다는 것을 의미한다. 즉 스피치에서 아이디어 개발은 연사가 하고자 하는 주제에 대한 설득적 타당성을 무엇에 근거하여, 또 어떤 사고형식의 틀을 빌어서 완성할 것인가를 보여 주는 스피치의 뼈대 역할을 한다.

4.1 일반 토포이

현대 스피치에서 지금까지 개발된 유용한 토포이로는 육하원칙, 대안제시 토포이, 윌슨 아놀드 토포이를 들 수 있다(임태섭).[46] 그리고 앞에서 기술한 것처럼 이야기식으로 논증이 이뤄지는 표본 사례 역시 어느 장르에서도 활용할 수 있는 일반 토포이 중의 하나이다.

1) 육하원칙

신문 기사나 뉴스 보도에서 많이 사용하기 때문에 저널리스틱 토포이(journalistic topoi)라고도 불리는 육하원칙은 사건이 전개된 과정이나 어떤 사안이 진행된 과정을 설명하는 데 유용하다. 활동사항 등을 보고하거나 사건의 발생과정, 역사적 사건의 진행 과정을 논의할 때 사용하는 것이 좋다.

2) 대안제시 토포이

대안제시 토포이(stock issues topoi)는 기존의 제도나 정책, 제품 등에 대한 새로운 대안을 제시할 때 유용하게 사용할 수 있는 토포이다. 이 토포이는 〈표 4〉와 같이 여섯 가지 아이디어로 구성된다. 대안제시 토포이를 이용하여 스피치를 준비할 때는 각각을 하나의 질문 형식으로 만들어 순차적으로 검토해 나가는 것이 바람직하다.

<표 4> 대안제시 토포이

제시	제시문
문제(problem)	왜 새 대안이 필요한가?
심각성(significance)	문제가 대안을 필요로 할 만큼 심각한가?
본질성(inherency)	문제가 현 상황의 본질적인 문제인가?
해결력(solve the problem)	대안이 이 문제를 해결할 수 있는가?
실현 가능성(workability)	대안은 실현 가능한가?
부작용(disadvantage)	새 대안으로 인한 문제는 없는가?

3) 윌슨-아놀드 토포이

윌슨과 아놀드는 스피치에서 자주 쓰이는 여러 가지 소재를 정리하여 스피치 아이디어를 발표하였는데 이를 윌슨-아놀드 토포이(the Wilson-Arnold topoi)라고 한다. 이 토포이는 <표 5>와 같이 크게 '속성 토포이'와 '관계 토포이'로 나뉘진다. 전자는 하나의 대상에 대해 논의할 때, 후자는 두 개 이상의 대상을 동시에 논의할 때 사용한다.

<표 5> 윌슨-아놀드 토포이

속성 토포이	관계 토포이
존재와 비존재	인과 관계
정도나 양(量)	

공간적 속성	상관관계
시간적 속성	
움직임과 행동	종속 관계
형태	
본질 및 정의	유사-대조관계
변이력(變異力)	
위력	가능-불가능 관계
요망성(要望性)	
실현 가능성	

4) 사례형 토포이

레토릭의 전통적인 논거 착상, 현대 퍼블릭 스피치의 아이디어들은 하나의 주제를 놓고 논거를 통해 주장을 뒷받침하거나 해석하는 논증 형태이다. 그러나 사례형 토포이(example topoi)는 주제와 주장을 하나의 모델화된 서사적 이야기 구조 속에 함축하여 그것을 일반화함으로써 논증에 이르고자 한다. 전자는 논증이 분해적(分解的)이면서 개념적으로 논거와 논증이라는 이분적 구조를 갖지만, 후자는 논증이 수렴적(收斂的)이면서 표본적인 하나의 사례가 이야기로 펼쳐지는 것이므로 처음부터 논거와 논증이라는 구조 개념을 요하지 않는다. 즉 플롯에 따라 전개되는 사건이 하나의 큰 예증 논거가 되고, 그와 같은 논증적 사례가 주장의 확고한 근거가 되는 아이디어 형태이다. 사례형 토포이는 열린 스피치 방식으로 구체화된다. 그러므로 사례형 토포이에서는 적합한 사례를 발굴하는 것이 곧 아이디어를 실제화하는 핵심이라고 할 수 있다.

사례 발굴을 위해서는 다음과 같은 몇 가지 요소들을 고려해야 한다.

보편성　사례는 먼저 보편적이어야 한다. 누구나 한 번쯤 경험해 보았음 직하거나, 누구에게나 있을 수 있는 일이거나, 누구나 그 상황에 공감할 수 있는 사례여야 한다. 청중이 잘 모르는 특수한 전문 분야에서 일어나는 사건, 가령 외과 전문 수술행위와 관련하여 있었던 사례나 원자력발전소 기계 시스템 오류에 관한 사건과 같이 소수의 전문인들에게 국한되는 이야기는 그것이 아무리 흥미가 있더라도 공감도 측면에서 보면 결국 보편성이 떨어지는 사례가 되어 버린다.

적합성　또한 사례는 주제에 적합해야 한다. 앞에서 말한 것처럼 사례는 주제를 잘 보여 주는 완성된 예증이다. 그러므로 주제, 나아가 연사가 그 주제를 통해 하고자 하는 주장이 사례와 자연스럽게 일치해야 한다. 예를 들어 '삶의 부침(浮沈)과 인생의 교훈'이라는 주제의 사례로써 대장장이의 철 단조(鍛造, 많이 두드릴수록 강해지는 철에 관한) 이야기를 발굴했다면 그것은 고난이 사람을 강하게 한다는 개별 논거의 예증이 될 수는 있을 것이나 주제 전체를 대변하는 사례로는 적합하지 않다. 그보다는 인생의 굴곡과 영화를 함께 경험해 온 원숙한 어느 대장장이가 살아온 이야기가 주제에 적합한 사례가 될 수 있을 것이다. 또한 사례는 시간적으로도 적합해야 한다. 발굴한 사례가 현재의 상황과 거리가 있어서 청중이 정서적으로 수용하기 어려운 먼 과거의 사건이어선 안 된다. 사례는 가급적 현시대 최근의 것이어야 한다. 같은 사건도 시대에 따라 평가가 달라지기 때문이다.

실재성 사례는 실재했던 사건이다. 실재하지 않은 가상의 사건은 사례가 아니라 서사적 창작물이므로 아이디어가 될 수 없다. 그러므로 연사가 사례형 아이디어를 개발하고자 할 때는 실제로 있었던 사건들을 추적해야 한다.

문제는 적정한 사례를 발굴했다 하더라도 구체적으로 메시지를 구성하는 과정에서 허용될 수 있는 사실의 폭이 어디까지이냐 하는 것인데, 소위 허용되는 과장에 대한 문제로써 이에 대해서는 구성 단계에서 자세히 본다.

서사성 사례는 단순한 사실이어서는 안 된다. 메시지 구성 과정에서 사례가 하나의 완전한 이야기로 전개될 수 있는 서사적인 사건이나 경험이어야 한다. 발단, 전개, 위기, 절정, 결말을 드러낼 수 있는 다이내믹한 스토리를 가지고 있을수록 청중의 몰입과 감정이입에 유리하고 선명하게 주제를 끌어낼 수가 있다. 따라서 서사적 사례는 일종의 스피치 시놉시스(synopsis)라고 말할 수 있을 것이다.

4.2 특수 토포이
특수 토포이는 특정 스피치의 경우에만 적용되는 논거 제시 아이디어이다. 스피치는 설정하는 방향, 주제, 목적에 이르기까지 각각의 특성들이 다양하고, 장르마다 그들만의 독특한 아이디어가 요구되곤 한다.[47]

특수 토포이는 어디까지나 주어진 스피치 주제와 장르를 연사 스스로가 분석하고 판단하여 가장 효과적으로 논증할 수 있는 아이디어를 찾아내거나 개발하는 것이기 때문에 일률적으로 어떤 것이 특수 토포이라고 소개하기는 어렵다. 다만 여기에서는 어떤 식으로 특수 토포이를 찾아낼 수 있는지를 참고하기 위해 '범주화 토포이'와 함께 설교 스피치에서 활용할 수 있는 아이디어의 하나로 '반대가정의 토포이'를 보기로 한다.

1) 범주화 토포이

범주화 토포이는 스피치 주제와 관련된 개념들을 가능한 많이 수집한 후 이들을 몇 개의 범주로 통합하는 방식이다(임태섭). 〈표 6〉과 같이 이를 위해서는 1단계로 주제와 관련한 개념들을 최대한 수집하여 그것들을 개념목록으로 작성하고, 2단계로는 개별 목록들 중 유사한 개념끼리 묶어서 범주화한 후, 3단계로는 범주화한 것들 중에서 자신의 스피치 목적과 주제문에 적절한 범주를 골라서 사용하는 방식이다.

<表 6> 범주화의 예

주제 : 음주운전		
개념목록 작성 →	범주화 →	취사선택
↓	↓	↓
음주의 정의 생리적 효과 혈중알콜 함량	음주운전의 정의	포함
사고의 통계 사고처리 비용 치사율 교통안전	음주운전의 폐해	제외
묵시적 동의 부정부패 조장 인권침해	음주단속의 문제점	포함

2) 반대가정의 토포이

반대가정(反對假定)의 토포이는 설교 스피치 장르에서 활용할 수 있는 특수 토포이의 하나이다.

기독교 교리는 이분적 대립의 긴장을 특징으로 한다. 그리고 성경은 많은 부분이 그와 같은 대립 구도를 배경으로 놓고 특정 인물들의 선택적 긴장을 다양한 이야기로 보여 준다. 특히 믿음과 불신의 이분 구도에서 각각에 향해 있는 인물들의 이야기는 그로 인하여 서로의 상반된 행위를 더 분명하게 조명하는 기능을 하고 있다. 사단의 시험에 든 욥의 믿음의 행위는 반대편에 서 있는 불신의 행위도 가능했다는 점 때문에 사람들이 그의 믿음을 더욱 충성스럽게 보는 것처럼 우리는 설교 장르의 특수한 아이디어의 하나로 반대가정의 토포이를 생각해 볼 수 있다.

반대가정이란 일어난 행동이나 사건이 그 반대로 일어날 수도 있었다는 것을 가정하는 것이다. 그리스도와 함께 십자가에 매달린 두 행악자의 상반된 행동은 어떤 것의 반대가 존재할 때 그것이 다른 반대를 선명하게 드러내 주어 사람들의 기억과 인상에 훨씬 효과적으로 영향을 미칠 수 있음을 보여 준다. 그래서 옳음에 대해서는 그름을, 그름에 대해서는 옳음을 논거의 방법으로 제시하는 설교 영역의 특수 토포이를 발견할 수 있는 것이다.

〈표 7〉 반대가정의 예

행동·사건	실제 행동	반대가정	가르침(교훈)
↓	멸시받는 자신도 구원을 얻을 수 있다고 믿었다.	자신을 죄인으로 여기고 예수님을 영접하지 않을 수도 있었다.	↓
뽕나무에 올라간 세리장 삭개오 (눅 19:1~10)	예수님을 보기 위해 포기하지 않고 뽕나무에 올라갔다.	키가 작은 삭개오는 군중 속에서 예수님 보기를 포기했을 수도 있었다.	믿음과 소망의 행동으로 구원을 얻은 삭개오
	재산의 절반을 가난한 사람들에게 주고, 부정하게 빼앗은 재산은 네 갑절로 되갚았다.	삭개오는 굳이 자신의 재산을 가난한 자들에게 나누어 주지 않아도 되었다.	

앞의 〈표 7〉과 같이 반대가정의 토포이는 구체적으로 어떤 행동이나 사건을 이야기한 후에 그것과 반대의 행동이나 사건으로 전개될 수 있었다는 점을 논거로 열거하는 방식이다. 반대를 가정하여 그 반대를 증거하는 아이디어가 반대가정의 토포이라고 할 수 있다.

스피치의 구성

1.
구성의 주요 장소

연사가 이야기하고자 하는 주제와 스피치 방향을 설정하고 그 주제를 전개 발전시켜 나갈 아이디어를 발견하였다면, 이제는 그것들을 메시지로 엮어 배열하는 과정이 스피치의 구성 단계이다. 즉 구성 단계에서는 논증을 위한 구체적인 메시지 생산과 배열이 이루어진다.

그런데 고전 레토릭뿐 아니라 이 책에서 다루고 있는 배열, 메시지 생산, 나아가 구술 표현이라는 스피치 순서는 이해의 편의를 위한 구분임을 알아야 한다. 스피치의 준비과정과 마찬가지로 실제로는 스피치의 전체 뼈대인 배열(배치)과 그에 따른 메시지의 생산은 동시적인 하나의 과정이다. 물론 이런 국면이 구술 표현행위와 반드시 동시에 진행되지 않을 수는 있다. 스피치 실행과 별도로 배열, 메시지 구축이 사전에 준비되는 경우들도 있어서다. 그런 경우라면 실행 전에 충분히 메시지를 고쳐 다듬을 수 있으므로 큰 어려움은 없다. 문제는 스피치 구성과 실행이 시간적 간극 없이 같이 이루어질 때이다. 그래서 이 장에서 다루는 스피치 형태, 구성의 동시 진행 요소인 배열 및 메시지 생산 과정을 세심하게 기억해 두었으면 한다. 주제와 방향에 맞는 스피치 형태를 채택하고, 그것을 기반으로 개략적인 스피치의 흐름을 배열한 다음 그렇게 배치한 각각의 장소에 들어갈 메시지의 주요 골자만 생각해 두어도 이미 스피치의 많은 부분이 완성되기 때문이다.

구성 단계에서는 앞선 과정에서 고려한 다양한 설득적 요소들과 준비 단계에서 청중을 분석하고 방향을 설정하는 과정에서 예측 고려하였던 요소들이 메시지를 통해 나타나게 된다. 스피치의 구성 부분에서는 또한 아이디어들이 논증으로 구체화되는데, 앞장 아이디어 개발에서 본 것처럼 논리, 변증적 아이디어는 닫힌 스피치의 형태로, 사례형 아이디어는 열린 스피치의 형태로 메시지가 구성된다. 그리고 열린 스피치는 다시 '드라마식'과 '내러티브식'으로 나눌 수가 있으므로 연사가 메시지로 구축할 수 있는 퍼블릭 스피치 형태는 모두 세 가지가 된다.

구성의 장에서는 메시지 배열이라는 큰 틀에서 닫힌 스피치와 열린 스피치의 전개 방식을 분석적인 시각에서 살펴보고, 스피치 스타일에 대한 문제를 간략하게 해석할 것이다. 스피치 스타일은 준비과정에서부터 실행까지 전 구간에 걸쳐 연결되는 사고 개념이다. 그래서 스피치의 준비나 실행 부분에서 다룰 수도 있으나 주된 개념이 스피치 구성의 영역에 더 가까이 위치해 있어 이 장에서 보기로 한다.

2.
닫힌 스피치

닫힌 스피치는 고전 레토릭 이래 유지되어 온 퍼블릭 스피치의 전통적인 형태이다. 본론에서 각각의 논거들이 주장을 견고하게 뒷받침해 나가는 닫힌 스피치의 전개 방식은 그 장단점에도 불구하고 정치·종교·법정 스피치 및 전문적인 강의·강연, 강해식 설교와 같은 영역에서 여전히 설득력을 발휘하는 스피치 방식이라고 할 수 있다.

닫힌 스피치에서는 메시지에 대한 청중의 능동적인 참여가 제한적이다. 능동적인 참여란 청중이 연사의 메시지 생성에 개입하거나 연사와 메시지를 교환한다는 의미가 아니라 스피치 흐름에 동행하는 청중의 심리적 일체감을 뜻한다. 청중은 메시지를 수신하는 수동적인 설득의 대상이므로 연사와 청중의 심정적 관계가 일반적으로 하향 수직적이 된다. 이러한 구조적 특성상 닫힌 스피치는 권고적이거나 단정적이고, 논증 분석적인 형태로 펼쳐질 때가 많다. 그리고 메시지의 전개가 대체로 흐름(flow)보다는 초점(focus)에 맞춰지며, 귀납적 예증 논증을 제외하면 전반적으로 연역적 방식을 취하게 된다.

닫힌 스피치는 메시지를 받는다는 의식이 강하므로 설득이 보다 직접적이어서 주제를 명료하게 드러내는 장점이 있다. 반면에 다소 정적(停的)인 커뮤니케이션 형태라고 할 수 있어서 몰입도가 떨어지고 지루하다는 단점이 있다. 그러나 논리 전개에 적합한 닫힌 스피치는 어떤 대상이나 현상의 본질, 해석, 강의, 강해 등 정보를 전달하고자 할 때 유리하다. 그리고 논증 구조상 핵심적인 메시지를 반복해서 전달할 수 있고, 명쾌하게 결론에 도달할 수 있다. 그래서 청중이 어떤 사안에 대해 강한 반감을 가지고 있다거나 기존에 다른 태도를 취하고 있어서 강력하게 설득하고자 할 때, 그리고 평시 상황보다는 위기 상황에서 더 유용한 방식이라고 말할 수 있다.

일반적으로 고전 레토릭은 닫힌 스피치를 기본 형태로 한다. 그래서 로고스적인 설득 수단을 에토스나 파토스보다 상대적으로 중요한 요소로 인식한다. 따라서 주로 지성(知性)에 의존하고, 추상적인 모습을 갖고 있으며, 청중의 이성을 중요시한다. 그러나 닫힌 스피치도 예증적 사례를 풍부하게 활용하거나 파토스적 요소들을 메시지 구성에 폭넓게 개입시키면 매우 정적(情的)인 모습으로 표현되기도 한다.

닫힌 스피치는 고전 레토릭이 유지해 온 배열 방식 그대로 시작을 알리는 서론 부분의 들머리, 본론을 차지하는 얼거리와 밝히기, 결론 부분인 마무리로 구성된다.

2.1 들머리

들머리는 청중이 연사의 이야기에 귀를 기울이도록 마음의 준비를 시키면서 자연스럽게 주제를 노출시켜 앞으로 무엇을 말할 것인지를 알려 주거나 연사가 자신의 소개와 인사 등을 통해 청중과 스피치 교감을 시작하는 곳이다. 아리스토텔레스는 시학의 서곡이나 음악의 전주와 같이 청중의 마음을 잡는 역할을 하는 곳이 들머리라고 하였고, 키케로는 청중의 호감을 사고, 이해를 돕고, 관심을 끄는 일이 들머리에서 나와야 하며 이 세 가지 원칙을 지킬 것을 주장하기도 하였다.

퍼블릭 스피치에서 서론은 연사의 스피치 불안감 해소와 관련하여 특히 중요하다. 들머리에서 연사에 대한 청중의 반응을 어느 정도 가늠할 수 있기 때문이다. 청중의 연사에 대한 태도가 우호적이지 않으면 이후 진행되는 스피치에서 연사의 불안감은 지속될 수밖에 없고 스피치의 전체적인 질이 하락할 우려가 있다. 반대로 들머리가 원활하게 진행되어 청중이 연사의 스피치에 몰입할 것이라는 신호가 있으면 연사의 스피치는 성공할 개연성이 그만큼 커진다. 따라서 들머리는 연사 개인의 안정적인 스피치를 위해서, 한편으로는 청중의 주의를 유도하기 위해서 꼭 필요한 스피치의 도입부라 할 것이다.

그러나 들머리가 너무 길어져서는 안 된다. 들머리는 어디까지나 본래 목적했던 이야기를 시작하기 전에 그것을 예고하고 청중의 관심을 유도하는 데에 있으므로 들머리 시간이 길어지면 시간적으로나 내용적으로 본론을 해칠 우려가 있다.

또 다른 유의 사항의 하나로 들머리에서는 자연스럽게 스피치가 연결되어야 한다는 점이다. 청중의 흥미와 관심을 끌고 가면서도 급작스럽지 않게 주제가 언급되어야 하고, 연사가 그 주제에 정통하고 있다는 신뢰감 역시 부드럽게 전달하는 표현 기법이 들머리에서는 중요한 역할을 한다.

드문 경우지만 들머리를 생략할 수도 있다. 시간이 촉박하거나 사안이 급박하여 청중과 연사 사이에 핵심을 곧바로 다뤄야 하는 암묵적 상황이 지배하고 있을 때가 그렇다.

통상적으로 스피치의 시작 부분은 격식을 갖춘 인사에 덧붙여 청중의 흥미나 관심을 끌어내는 이야기, 말하고자 하는 주제의 개략적인 언급, 연사의 신뢰성을 드러내는 메시지로 구성이 된다.

흥미·관심 성공적인 스피치의 시작은 청중의 흥미와 관심을 끄는데서 출발한다. 이를 위한 방법의 하나로써 말하고자 하는 주제나 내용이 중요한 일이고, 필요한 일이며, 무엇보다 청중과 직접 관련되는 일이라는 점이 적시되면 효과적이다. 사람들은 자신의 삶과 관련이 되는 필요하고도 중요한 사안일수록 집중도가 높아지고 더 설득이 잘되는 경향이 있기 때문이다.

들머리에서 청중의 흥미와 관심을 유도할 수 있는 다른 하나로는 연사가 자신의 개인적인 체험을 간략하게 고백하여 몰입을 유도하거나 의표를 찌르는 물음법, 칭찬, 반어적 기법 등을 이용하여 청중의 의식을 환기하는 방법이 있다. 그리고 흥미로운 통계나 자료의 제시, 기담(奇談, 희한한 이야기), 주의를 끌 만한 사건 등을 이야기하면서 시작하는 것도 효과적인 방법 중 하나이다.

고전 레토릭의 설득에서 본 것처럼 스피치에서 들머리는 마무리와 더불어 감각적인 부분에 해당한다. 흥미와 관심 등 청중을 직접적으로 겨냥한 국면에서는 파토스 설득 수단이 충분히 활용되어야 한다. 또 연사가 스피치의 주제나 내용을 보여 주는 국면에서는 무엇보다 신뢰 확보를 위한 에토스 설득 수단을 충분히 활용해야 하므로 전통적인 레토릭 이론에서 들머리는 마무리와 함께 정념(情念) 의존도가 높은 부분으로 해석되고 있다.

　다음의 연설 내용을 읽고 들머리에서 청중의 흥미와 관심을 끄는 메시지 구성 방식을 분석해 볼 필요가 있다.

〈예문 1〉

사도 바울의 연설	여운형 노동자 집회 연설
아테네 시민 여러분! 내가 보기에 여러분은 여러모로 강한 신앙심을 가지고 계십니다. 　내가 아테네 시를 돌아다니며 여러분이 예배하는 곳을 살펴보았더니 '알지 못하는 신에게'라고 새겨진 제단까지 있었습니다. 　여러분이 미처 알지 못한 채 예배해 온 그분을 이제 여러분께 알려드리겠습니다. (사도행전 17:22 이하)	여러분 몸에서는 땀 냄새와 기름 냄새가 나고 있습니다. 　그러나 나는 지금 이 순간에 명동거리를 활보하는 숙녀들에게서 풍기는 마카오제 향수보다 더 그윽하고 좋습니다. 그 이유는 여러분의 땀 냄새와 기름 냄새는 이 나라를 건설하는 원동력이기 때문입니다. (길정기, 한국웅변50년사)
⇩	⇩
적대적인 청중을 칭찬으로 해소해 들어가면서 한편으로는 궁금증을 유발시켜 스피치 몰입을 유도하는 들머리의 예	청중 비하적일 수 있는 첫 구문을 향수와 절묘하게 대비시켜 청중을 들어 올림으로써 주의를 환기를 시키는 들머리의 예

　주제의 언급　들머리에서는 청중의 흥미와 관심을 유도하면서 다음에 오게 될 스피치 주제를 가볍게 언급해 주어야 한다. 그래야만

본론으로 들어가서 주제를 꺼낼 때 자연스러워진다. 이는 청중의 관심이 주제로 옮겨 가도록 하기 위한 일종의 정지(整地) 작업이자 흥미와 관심을 주제로 이관시키기 위한 준비과정이라고 할 수 있다.

연사의 신뢰 또한 들머리에서는 연사가 그 주제의 전문가이고, 오랫동안 관심을 가지고 있었다는 점을 나타내 주어야 한다. 여기에서 연사의 공신력에 관계하는 에토스 설득 수단이 작용한다. 공신력은 청중 설득에 영향을 미치는 주요 요인이면서 한편으로는 청중들의 지속적인 메시지 청취를 유도하는 효과도 있다.

그러나 청중의 연사에 대한 신뢰성이 직접적으로 나타나서는 안 된다. "내가 누구보다 이 분야의 전문가다"라고 하는 식은 연사가 도덕적으로 겸손하지 못하다는 의식을 불러일으켜 설득 효과를 떨어뜨린다. 그래서 "오랫동안 이 주제에 관심을 갖고 고민하면서 연구해 왔다"는 일종의 자기 성찰식 언급이 신뢰 확보에 훨씬 효과적이다(임태섭).

2.2 얼거리

얼거리는 어떤 현상이나 사실을 이야기하거나 사건을 재구성하는 부분이다. 본격적인 주장 및 논증에 앞서 준비 단계에서 개발한 아이디어를 이용하여 대상이나 현상을 있는 그대로 구술하거나 범주화하는 등 사건이나 대상, 현상 또는 실태의 진행 경과를 명확히 사실적으로 전달하는 과정이 얼거리에서 이루어진다. 그래서 얼거리를 '진술부'라고 해석하기도 한다.

얼거리에서는 위와 같은 특성으로 인하여 사실에 입각한 로고스 설득 수단이 주로 사용된다. 그래서 비장식적이고 기능적인 형태로 메시지가 구성되며 스피치의 간결성과 명확성, 신빙성이 법칙으로 요구되기도 한다. 가령 '동성동본 금혼규정의 불합리성'을 주제로 하는 경우라면 동성동본의 법률적 범위, 뿌리내리게 된 배경, 우생학적 검토, 그로 인한 문제점 등이 얼거리 부분에서 나타나야 한다. 이렇게 정보전달에 스피치 방향을 설정한 경우라면 비교적 얼거리를 이해하기에 어려움은 없다.

그러나 스피치의 전반적인 방향이 청중의 즐거움에 있거나 의례 또는 감화에 맞춰진 경우, 또 그런 요소들이 혼합된 형태의 스피치에서도 얼거리는 필요하다. 그 소재는 재미있는 일화가 될 수도 있고, 개인적인 경험이나 사건이 될 수도 있으며, 사회적인 현상이나 실태, 제도, 정책이 될 수도 있다. 그리고 그것들 역시도 얼거리에서 사실적으로 구술된다. 이런 점에서 얼거리는 스피치의 중심 메시지를 전달하기 위한 완충적 기능도 가지고 있다.

결론적으로 스피치에서 얼거리는 밝히기에서 이루어지는 구체적인 주장이나 논증(타당성, 진실, 대안, 방안, 위안, 재미, 감동 등)의 전제 부분으로써 사실과 현상 등을 구술하는 스피치 구간이다.

좀 더 깊은 이해를 위해 〈예문 2〉를 참고하기로 한다. 한국 스피치 역사에서 흔치 않은 정치적이면서도 의례적 사안이 혼합된 스피치 영역의 추모사이다. 연사가 겪었던 역사적 사건이 얼거리에서 사실 위주로 담담하게 펼쳐지고 있다. 또 들머리와 얼거리의 메시지 성격에 어떤 차이가 있는지를 보기 위해서 같은 예문에 들머리도 함께 기술했다.

김대중이가 여기 왔습니다. 꼭 죽게 되었던 내가 하나님과 여러분의 가호로 죽지 않고 살아서 7년 만에 여기 망월동 여러분 앞에 섰습니다. 여기에 오니 어머니의 품에 안긴 안도감과 심판자 앞에 선 것 같은 두려움을 느낍니다.

들머리	⇨	광주 민주화 항쟁의 주모자로, 그리고 고국을 떠나 긴 망명 살이를 하다가 7년 만에 묘역 앞에 선 연사의 참담하고 두려운 심경이 들머리에 고스란히 드러나 있다. '죽었어야 할 사람이 살아서 주검 앞에 서 있다'는 대조적인 메시지는 짧지만 그 자체로 청중의 인상을 붙드는 표준적인 들머리라 하겠다.

1980년 5월 17일 저녁 나는 일단의 무장 군인들, 조금만 반항해도 사살하라는 명령을 받은 군인들에 의해서 중앙정보부로 연행되었습니다. 50여 일의 취조가 끝난 후 쿠데타의 주역 중 한 사람이 나를 찾아와 협력하면 살려주고 부귀영화를 같이하겠지만 반대하면 반드시 죽이겠다며 협력을 제의했습니다.

그때가 광주 의거 56일째 되는 날이었는데, 그가 넣어 준 한 뭉치의 신문을 통해 광주 의거를 알았고, 내가 그 배후 조종자로 조작된 것과 180여 명이 죽었다는 계엄사의 발표도 보았습니다. 그때 나는 너무도 큰 충격 때문에 쓰러지고 말았으며, 의사의 응급치료 후 정신을 가다듬은 나는 하룻밤을 기도와 묵상으로 보냈습니다……〈일부 중략〉……굴복하지 않고 죽는 것만이 영원히 사는 길이라고 깨달았습니다.

2년 반의 감옥생활 끝에 82년 12월 자의반 타의반으로 미국에 망명해 광주 의거 화보와 비디오테이프를 교포들로부터 처음 받아보았을 때 눈물과 신음으로 나는 정신을 감당키조차 어려웠습니다(김대중, 광주 5.18묘역 추모사 중, 1987).

* 이해를 돕고자 문장의 일부분들을 현재의 구문에 맞게 약간 수정하였다.

얼거리	⇨	연사는 무단 연행과 취조, 쿠데타 인사의 협력제의 및 협박, 광주 항쟁의 참상, 미국 망명 등 연사의 사실 경험을 얼거리에서 있는 그대로 진술한다. 이후 밝히기에서는 광주 항쟁과 자신에 대한 그와 같은 일련의 사건들을 용서와 화해, 민주 정부 완성이라는 시대적 소명으로 연결시키면서 그와 관련한 연사의 주장들이 드러난다. 이처럼 얼거리의 사실 진술은 밝히기와 마무리의 주장 근거 내지는 전제가 되는 곳이다.

2.3 밝히기

얼거리는 논거 제시 등 논증·반박에 앞서 그것들의 전제가 되는 현상이나 사실 등을 이야기하는 구간이다. 그리고 밝히기는 그와 같은 사실이나 현상의 옳고 그름, 그로부터 비롯되는 문제점들에 대한 대안(방법)과 행동, 사례나 사안을 통해서 얻는 교훈·재미·감동 등을 통해 주장을 도출하고 그 타당성을 밝히는 스피치의 핵심 부분이다. 그래서 고전 레토릭에서는 밝히기를 '논증부'라고도 한다.

얼거리와 마찬가지로 밝히기에서도 연사는 아이디어를 활용하여 그것들을 구체적으로 나타내야 한다. 이것이 논거들을 통한 논증·논박이다.

논거는 연사가 자신의 주장을 밝히기 위하여 그 타당성을 논증 수단들을 동원해 뒷받침하는 것이고, 논박은 상대방 논거의 부당성을 알리는 것으로써 그러한 일련의 스피치 행위들이 논증이다.

밝히기의 핵심 테마인 논증에서는 언급한 것처럼 연사의 주장이 드러나게 되는데, 주장은 주장 자체로 그쳐서는 안 되고 반드시 주장의 옳고 그름을 따져야 한다. 주장은 누구라도 할 수 있다. 그러나 그 주장이 왜 옳은지, 다른 사람의 주장이 왜 그른지를 타당성 있게 입증하거나 논박하기는 쉽지 않다.

입증은 주장보다 훨씬 중요한 의미를 갖는다. 청중은 연사의 주장 그 자체로서가 아니라 주장이 타당했을 때 메시지를 받아들이기 때문이다. 그래서 입증을 지지하는 여러 요소, 즉 논증 수단들이 다양하게 동원되며, 논증과 논증 수단에 대해서는 좀 더 깊은 이해가 필요하다.

1) 논증과 증명

스피치에서 논증은 과학적인 논증이나 변증법적인 논증과는 다른 관점에서 이해할 필요가 있다. 과학적 논증은 시공을 초월한 보편적인 이성에 호소하며 필연적 진리로부터 도출된다. 그러나 레토릭적 논증은 대다수의 사람들에 의해 대부분의 경우에 받아들여지고 있는 일반적 상식에 근거하는 개연성으로부터 도출된다. 즉 전자는 확실한 증명이 요구되는 과학적 개연성에 자리를 잡고 있고, 후자는 사회 구성원들에 의해 일반적으로 용인될 수 있는 그럴 것이라는 통념에 자리를 잡고 있는 합리적 담론의 산물이다. 그래서 르불(Reboul)은 과학적 논증을 '증명'이라고 하여 레토릭적 논증과 구분하면서 속성상 논증은 항상 이의 또는 논박의 여지를 내포한다고 보기도 하였다.

논증은 논거를 통해서, 논거는 다시 논증 수단들을 통해 입증된다. 그리고 논증 수단에는 비교적 확실한 수단과 불확실한 수단이 있다. 이미 살펴본 바와 같이 아리스토텔레스는 그것들을 '기술 외적인 수단'과 '기술적인 수단'으로 구분하였다. 기술 외적인 수단은 증인, 문서와 같이 증명에 가까운 수단을 의미한다. 그리고 기술적인 수단은 논증을 완성하는 일체의 논리적 추론과 메시지 구성 등을 의미하며, 이 부분에서 레토릭과 변증·논리학의 유사성이 드러난다.[48]

스피치의 논증은 건전한 상식과 합리적 사고를 가진 사회 구성원이라면 누구나 그렇게 보는 것이 타당할 것이라는 보편적 인식에 가장 근접하는 추론을 의미하는 것이므로 그 추론을 뒷받침하는 수단들을 다루는 것이 중요하다.

2) 주장과 논증

앞서 본 것처럼 논증은 하나 이상의 주장을 전제로 한다. 순차적으로 보면 주제의 뒤에 주장이 따라오고, 주장의 뒤에 논거들이 따라오며, 그 논거들을 다시 논증 수단들이 받쳐 준다. 이것이 연역적 방식의 일반적인 논증 형태이다. 예를 들어, 연사는 "한글의 국제적 보급"이라는 좁힌 주제를 "한글의 상품화는 국제적 보급의 한 방안이다"라는 주제문으로 설계한 후 "한글 디자인을 국제적 상품으로 개발하자"는 주장을 할 수 있다. 그리고 그 주장에 대하여 "한글의 시각적 심미성에 대한 전문 연구들이 이를 지지하고 있다", "한글 디자인의 상품화 성공사례들은 폭넓은 가능성을 보여 준다"는 논거를 제시하면서 각각의 논거들에 대해 구체적인 전문 연구와 성공사례를 논증 수단으로 채택할수 있을 것이다.

그런데 논거에 대한 논증 수단으로써 예화나 사례를 단편적으로 활용하는 경우가 아닌, 스피치의 일반적인 전개를 귀납적 형태의 논증 방식으로 취하는 경우에는 역순이 된다. 이때는 논증 수단인 선례나 예증적 사례, 예화 등이 먼저 나오고, 그로부터 논거가 나오며, 주장이 도출된다. 위 같은 예에서 만약 한글 디자인을 상품화한 사례가 예증으로 전개되었다면, 그 사례는 "한글의 시각적 심미성이 경제적 가치가 충분하다는 사실을 보여 준다"라는 논거가 나올 것이고, 그래서 "한글 디자인을 국제적 상품으로 개발하자"는 주장이 제시될 것이다.

따라서 귀납적 예증 논증은 어떤 사례를 근거로 주장이 나온다는 점에서 후술하는 열린 스피치와 형태가 유사하다. 그러나 논증 수단인 '귀납적 예증 사례'와 열린 스피치의 '조건적 이야기 사례'는 주장을 끌어내는 기능적 역할은 같지만 의도하는 목적과 전개 방식이 다르다. 자세한 차이는 미주를(51번) 참고하기 바란다.

그런데 귀납적 논증과 관련해서는 한 가지 알아야 할 사항이 있다. 논증이란 논거의 신뢰성을 확보하는 것으로서 그것을 뒷받침하는 사례, 이야기, 예화는 그 자체가 논거에 대한 입증이자 설명이라는 점이다. 다시 말하면 그것들은 논거의 타당성을 서사적 형태로 풀어놓은 것이다. 이런 이유로 귀납적 논증 방식에서는 통상 논거를 열거하지 않고 곧바로 주장을 제시하거나, 논거 대신 사례 등이 품고 있는 의미, 교훈을 설명한 후 그로부터 주장을 연결하는 형태가 보다 일반적이다. 특히 귀납적인 이야기식 추론에 의지하는 열린 스피치에서 이러한 모습은 어느 정도 정형화된 형태라고 할 수 있다. 그러므로 귀납적 논증 방식에서는 논거를 유연하게 이해해야 한다.

이처럼 논증은 연사가 스피치 준비 단계에서 개발한 아이디어가 종국적으로 메시지로 구체화되는 것이다. 그러나 연사의 아이디어가 청중의 입장에서 타당성을 갖기 위해서는 주장의 이유나 근거뿐 아니라 반론에 대한 반박까지 연사가 내 주장에 확신을 갖고 통제할 수 있는 정도의 논증이라야 한다. 그래서 윌리엄스 등(Williams & Colomb)은 완벽한 논증을 위해 연사 스스로 질문을 던져보라고 한다. 이는 논증의 타당성을 견고히 하기 위한 '자기 검증'이라고 할 수 있다. 〈표 8〉은 윌리엄스 등이 제시한 단계별 검증 과정이다.

〈표 8〉 자기검증 과정

단계별	검증 사항
1단계 (주장-이유-근거)	• 당신의 주장은 무엇인가? • 어떻게 뒷받침할 수 있는가? • 막연한 감정에서 나온 의미 없는 주장은 아닌가? • 주장에 대한 제대로 된 이유와 근거가 있는가?
↓	
2단계 (반론 수용과 반박)	• 제시한 주장, 그것을 뒷받침하는 이유와 근거는 얼마나 튼튼한가? • 주장-이유-근거를 다른 사람들도 합리적이라고 받아들이겠는가? • 제시한 이유와 근거에 대한 사람들의 의심을 방어할 수 있는가? • 사람들이 제기할 수 있는 온갖 반론에 답할 수 있겠는가? • 제대로 반박하고 끝까지 밀고 나갈 수 있겠는가?
↓	
3단계 (전제)	• 당신의 생각이나 구상은 논리적인가? • 추론의 원리는 타당한가? • 이유가 주장을 어떻게 뒷받침하는지, 근거가 이유를 어떻게 뒷받침하는지, 다른 사람들도 납득하겠는가? • 납득하지 않는 사람들에게 제대로 설명할 수 있는가?

3) 논증 수단의 효과

밝히기에서 사용되는 논증 수단들은 주장을 뒷받침하는 입증의 역할을 넘어 스피치 전반에 영향을 주는 요소로써 다음과 같은 효과를 동반한다.

청중이 주제를 기억하기 쉽게 해 준다. 주장하는 사안이나 대상에 대한 통계, 상세한 묘사, 예증 등과 같이 청중은 연사의 스피치가 무엇을 이야기하고자 하는 지를 위 논증 수단들을 통해서 주제를 보다 쉽게 인식하거나 기억할 수가 있다.

청중이 주제에 흥미를 갖게 해 준다.　연사가 이야기하는 어떤 사안이나 대상에 대한 예증, 비교, 대조 등은 청중이 주제에 대해서 흥미를 갖도록 해 주는 역할을 한다.

주제를 생생하고 명료하게 만들어 준다.　대상이나 사안의 묘사와 설명 등은 청중에게 살아 있는 이미지를 심어 주어 주제에 대한 접근을 훨씬 선명하게 해 준다.

4) 논증 수단

논증 수단은 곧 주장의 타당성을 지지해 주는 인적, 물적, 언어적 활용 수단을 의미하며, 세부적으로는 개별 논거들을 지지해 주는 설득적 입증 요소라고 할 수 있다. 퍼블릭 스피치에서 많이 사용되는 몇 가지 논증 수단들을 보기로 한다.

증거　증거(testimoney)는 연사가 주장하는 논거의 신빙성을 뒷받침하는 자료들로써 실제 일어난 사건이나 일, 언론보도, 증언, 문서, 권위자의 주장이나 연구 결과, 통계와 같은 인적, 물적, 학문적 증거 일체를 말한다. 증거는 기술 외적인 논증 수단, 즉 사실에 기초한 것이므로 가장 확실성이 크다고 할 수 있다. 따라서 정보원이나 출처가 확실해야 하고, 사회적 통계나 신문의 기사는 어느 정도 대표성이 있고 최근의 것이어야 한다. 그리고 일어난 어떤 사건이나 일은 그것이 연사의 주장에 대한 타당한 개연성, 즉 결과를 야기한 원인이라고 청중을 설득할 수 있을 정도로 일반화된 모델이어야 한다.

증거 영역에서 설득 효과를 높이는 제시 기법의 하나로 청중의 경험을 이용하는 방법이 있다. "여러분도 익히 겪어보셨겠지만", "여러분도 보도를 통해 잘 알고 계시겠지만"과 같이 연사는 가능하면 제시하는 증거를 청중의 경험과 결부시키는 기억 소환 방식을 통해 설득 효과를 높일 수 있다(임태섭).

정의　정의(definition)는 어떤 용어나 구문을 청중들이 이해하기 쉽도록 설명하는 것이다. 용어에 대한 정의는 일차적으로 사전적 의미로부터 시작하나 스피치에서는 그러한 방식의 전형적인 정의는 피해야 한다. 예를 들어 '낭만'이라는 말의 사전적 정의는 "현실에 매이지 않고 감상적이고 이상적으로 사물을 대하는 태도나 심리"로 설명이 되나 연사가 낭만에 대한 정의를 그와 같은 방식으로 이야기한다면 스피치의 이해력이나 공감도는 오히려 떨어지게 된다. 그러므로 연사는 "바람의 언덕에 서 있는 청춘", "낙엽 떨어지는 가을날의 벤치"와 같이 낭만이라는 말이 품고 있는 하부 정서들에 기대어 메시지를 구성하거나 낭만적인 것과 낭만적이지 않은 것들을 비교·대조함으로써 청중으로 하여금 낭만의 의미를 훨씬 현실감 있게 느끼게 할 수 있다. 또 "갈 길 먼 인생을 놓고 밤을 새워가며 언쟁을 벌이던 풋 익은 스무 살 친구들의 요란스러웠던 밤들, 돌아보면 그 기억들을 우리는 낭만이라고 합니다"와 같이 연사는 적절한 예를 들어 낭만에 대한 정의를 효과적으로 나타낼 수도 있다.

예증　예증(example)은 주장을 뒷받침할 만한 유사한 예(例)를 찾아 냄으로써 설득력을 확보하는 논증 수단이다. 아리스토텔레스는 두 가지 종류의 예증법을 제시했다. 하나는 '선례(先例, 또는 '역사적 예증'이라고도 한다)'이고, 다른 하나는 가공의 예화(例話)로서 '우의(寓意)'와 '우화(寓話)'이다. 예증법은 유사한 것을 알아볼 수 있는 능력에서 생겨나며 일종의 유추에 의한 논증이라고 할 수 있다.

'선례'는 어떤 사건이나 행위에 대하여 과거의 동일 사례를 수범적인 증거로 사용함으로써 주장의 정당성을 확보하는 논증 수단이다. 그러나 현대 스피치에서 선례는 주장이나 교훈을 도출할 수 있는 연사의 경험적 사실, 발생했던 어떤 사건 등을 포괄하는 '예증적 사례'로 이해해야 한다. 왜냐하면 고전 레토릭에서 선례는 주로 법정에서 원고나 피고의 행위를 정당화시키는 과거의 유사한 사례, 정치적 선례 등으로 사용된 개념이었기 때문이다.

'우의'는 연사가 실제 주장하는 뜻(원관념)을 숨긴 채 예증이 되는 스토리를 만들어서 그 속에 자신의 주장을 투영하여 나타내는 것이고, '우화'는 원관념을 사물이나 동물의 행위에 빗대어 주장의 타당성을 추출토록 하는 논증 수단이다. 즉 우의와 우화는 원관념과 보조관념 사이의 이질성을 이용하여 청중으로 하여금 연사의 주장을 신선하면서도 용이한 시각에서 이해할 수 있게 한다. 우의와 우화는 일차적으로 연사의 주장에 대한 논증의 수단이면서 그 범주가 크게는 비유에 속한다는 점에서 표현 영역의 화채적 기능도 함께한다.

생략삼단논법　예증이 논리학에서 차용한 귀납적 논증의 대표적인 수단이라면 생략삼단논법은 연역적 논증의 대표적인 수단이다. 생략삼단논법은 대전제나 소전제 중 어느 하나를 생략해서 함축적으로 표현함으로써 주장을 강렬하게 전달하는 효과가 있다. 가령 "모든 새는 알을 낳는다(대전제), 타조도 새다(소전제), 그러므로 타조도 알을 낳는다(결론)"는 삼단식 논법은 스피치를 건조하게 만들 우려가 있다. 그래서 전제 중의 하나를 생략한 채 "타조도 새이므로 알을 낳는다"라고 표현하게 되면 논증이 단단해지는 타격 효과가 있다. 우리 일상의 속담이나 격언들이 생략삼단논법으로 만들어진 경우가 많은데, 내 주장의 확실함을 드러내고자 할 때 통상 함축된 속담이 더 명확하게 전달되는 것은 그런 이유 때문이다.

아리스토텔레스는 전제를 생략하여도 그것이 충분히 자명하거나 반대로 전제가 분명치 않아서 상대방으로부터 반박의 여지가 있어 그것을 감출 필요가 있을 때 생략삼단논법이 가능하다고 하였다. 전제가 자명하다는 것은 일반적인 사회적 통념, 보편타당한 지식과 같이 굳이 전제를 나타내지 않더라도 누구나 인정할 수 있는 사실이나 관념을 의미한다.

비교와 대조   비교와 대조(comparison & contrast)는 연사가 주장하고자 하는 대상이나 사안을 보다 분명하게 보여 주기 위하여 다른 대상이나 사안을 끌어와 비교·대조함으로써 주장의 설득력을 높이는 논증 수단이다. '비교'는 둘 이상의 대상들 사이에서 유사점을 두드러지게 하는 것이고, '대조'는 차이점을 두드러지게 하는 것이다.

비교와 대조는 우의·우화와 마찬가지로 논증의 수단이면서 스피치의 화채적 기능도 함께한다.

이미지 생동감 스피치에 생동감(vividness)이 있다고 하면 그것은 연사의 말이 청중의 언어 연상 및 심상을 활성화하고 있다는 것을 의미한다. 직접적으로는 스피치 메시지가 청중의 오감을 선명하게 자극하는 것이라고 해석할 수도 있다. 즉 이미지 생동감은 연사가 어떤 대상이나 사안, 상황 등을 청중의 감각에 의존하여 구체적이고 사실적으로 묘사함으로써 그것들을 그림처럼 생생한 이미지로 그려내는 것이다(Gregory).

논증 수단으로서 '이미지 생동감'은 연사의 주장을 더욱 신빙성 있게 해 주는 기능을 한다. 예로써, "나는 그가 냉장고에서 물을 꺼내어 마시는 것을 보았다"라는 말과 "나는 그가 미키마우스 로고가 그려진 황토색 물통을 냉장고에서 꺼내더니 벌컥벌컥 마시는 것을 보았다"라고 하는 두 개의 구문은 냉장고에 있던 물을 꺼내어 마셨다는 사실에서는 동일하다. 하지만 실제 보았는지에 대한 진위에 초점이 놓이면 청중은 전자보다 후자의 진술을 더 신빙성 있게 수용하게 된다. 따라서 스피치의 이미지 생동감은 논거의 사실성과 밀접하게 관련되어 있고, 그로써 논증을 입증하는 기능을 한다.[49]

2.4 마무리

스피치 전체 과정을 통틀어 가장 중요한 지점이 마무리라고 할 수 있다. 마무리는 지금까지 진행해 온 주제를 다시 상기시키면서(무엇에 관해), 논증의 주요 사항을 요약하고(무엇을 근거로), 연사의 주장을

(무엇을 어떻게) 최종적으로 압축 강조함으로써 스피치를 종결하는 부분이다. 그러므로 마무리에서는 파토스 설득 수단이 많이 동원된다.

이를 나누어 살펴보면, 마무리에 이르러 연사는 우선 지금까지 청중에게 '무엇에 관해' 이야기했는지, 즉 스피치의 주제가 무엇이었는지를 다시 상기시켜 주어야 한다. 들머리에서 제시한 주제는 논증 과정에서 분해되어 나타났기 때문에 이를 다시 결집할 필요가 있다. 주제를 놓치지 않고 전체 논증 과정에서 그것들을 조목조목 연결하면서 스피치를 따라온 청중은 많지 않다고 보아야 한다. 그래서 어떤 주제를 놓고 연사가 스피치를 해 왔는지 언급해 줄 필요가 있다.

다음으로 연사는 앞의 주제에 대해 '무엇을 근거'로 논증하였는지를 간략하게 다시 한번 제시하여야 하고(또는 생략한 채), 그러므로 '무엇을 어떻게' 하자는 주장을 마지막으로 강조할 필요가 있다. 여기서는 논거가 주장보다 먼저 나온다. 그 이유는 논증을 주된 내용으로 하는 본론 부분과 다르게 마무리는 논증 보다 주장의 재강조가 핵심이기 때문이다. 즉 마무리에서는 논거들을 요약하거나 생략한 채 그것들에 근거하여 주장을 재차 역설하며 스피치를 종료하는 강조 기법이 효과적이다.

이상은 주제와 관련하여 쟁점을 비교적 첨예하게 다투면서 연사의 주장과 논거를 제시하는 전형적인 논증·논박 형태의 마무리 전개였다. 그런데 의례적 사안을 다루는 스피치, 쟁점이 크게 요구되지 않는 스피치 상황이라면 마무리는 지금까지 말했던 내용들을 상징적이거나 대표적인 메시지로 압축하여 연사의 생각을 밝히되 그 메시지가 청중의 인상에 깊게 남을 수 있도록 다소 강렬하게 드러낼 필요가 있다. 이른바 명언으로 오래 기억되는 메시지의 대부분은 마무리에서 나온다.

장르와 주제가 다양한 만큼 마무리 또한 여러 가지 형태로 나타난다. 부분적으로나마 그것을 이해하고자 먼저 앞에서 들었던 〈예문 2〉가 마무리에서는 어떻게 처리되고 있는가를 〈예문 3〉으로 확인하고, 계속해서 'BTS 유엔연설(1차)' 전문을 닫힌 스피치 관점에서 분석해 보기로 한다.

논증 방식의 레토릭 체계에 기반을 두고 있는 닫힌 스피치는 그 성격이 지나치게 분석적이어서 딱딱한 지적 결과물로 나타나리라고 생각하기가 쉽다. 그러나 닫힌 스피치는 주제나 설득 요소들의 관계를 어떻게 조정하느냐에 따라 다양한 형태로 펼쳐질 수 있다. 우리가 그것을 너무 이론화된 틀에서 인식하기 때문에 오는 일종의 선입견이라 할 수 있다. 〈예문 4〉는 닫힌 스피치가 어떤 모습으로 표현될 수 있는지를 잘 보여 주는 예가 될 것이다.

〈예문 3〉

나는 선언합니다. 독재를 가능하게 한 제도는 결코 용서할 수 없지만 인간은 용서할 수 있습니다. 용서와 화해를 통해 이 나라에 진정한 민주화를 실현하는 일이, 집결된 국민의 힘으로 통일의 날을 앞당기는 일이 이 시대가 우리에게 부여한 가장 큰 소명입니다.

추운 겨울을 고통과 외로움으로 참고 이겨낸 인동초(忍冬草)가 해독제로 쓰이듯 나는 고난과 시련의 세월을 지나 오늘 나의 소중한 님들 앞에 서서 이 김대중이의 모든 것을 바쳐 한 포기 인동초가 될 것을 굳게 약속합니다.

광주는 오늘도 계속되고 있으며, 사랑하는 우리들의 고향 광주를 아직은 노래하지 않으리라고 절규한 시인의 고통의 깊이를 나는 이해합니다. 영령들이여, 부디 편히 잠드소서.

마무리	⇨	비유적인 화채(구문 수사법)를 활용하여 짧지만 인상 깊은 메시지로 스피치를 마무리하고 있다. 이 마무리가 의미를 더 갖는 이유는 이후 '인동초'라는 단어가 연사를 상징하는 말이 되었기 때문이다. 이렇듯 마무리에서는 압축된 메시지로 스피치를 대표할 수 있을 때 청중의 기억 속에 오래 남는다.

〈예문 4〉 방탄소년단, 유엔연설(2018)

들머리	감사합니다. 사무총장님, 유니세프 총재님, 그리고 세계 곳곳에서 오신 대사, 장관 및 내외 귀빈 여러분! RM으로 알려진 저의 이름은 BTS의 리더 김남준입니다. 이 시대 젊은이들을 위한 의미 있는 자리에 초대되어 큰 영광입니다. 　방탄소년단은 작년 11월 "진정한 사랑은 나 자신을 사랑하는 것에서 시작한다"는 믿음을 바탕으로 'LOVE MYSELF' 캠페인을 유니세프와 함께 시작했습니다. 또한 전 세계 어린이와 청소년들을 폭력으로부터 보호하는 '#END violence' 프로그램도 유니세프와 함께 해 오고 있습니다. 그리고 우리 팬들은 자신들의 행동과 열정으로 이 캠페인의 중요한 역할을 담당하고 계십니다. 정말 세계 최고의 팬들입니다.

▶ 초대에 대한 감사와 영광, 자신에 대한 소개로 들머리를 시작하고 있다. 격식이 요구되는 스피치 상황일수록 이색적인 방식보다는 일반적인 형태의 들머리가 적합하다는 점에서 위와 같은 도입부는 전형을 잘 보여 주는 예라 하겠다.
▶ 또한 연사는 유니세프와 함께 진행하고 있는 일들을 언급함으로써 말하고자 하는 주제를 들머리에서 암시하고 있다.

열거리	저에 대한 이야기를 시작해 보려고 합니다. 　저는 대한민국 서울 근교에 위치한 일산에서 태어났습니다. 그곳은 호수와 산이 있고, 해마다 꽃 축제가 열리는 아름다운 곳입니다. 저는 그곳에서 행복한 어린 시절을 보냈고, 평범한 소년이었습니다. 그 또래의 소년들이 그러하듯 호기심 어린 눈으로 밤하늘을 쳐다보기도 하고, 영웅이 되어 세상을 구하는 상상을 하기도 하였습니다. 　저희 초기 앨범 인트로 중 "아홉이나 열 살쯤 내 심장은 멈췄다"는 가사

가 있습니다. 돌이켜보면, 그때쯤이 처음으로 다른 사람의 시선을 의식하고, 다른 사람의 시선으로 나를 보게 된 때가 아닌가 싶습니다. (그러나 그때 이후로) 저는 밤하늘과 별을 바라보는 것을 멈췄고, 꿈꾸는 것을 멈췄습니다. 대신에 다른 사람들이 만들어 놓은 틀에 저를 끼워 맞추는 데 급급했습니다. 얼마 지나지 않아 내 소리를 잃어버린 채 나는 다른 사람의 소리를 듣기 시작했습니다. 아무도 내 이름을 불러주지 않았고, 저조차도 그랬습니다. 저의 심장은 멈췄고, 시선은 닫혔습니다. 그렇게 저는, 우리는 이름을 잃어버리고 유령이 되었습니다.

하지만 제게는 하나의 안식처가 있었습니다. 바로 음악이었습니다. 제 안에 작은 목소리가 들렸습니다. "깨어나 남준, 너 자신한테 귀를 기울여!" 그러나 음악이 저의 진짜 이름을 부르기까지는 오랜 시간이 걸렸습니다. 방탄소년단에 합류하기로 결심한 이후에도 많은 난관이 있었습니다. 믿지 않는 분들도 계시겠지만, 대다수 사람들은 우리가 희망이 없다고 생각했습니다. 그냥 포기하고 싶을 때도 있었습니다. 하지만 그 모든 것들을 포기하지 않은 것은 정말이지 행운이라고 생각합니다. 저는, 그리고 우리는, 앞으로도 이렇게 넘어지고 휘청거릴 것입니다.

방탄소년단은 지금 대규모 스타디움에서 공연을 하고 수백만 장의 앨범을 판매하는 아티스트가 되었지만, 여전히 저는 스물네 살의 평범한 청년입니다. 제가 성취한 어떤 것이 있다면, 그것들은 제 곁에 멤버들이 있어 주었고, 전 세계 ARMY분들이 저희를 위해 사랑과 성원을 보내 주었기에 가능했던 것입니다. 어제 실수를 했더라도 어제의 나도 나이고, 오늘의 부족하고 실수하는 나도 나입니다. 내일 좀 더 현명해질 수 있는 나도 나일 것입니다. 그런 실수와 잘못들 모두도 나이며, (그것들은) 내 삶의 우주를 가장 밝게 빛나게 하는 별자리입니다. 저는 오늘의 나이든, 어제의 나이든, 앞으로 되고 싶은 나이든, 제 자신을 사랑하게 되었습니다.

▶ 연사는 어린 시절 자신의 생각을 가둬 놓은 채 다른 사람들이 만들어 놓은 틀에 갇혀 살았으나 음악을 통해 내 소리를 듣게 되었고, 내면의 소리에 귀를 기울임으로써 아름다운 나를 발견하고, 비로소 자신을 사랑하게 되었다는 이야기를 얼거리에서 풀어가고 있다. 이것은 논증 수단으로서 예증적 사례이다.

밝히기	마지막으로 한 가지를 말하고 싶습니다. LOVE MYSELF 캠페인과 연계한 LOVE YOURSELF 앨범이 발매된 이후, 우리는 전 세계의 팬들로부터 인생의 시련들을 어떻게 극복했는지, 그리고 스스로를 어떻게 사랑하게 됐는지에 대해 중요한 메시지들을 듣게 되었습니다. 그런 이야기들은 우리의 책임감을 계속해서 상기시킵니다. 그러니 함께 한 걸음 더 나아가 봅시다. 우리는 우리 자신을 사랑하는 법을 배웠습니다. 그래서 저는 이제 여러분께 "자신에 대해 말해 보세요"라고 말씀드립니다. 저는 여러분 모두에게 묻고 싶습니다. 여러분의 이름은 무엇입니까? 무엇이 여러분의 심장을 뛰게 만듭니까? 여러분의 이야기를 들려주세요. 여러분의 목소리와 신념을 듣고 싶습니다. 여러분이 누구인지, 어디에서 왔으며, 피부색은 무엇이며, 성 정체성은 무엇인지, 스스로에게 말하세요. 스스로에게 이야기하면서 여러분의 이름을 찾고, 여러분의 목소리를 찾으세요.

▶ 밝히기에서 연사는 "자기 자신을 사랑하라"고 주장한다. 그리고 이 주장은 얼거리의 '예증적 사례'에 근거하고 있다. 본 스피치는 분류상 의례적 연설에 해당하며, 연사의 어릴 적 경험을 사례로 먼저 제시한 후 그것을 주장의 근거로 활용하는 귀납적 예증 논증 방식으로 진행되고 있다.

마무리	저는 김남준이며, 방탄소년단의 RM이기도 합니다. 아이돌이자 한국 작은 마을 출신의 아티스트입니다. 다른 사람들처럼 많은 실수를 하며 살아왔고, 단점도 많으며, 오히려 더 많은 두려움도 가지고 있습니다. 그래도 이제는 저 자신을 온 힘을 다해 끌어안고 천천히, 그저 조금씩 사랑하려 합니다. 당신의 이름은 무엇입니까? 여러분 자신을 말하세요. 감사합니다.

▶ 연사는 지금까지의 말한 메시지를 위와 같이 세 단락의 구문으로 다시 요약하면서 스피치를 마무리하고 있다. 이미 밝히기에서 충분한 주장을 했으므로 마무리를 길게 가져갈 필요성은 적다는 점이 반영된 것이다. 만약 연사가 자신을 사랑함으로써 나타날 수 있는 개인적, 사회적 결과까지를 메시지에 담았다면 마무리는 훨씬 길어졌을 것이고 파토스 수단들도 더 많이 동원되었을 것이다.

3.
열린 스피치

열린 스피치는 들머리와 마무리 사이 본론 부분에 서사적 이야기가 배열되는 방식이다. 닫힌 스피치의 논증 영역이 열린 스피치에서는 이야기로 대체된다. 이를 다시 해석하면 열린 스피치에서는 주장, 논거, 입증, 반박이라고 하는 일반적인 논증 과정과 다르게 조건적 사례가 발단-전개-위기-절정-결말을 갖춘 실제적인 이야기로 확장되어 본론 부분에 배치되고 마무리에서 주장으로 제시된다. 그리고 때로는 그 주장에 대한 추가적인 논거가 마무리에서 덧붙여지기도 하는 형태이다. 그러므로 열린 스피치의 논증 방식은 닫힌 스피치와는 다른 관점에서 생각해야 한다.

이를 위해서는 극적(劇的)인 장르 구조를 이해할 필요가 있다. 영화, 소설과 같이 사건을 스토리로 구성해가는 서사적 형식들은 이야기의 결말에 이르러 사람들에게 핵심적 메시지를 드러낸다. 그것은 교훈이기도 하고, 주장이기도 하다. 그 이전까지의 과정은 메시지의 효과를 극대화하기 위해 설계한 다양한 극적 장치들의 실행이다. 그리고 그러한 장치들을 만들어 내는 소재 중 하나가 어떤 사건을 사람들의 감정이입과 몰입에 적합한 이야기로 재구성하여 나타내는 것이다.

맥루한에 따르면 스피치는 정보의 세밀도가 낮아서 청중의 인지적 노력이 필요한 쿨 매체(cool medium)로 분류된다. 그래서 이야기 형태의 스피치는 정보의 세밀도를 높여 스피치를 좀 더 핫 매체(hot medium)에 가깝게 위치시키는 것이라고 할 수 있다. 논리적 타당성을 해석하는 인지적 수고를 덜어내고 서사적인 이야기 방식으로 정보의 세밀도를 높여 청중의 의식을 일정한 흐름에 편입시켰다가 마무리에서 그것을 다시 주장이라는 형태로 환기하는 극적인 형태가 열린 스피치의 논증 기법이다.

또 다른 관점에서 보면 열린 스피치는 이야기 이미지를 주장으로 변환시켜 설득력을 높이는 논증 방식이기도 하다. 청중에게 장면들을 보여 주듯 그려내는 이미지 효과는 현대 퍼블릭 스피치의 시대적인 요구이다(Miller). 이런 점에서 열린 스피치가 취하는 논증은 이야기를 통해 구축된 생동감 있는 이미지 세계를 마무리에 이르러 논증의 세계로 전환함으로써 전략적으로 보다 강렬한 설득력을 확보하고자 한다. 그래서 주로 지성(知性)에 의존하고 추상적인 모습을 하는 닫힌 스피치와 달리 열린 스피치는 감각에 의존하고 사실적이며 묘사적이다. 파토스 설득 수단이 폭넓게 작용하며 문예적 장르 구조들이 개입한다. 메시지를 받는 것이 아니라 메시지가 들려지고 청중의 머릿속에서 그려진다. 그러므로 청중의 정서적 요소를 중요시하며 메시지가 서사적인 흐름을 따라 진행되므로 닫힌 스피치와 다르게 설득이 우회적으로 이루어진다. 이는 설득적인 핵심 메시지가 마지막에 결론과 함께 나타나므로 그만큼 반감을 일으킬 여지가 적어진다는 것을 의미하는 것이기도 하다.

이와 같은 특성상 열린 스피치에서 청중은 능동적인 위치에서 참여적으로 메시지를 수신한다고 말할 수 있다. 연사와 청중의 심정적 관계가 수평 병렬적인 관계를 유지하게 되고, 청중이 수동적인 설득의 대상으로 인식되기보다 연사와 메시지를 함께 공유하면서 목적지를 찾아가는 설득의 동반적 대상으로 인식된다. 그래서 메시지의 전개가 초점(focus)이 아닌 흐름(flow)에 맞춰지며 주장에 도달하기 위해 서사적으로 접근하는 형태를 유지하기 때문에 필연적으로 귀납적인 전개 방식을 가지게 된다.

한편, 열린 스피치는 스피치에 대한 흥미를 고조시키고 청중의 메시지 몰입도를 높여 주는 장점이 있다. 반면에 커뮤니케이션 작용의 형태가 동적인 감각에 의존하고 있어서 자칫하면 핵심 메시지를 놓칠 수가 있고 알맹이 없는 이야기로 끝나 버릴 수도 있는 위험성을 단점으로 내포한다. 그러나 일상의 미디어적 감각에 익숙한 현대의 복합적인 청중에게 이성적 추론만을 강조하는 스피치는 설득력이 떨어질 수 있다는 점에서 열린 스피치는 중요한 의미를 가진 스피치 전개 방식이다.

열린 스피치는 사례형 토포이의 전형적인 스피치 형태이다. 자체가 논증을 위해 고안된 아이디어다. 그래서 아이디어 개발과 논증에 집중했던 닫힌 스피치와 달리 열린 스피치에서는 주제에 적합한 사례를 찾는 일과 그 사례를 얼마나 극적으로 엮어낼 수 있는가 하는 구성의 문제, 그리고 실행이 중요한 요소로 등장한다. 특히 구성과 관련해서는 '허용되는 과장의 범위', '장면의 전환'에 대한 이해가 새롭게 필요하다.

본 장에서 이미 언급했듯이 열린 스피치는 '드라마식'과 '내러티브식'으로 구분한다. 전자는 이야기 자체를 객관적인 시각에서 그대로 구연하는 것이고, 후자는 이야기 진행 과정에 연사가 개입하여 특정 상황에 대한 해석이나 그 상황에 대한 연사 또는 주인공의 감정을 덧붙여 드러냄으로써 이야기에 생동감을 더하는 스피치 형태이다.

이하에서는 먼저 닫힌 스피치를 기본 토대로 하는 들머리와 마무리가 열린 형태에서는 어떤 방식으로 구현되는지를 보고, 열린 스피치에서 보다 중요한 사례를 찾는 일, 이야기의 구성과 관련한 몇 가지 문제들에 대한 이해, 그리고 드라마식과 내러티브식의 구분과 차이 등을 차례로 살펴보기로 한다.

3.1 들머리와 마무리

닫힌 스피치의 들머리가 논증에 들어가기 전 청중의 흥미와 관심을 끌어오는 역할을 지배적으로 수행한다면, 열린 스피치의 들머리는 후술하는 '장면의 전환'을 거쳐 스피치가 이야기 사례로 원활히 진입하도록 안내하는 역할을 한다. 이런 점에서 열린 방식의 들머리를 포석(布石)에 비유할 수 있다. 연사는 들머리에서 관심 사안을 나타내며 주제를 암시하는 메시지를 언급하거나, 자신의 감정 상태를 적극적으로 드러내 그 원인에 대한 궁금증을 촉발하며 청중을 완충지대인 장면의 전환 국면으로 연결한다. 그럼으로써 청중은 그 신호를 따라 이뤄지는 일련의 과정을 유연하게 수용할 수 있게 되고 그것은 이야기의 몰입감으로 이어진다. 즉 열린 스피치에서 들머리는 무엇에 대한 주제를 내용으로 스피치를 실행하려고 하는지를 암시하면서 그와 관련한 사례나 사건이 있을 것이라는 점을 청중으로 하여 금 짐작하게 한다. 또 주제를 전혀 암시하지 않고 연사가 스스로 내 보이는 어떤 감정 상태에는 당연히 원인이 되는 사건이 있어서라고 추측하게 하는 방식으로만 들머리를 구성할 수도 있다. 이때는 주제 가 마무리에서 주장과 함께 드러난다.

하지만 들머리가 반드시 위에서 기술한 내용만으로 구성되는 것 은 아니다. 위와 같은 들머리 방식들은 유용한 기법 중 하나이므로 특별히 적시한 것일 뿐, 실제 연사가 열린 형태로 스피치를 하고자 할 때는 이야기 사례에 적합한 들머리를 스스로 다양한 각도에서 탐 구하고 그것을 포착해야 한다. 그리고 이때 들머리는 장면의 전환을 포괄하는 사항이므로 스피치가 이야기와 유연하게 연결되도록 하는 것이 중요하다는 점을 기억할 필요가 있다. 이는 마무리에서도 마찬 가지이다.

열린 스피치의 마무리는 닫힌 방식의 그것보다 좀 더 복잡한 구조 를 가진다. 닫힌 스피치에서는 이미 완료한 논증을 마무리에서 요약 재강조하는 것이기 때문에 어느 정도 정형화되어 있다. 하지만 열린 스피치에서는 마무리가 일정한 단계를 거친다. 우선 이야기가 끝나 면 그것의 의미나 교훈 등을 밝히는 작업이 선행되어야 한다. 마무 리의 장면 전환에서 그것이 이루어진다. 그래야 그로부터 주장을 도 출할 수 있고, 이때 주장과 함께 주제가 명확히 드러나게 된다. 또 열 린 스피치에서는 주장을 제시하는 것으로 스피치가 종료되기도 하 지만 다시 그 주장을 강조하기 위한 닫힌 스피치 형태의 논증이 추가 될 수도 있다. 레토릭적 논증 방식으로 주장을 탄탄하게 보완할 필요가 있을 때 그렇다. 이처럼 열린 스피치에서는 이야기의 성격, 그것이 함의하는 주제에 따라 마무리가 유연한 방식으로 운용된다. 그래서 마무리 메시지를 어떻게 구성하고 처리해야 한다는 방법론적 이해는 일률적으로 기술하기가 쉽지 않다. 위 기술한 단계적 마무리를 토대로 여러 유사한 예들을 참고하여 연사 스스로가 스피치 성격에 맞게 구상하고 찾는 수밖에 없다.[50] 이와 관련해서는 본 장 '장면의 전환'에서 구체적인 사례들을 놓고 다시 보기로 한다.

3.2 사례 찾기

사례는 이야기의 원천이 되는 사건이나 경험으로써 그 자체는 하나의 사실이다. 재료를 이용하여 요리를 만들듯 연사는 사례를 이용하여 이야기를 만든다.

사례는 이미 일어난 일이기 때문에 새로이 개발할 성질의 것이 아니라 찾아내는 것이다. 문제는 어디에서 어떻게 사례를 찾을 것이냐이다. 또 그렇게 찾은 사례가 주제와 주장에 과연 적합한지도 따져야 한다. 나아가 사례를 이야기로 펼쳤을 때 과연 청중이 흥미를 갖고 몰입할 수 있을 정도로 스토리 흡인력이 충분한가 하는 문제도 사례 찾기에서 고민해야 할 사항이다.

경험·사건 사례 찾기는 먼저 연사 자신의 경험에서 시작한다. 경험보다 설득력 있는 사례는 없다. 청중에게 내가 직접 겪은 사례는 가장 신선한 예증이기도 하다.[51] 그러나 개인의 경험에는 한계가 있다. 만약 주제에 합당한 연사의 경험이 부재하면 이제 연사는 평소 다양한 사람들과의 관계 속에서 얻은 타인의 경험에 눈을 돌려야 한다. 하지만 연사 자신의 경험에서 채굴한 사례와 타인의 경험에서 채굴한 사례는 실재성 등에서 다른 차이를 보인다. 연사가 직접 보고 듣거나 경험한 일은 상황별 묘사와 감정선이 청중에게 더 사실감 있게 전달된다. 그래서 타인의 경험을 전달하는 것보다 실재성이 뛰어나지만 주제마다 그에 맞는 사례를 연사 자신의 경험에서 끌어와야 한다는 어려움이 있다. 반면에 타인의 경험은 연사 자신이 느끼고 겪은 사건이 아니라는 점에서 연사의 경험적 사례보다 실재성은 떨어지지만 표본이 풍부하여 사례발굴에는 용이하다. 결국 타인의 경험보다는 연사 자신의 경험이 퍼블릭 스피치에서는 더 높은 실재성이 있고, 효과성 측면에서도 연사 자신의 경험 사례가 설득력 확보에 유리하다고 말 할 수 있다. 그러나 타인의 경험 사례라도 그 구성이 청중을 몰입시키기에 충분하다면 반드시 연사의 경험에만 의존할 필요는 없을 것이다.

주제를 단편적으로 보여 주는 일련의 사회적 사건 또한 사례 찾기의 한 방법이다. 사회적으로 어떤 사건이 기사화되거나 구성원들이 공통적으로 관심을 보이는 사안이라면 그 사건은 어떤 주제나 메시지를 품고 있는 좋은 사례가 될 수 있다. 따라서 연사는 평소 언론 기사, 사회적 시사 문제 등에 대해서도 관심을 기울일 필요가 있고, 그 이외에도 사이버 공간에 업로드되어 있는 이용자들의 수많은 경험적 정보, 잡지나 단행본과 같은 텍스트 자료 등 다양한 원천 경로를 통해서도 사례를 찾는 능력을 길러야 한다.

스토리 흡인력 사례 찾기는 곧 사례형 토포이의 발굴을 말한다. 그러므로 토포이 발굴 과정에서 유의해야 할 보편성, 적합성, 실재성, 서사성은 사례 찾기에 그대로 적용된다. 다만 스토리 흡인력에 대해서는 그것을 서사성과 연계하여 좀 더 살펴볼 필요가 있다.

서사성은 발단, 전개, 위기, 절정, 결말을 보여 주는 구조의 역동성을 의미하지만 다른 관점에서 그것은 스토리의 흡인력이라고 할 수 있다. 그리고 흡인력은 청중의 스피치 몰입 수준을 결정하는 구성의 극적 정밀도를 뜻한다. 결국 사례 찾기에서 스토리 흡인력은 그 사례가 가지고 있는 극적인 전개 가능성의 정도로 귀결이 되는데 그것은 보통 다음과 같은 두 가지 요소로 가늠된다.

첫 번째는 스토리의 긴장감이다. 변수를 촉발하는 다양한 인물이나 작은 사건들이 사례 안에 촘촘히 들어 있을수록, 그리고 사례 내에서 인물들이 서로 대립적 구도를 유지할수록 이야기 구성 시 긴장감이 커진다. 그러므로 연사는 사례를 찾을 때 위와 같은 요소들의 극적 긴장감을 충분히 담고 있는지를 검토할 필요가 있다.

두 번째는 반전이다. 사례는 그 속에 이야기의 반전을 품고 있을수록 흡인력이 커진다. 반전은 이야기를 극한의 상황으로 치닫게 하다 예상치 못한 순간에 해소하는 정화(catharsis) 장치로써 긴장감과 함께 청중의 스피치 몰입을 유도하는 극적 기제이다. 이야기가 누구나 예상하는 평범한 순서로 흘러가는 사례는 청중의 흥미를 끌지 못할뿐더러 예증으로서의 역할을 기대하기도 어렵다. 그러므로 가급적 반전 요소가 있는 사례, 생각지 못한 사건의 등장과 같이 청중의 몰입과 흥미를 불러올 수 있는 사례를 찾는 것이 중요하다.

3.3 이야기 구성과 추론

열린 스피치에서 이야기가 얼마나 짜임새 있고 풍성해지느냐는 각각의 사실들로부터 연사가 추론해 낼 수 있는 도출의 양에 달려 있다. 이야기는 추론을 통해 사례를 서사적 구조로 풀어가는 문제이므로 기본적으로 그에 대한 이해가 선행되어야 한다. 기억해야 할 점은 이때 추론은 닫힌 스피치 형태라면 '논증적 추론'을 의미하겠지만 열린 스피치 형태에서는 그것이 사례를 이야기로 확장해 가는 '서사적 추론'을 의미한다는 것이다.

일반적으로 읽기 과정에서 추론은 읽는 사람이 자신의 경험과 배경지식 등을 활용하여 글 이면에 숨은 메시지의 의미를 메워가며 이해하기도 하고 재구성하는 것을 말한다. 이를 말하기라는 맥락에서 이해하면 추론은 「주어진 사실 또는 사안으로부터 새로운 사실이나 결론을 찾아가는 과정에서 메시지의 보강 및 실질적 의미 해석과 재해석, 그로부터 파생하는 합리적이고 가능한 해설을 포괄하는 사고 유형」이라고 할 수 있다. 그리고 이것을 열린 스피치의 사례에 한정하게 되면 추론은 주어진 사실 정보를 바탕으로 그것을 이야기로 구성해 나가는 메시지 생산의 문제가 될 것이다.

〈그림 5〉는 이상적으로 완성할 수 있는 스피치의 전체를 100이라는 공간으로 가상 설정한 '스피치 테이블 모형'이다. 음영의 짙은 공간에는 주어진 사실 정보 10개가 들어 있다고 가정했다. 비어 있는 여백은 연사가 사실들을 토대로 추론을 통해서 채워가야 할 공간이다.

우리는 모형에서 세 가지를 알 수가 있다. 하나는 사실 정보가 많을수록 추론 공간의 수가 적어지므로(스피치 여백이 적어지므로) 사례를 찾을 때는 가급적 정보를 많이 수집하는 것이 유리하다는 점이다. 다른 하나는 비어 있는 추론 공간이 많이 채워질수록 메시지 구성이 촘촘해지며, 마지막은 위 테이블 모형으로 연사의 언어적 사고 능력을 가늠할 수 있다는 사실이다. 흔히 "말을 잘한다"라고 하면 그것은 위와 같은 사고 행위로서 추론 능력이 뛰어나다는 것을 의미한다.

그런데 아래 모형도는 반드시 열린 스피치의 이야기 구성에만 국한하는 것은 아니다. 열린 스피치 이야기 구성과 관련한 지점에서 스피치 모형을 설명하는 것이 개념 접근에 용이하기 때문에 본 장에서 다루는 것이다. 스피치 모형도는 퍼블릭 스피치, 실용 스피치, 나아가 개인 간의 대화까지도 아우르는 말하기 일반의 문제이다.

〈그림 5〉 스피치 테이블 모형

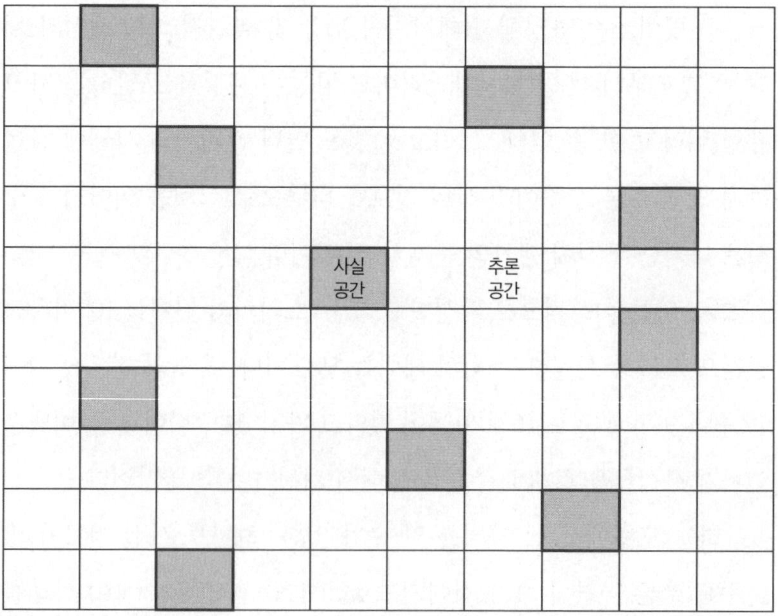

먼저 닫힌 스피치의 시각에서 모형을 이해하면 사실 공간에는 주장이나 전제 사실이, 추론 공간에는 그것을 논증하는 논거 등이 채워질 것이다. 그리고 열린 스피치의 시각에서 모형을 이해하면 사실 공간에는 사례 또는 사례와 관련된 정보들이, 추론 공간에는 사례를 완성하는 보강 메시지 또는 사례 범위 내의 합리적이고 가능한 연계적 추론 정보들이 채워질 것이다. 또 그것이 쇼 형식의 토크, 대화, 토론·토의, 상담과 같은 영역이라면 사건, 현안(사안), 주제 또는 화젯거리가 사실 공간에, 그리고 그와 관련한 커뮤니케이션 참여자 간의 질문과 대답이 추론 공간에 채워진다.[52]

추론을 다른 관점에서는 메시지의 확대로도 이해할 수 있다. 다만 그 방법에 있어서는 퍼블릭 스피치, 대화 및 실용 스피치 사이에 차이가 있다. 퍼블릭 스피치는 주제, 사실, 사건, 행위, 주장, 기타 정보들을 해석 또는 설명하거나, 그것들로부터 새로운 사실을 도출하거나, 그것들을 뒷받침할 타당한 메시지를 구축하는 방식으로 스피치를 확대시킨다. 즉 정보의 위치를 중심으로 직선적인 형태를 유지하면서 메시지가 여백들을 채워가는 선(線)의 개념이다. 반면에 대화 및 실용 스피치는 주로 정보에 대한 궁금증, 문제점, 진위, 메시지에 대한 정서적 참여, 정보의 오락적 변형 등 참가자들이 쌍방향적으로 메시지를 주고받으면서 스피치 여백을 채워 가는 면(面)의 개념이다. 그러므로 퍼블릭 스피치는 대체로 본래적 의미의 추론에 가까운 확대라고 할 수 있고, 대화 및 실용 스피치는 그 확대의 성격이 메시지의 양적 확대에 가깝다고 말할 수 있다. 이런 점에서 퍼블릭 스피치는 정보를 훼손하지 않으면서 그로부터 연속선에 있는 메시지를 끌어내는 추론 능력, 대화 및 실용 스피치는 정보를 확대하는 연결점을 찾아내거나 정보를 우회·변형시키는 언어적 역량에서 개인의 스피치 능력이 결정된다고 말할 수 있다.

3.4 범위와 전환의 문제

이야기 전개를 중심으로 하는 열린 스피치에서는 그 특성상 메시지 구성 과정에서 연사가 반드시 숙고해야 할 사항들이 있다. 하나는 이야기의 일탈 범위, 즉 '허용되는 과장의 범위'에 대한 문제이다. 개인 간에 어떤 사건이나 경험을 이야기할 때도 흔히 그렇듯이 말이란 다소간의 과장을 동반하기 마련이다. 이는 열린 스피치에서도 마찬가지이다. 연사가 사례를 이야기로 엮을 때 보도기사처럼 사실만을 건조하게 전달할 수는 없다. 그러한 방식은 스피치에서 바람직하지도 않을뿐더러 오히려 이야기 방식의 스피치는 사례를 중심으로 이야기를 확장하는 문학적 형식이 요구된다.

그렇다고 사실 자체를 왜곡시킬 만큼 이야기를 확대하는 것도 허용하지 않는다. 퍼블릭 스피치는 주장과 논거의 옳음을 대명제로 하기 때문이다. 이처럼 열린 스피치는 속성상 확대가 불가피하면서 동시에 일정한 경계를 요구하므로 이에 대한 이해가 필요하다.

다른 하나는 '장면의 전환'이다. 열린 스피치는 크게 두 지점에서 장면이 전환된다. 들머리에서 스피치가 이야기로 넘어갈 때, 이야기가 끝나고 스피치가 마무리로 돌아올 때가 그렇다. 스피치는 기계적인 영상과 달리 장면 전환이 자유롭지 못하다. 전환 지점에서 연사가 청중을 일정한 지점으로 불러들이는 수동적인 스위치 방식을 선택한다. 전환이 자연스럽지 못하면 전체적으로 스피치 흐름이 투박해진다. 그러므로 청중이 스피치 전환을 이야기의 연속선에서 자연스럽게 받아들일 수 있도록 조율하는 능력에 대한 이해 역시 열린 스피치 방식에서는 필요하다.

허용되는 과장의 범위　이야기는 사례를 토대로 만들어진다. 거칠게 모여 있는 사례를 하나하나 풀어 가면서 상황에 맞도록 꾸미고 첨삭하면서 완결된 하나의 이야기로 완성한다. 그래서 사례 그 자체는 과장이 허용되지 않는다. 사례는 이야기의 기본 뼈대가 되는 사실이기 때문이다. 따라서 사실을 과장하게 되면 왜곡이 되고 허위가 된다. 문제는 사례를 근거로 또 다른 사실을 추론하거나 사실을 다른 관점에서 해석할 때, 본래의 사실 및 추론 사실을 근거로 감정 상황 등을 나타내고자 할 때 이야기 구성의 허용 가능한 한계가 어디까지냐 하는 것이다. 이처럼 추론의 허용 범위와 일탈은 열린 스피치가 고려해야 할 주요한 사항 중 하나이다.

이에 대한 이해를 위해서 성경의 '혈루병 여인의 치유(막 5:25~34)' 사례를 예로 들면서 설명하고자 한다. 사례는 이렇다.

12년 동안 혈루병으로 고통받아 온 어느 여인이 있었다. 치료하고자 백방으로 노력하였으나 재산만 허비하고 오히려 병이 중해졌다. 여인은 예수가 온다는 소문을 듣고 그의 옷자락만 만져도 자신의 병이 나을 것이라 생각했다. 예수를 둘러싸고 있는 군중을 헤집고 들어가 여인은 옷자락을 만진다. 예수는 옷자락을 만진 이가 누구냐고 묻는다. 제자들은 에워싼 군중들이 밀치고 부딪힌 것이라고 대답한다. 여인이 예수께로 나아가 고백한다. 예수는 여인의 구원을 선언한다.

〈표 9〉 허용 범위와 일탈

허용 범위			일탈
사실	합리적 추론	가능한 추론	임의적 추론
12년 혈루병을 앓은 여인	심적 고통	인간관계의 어려움	개인의 신상
치료 노력과 병의 심화	재정 상태	사람 됨됨이	사회적 위치
옷자락을 만짐	믿음과 의지	옷자락 부위	만진 횟수
예수의 물음	믿음 시험	예수의 책망	답변한 제자
여인의 고백	응답과 용기	여인, 군중의 생각	군중의 행동
구원의 선언	구원의 방식	율법의 그릇됨	여인의 행동

〈표 9〉는 이해를 쉽게 하기 위해 사례를 토대로 이야기를 전개할 때 허용 가능한 범위를 표로 풀이한 것이다. 연사의 경험과 같이 실제 보고 들은 사례에서는 주어지는 사실 정보들이 월등히 많을 것이다. 그래서 확대 추론할 수 있는 범위 또한 훨씬 넓어진다. 그럼에도 성서에 기록된 단편적인 사례를 예로 드는 이유는 과장의 허용 범위에 대한 문제는 단순히 이야기의 범위를 넓히는 사안이 아니라 연사의 스피치 사고 능력에 관한 일반적인 문제를 다루는 핵심적인 사안이기 때문에 스피치 여백이 많은 성서 사례를 예로써 선택한 것이다.

위 표에서 '사실'은 사례가 있었던 그대로를 우리에게 보여 주는 내용들이다. 앞에서도 기술했듯이 사실은 변형이 불가능하다. 만약 사실을 왜곡하거나 변형하면 그것은 허용 범위를 일탈하는 것이므로 사실은 반드시 허용 범위 안에서 원래의 모습을 유지해야 한다.

'합리적 추론'은 사실을 근거로 누구라도 추론할 수 있는 사항을 담는다. 위 예에서 12년간 혈루병을 앓아 왔다는 사실로부터 사람들은 그 여인이 오랫동안 육체적 고통뿐만 아니라 마음의 고통까지도 견디며 살아왔다는 것을 알 수 있다.[53] 그래서 혈루병을 앓아 온 여인의 심적 고통을 연사가 이야기하는 것은 합리적인 추론이며 허용이 가능한 과장의 범위에 위치한다.

'가능한 추론'은 합리적 추론보다는 정확성이 떨어지나 그것들로부터 추론을 하더라도 이야기에 대한 청중의 신뢰가 훼손되지 않는 추론으로써 이것 역시 허용 가능한 범위 내에 있다. 같은 예에서 혈루병에 시달려 온 여인이 건강한 일반 사람들과 똑같이 보통의 일상적인 인간관계를 유지하면서 생활해 왔다고 한다면 그것이 오히려 비상식적이다. 육체와 마음의 병약 상태, 계율 등으로 인하여 가정, 친구나 이웃, 친인척 등 여인의 사회적인 관계가 지극히 한정적이고 고립적이었다고 말하더라도 그 추론이 이야기의 신뢰성을 훼손시킬 우려가 없다.

그러나 '임의적 추론'은 확인되지 아니한 사실을 연사가 근거 없이 지어내거나 상식에서 벗어난 비합리적인 추론으로 이야기를 왜곡시키는 허용된 범위 밖의 일탈이다. 혈루병 사례는 우리에게 그녀가 가버나움 여인인지 거라사인의 어느 동네 사람인지, 나이는 얼마나 되었는지, 결혼은 하였는지 등 신상을 알 수 있는 정보를 제공하고 있지 않다. 그러한 정보들을 다른 문헌이나 증언, 당시의 시대적 상황 등을 근거로 가능한 추론 내에서 이야기하는 것은 가능하다. 이를테면 여인이 만진 예수의 옷자락 부위가 어디인지 사례는 직접 기록하고 있지 않다. 그런데 겉 옷자락 네 귀에 술을 만들고 자주색 끈을 달라는 하나님의 명령(민수기 15.37-40) 이래 유대사회에서 술을 만지는 것은 치유와 구원의 상징적인 행위(마르 6.53-56)였다. 그러므로 그 사실을 근거로 혈루병 여인이 만진 예수님의 옷자락은 술이었다고 이야기하는 것은 허용된 범위 내의 가능한 추론이다. 이렇게 추론을 뒷받침하는 합당한 근거가 없음에도 연사가 임의로 여인의 신상을 마치 근거가 있는 사실처럼 말한다면 그것은 허용 밖의 일탈이될 것이다.

옷자락을 만진 이가 누구냐는 예수의 물음을 놓고 이야기의 허용범위와 일탈에 관한 문제를 더 살펴보기로 한다.

예수의 물음은 여인에 대한 믿음의 확인이라고 할 수 있다. 치유받은 여인이 누구인지 정말 궁금해서 예수가 누구냐고 물었다고 생각하는 사람은 없을 것이다. 이는 옷자락만 스쳐도 나을 것이라는 믿음으로 행동한 그 여인이 피를 쏟는 부정한 몸으로 예수의 옷자락을 만진 불경한 행위를 "제가 하였습니다"라고 군중과 예수 앞에 고백할 수 있을 만큼 믿음이 확고한지를 증거하라는 예수의 명령이자 시험이기도 하다. 이는 '합리적인 추론'이다.

옷자락을 만진 이가 누구냐는 예수의 물음과 관련한 '가능한 추론'의 하나로는 예수의 물음이 제자들과 군중에 대한 간접적인 책망이라는 점을 생각할 수 있을 것이다. 제자들은 모든 것을 버리고 예수를 따르고 있다고 하지만 군대 귀신의 돼지 떼 사건을 보고 오는 길임에도 예수의 능력을 믿지 못하였다. 오히려 "사람들이 이처럼 몰려와 예수님을 에워싸고 밀치는데 누가 옷자락을 만졌느냐"고 묻는 것이 과연 타당하냐고 되묻는다. 제자들은 본질을 깨치지 못하고 있었다. 그리고 소문을 듣고 몰려온 군중들은 앞다퉈 예수에게로 몰려와 옷자락을 만지며 은총을 구한다고 아우성을 쳤지만 정작 혈루병을 앓고 있는 여인만이 치유를 받았다. 이 사실은 열광하는 그 많은 군중 누구에게서도 예수는 참된 믿음을 발견 못 하였던 것이라고 생각할 수 있다. 그래서 예수의 물음은 여인으로 하여금 제자들과 군중에게 자신을 드러내어 믿음을 증거토록 함으로써 간접적으로 그들을 책망하면서 스스로를 돌이켜 깨닫도록 하기 위한 행위라는 추론이 가능해진다.

종합하면 사례가 가지고 있는 사실 자체, 그 사실로부터 일차적으로 생각할 수 있는 합리적 추론, 그것들로부터 좀 더 멀리 나아가 유추할 수 있는 가능한 추론은 허용된 과장의 범위 안에 있다. 그러나 확인되지 아니한 사실, 연사가 근거 없이 지어내거나 상식에서 벗어난 비합리적인 추론들은 이야기 구성이 허용되지 아니하는 과장의 허용된 범위 밖에 위치하는 일탈이다. 그러므로 연사는 범위의 한계선을 언제나 면밀하게 분석하며 메시지를 구성할 필요가 있다.

장면의 전환 스피치에서는 전개의 통일성이 필요하다. 통일성은 내용적으로는 메시지가 일관되어야 하고, 형식적으로는 스피치 단락들을 유연하게 연결할 때 확보된다.

'메시지 일관성'은 연사가 청중에게 전달하고자 하는 주제와 그에 따른 주장이 서로 연관성 있게 전개되는 것, '단락의 유연성'은 연결되는 구문 단락들이 자연스럽게 이어지는 것을 의미한다.

스피치의 통일성은 닫힌 스피치보다는 열린 스피치에서 더 신중히 고려해야 할 문제이다. 닫힌 스피치는 자체가 논리적인 구조로 짜여 있어서 전개 과정이 비교적 통일적이다. 그러나 열린 스피치는 본론 부분에 이야기가 배치되고 그로부터 들고 나가는 전후 단락이 다소간 이질적이어서 연결이 유연하지 못할 경우 통일성을 해칠 우려가 있다. 그래서 단락의 유연성은 열린 스피치의 전체적인 통일성을 지지하는 요소라고 할 수 있다.

열린 스피치에서 단락의 유연성은 다른 말로 스피치 장면의 유연한 전환을 뜻한다. 들머리로부터 이야기로, 그것이 끝난 후 마무리로 빠져나가는 일련의 흐름은 하나의 장면에서 다른 장면으로 넘어가는 과정이라고 볼 수 있다.[54] 우리가 영화에서 간혹 개연성 없이 낯선 장면으로 화면이 전환되는 것을 보면서 부자연스러움을 느낄때가 있다. 열린 스피치에서도 위 전환 지점들은 성격이 다른 장면으로 화면이 이동하는 시점인 셈이어서 스피치 흐름의 유연성을 고민할 필요가 있는 것이다.

들머리에서 이야기로 진입하는 장면의 전환은 두 가지 방식을 생각할 수가 있다. 하나는 청중을 이야기 속으로 자연스레 이끌어가는 유도(誘導) 방식이고, 다른 하나는 이야기의 시작을 직접 밝히는 고지(告知) 방식이다.

유도식은 들머리에서 어떤 사안에 대한 연사의 심경, 문제점이나 주제를 언급하면서 그와 관련한 이야기 속으로 청중의 시점을 돌려 연결하는 방식이다. 여기에는 일종의 장치가 필요한데, 연사 스스로 가 스피치의 성격이나 주제에 맞게 그것들을 개발해야 한다. 다만 다음과 같은 유사한 텍스트 등을 통해서 참고할 수는 있을 것이다.

〈예문 5〉

〈a〉 벌써 삼십 년이 다 되어 갑니다. 그해 봄부터 가을까지 외롭고 힘들었던 싸움을 생각해 보면 지금도 그때처럼 막막하고 암담해집니다. 어쩌면 그런 싸움은 살아가며 흔히 겪는 어떤 상태이고, 그래서 아직도 제가 거기에서 벗어나지 못하고 있기에 드는 생각인지도 모르겠습니다.

〈b〉 자유당 정권이 마지막 기승을 부리던 그해 삼월 중순이었습니다. 나는 그때까지 자랑스레 다니던 서울의 이름 있는 초등학교를 떠나 별로 볼 것도 없는 어느 작은 읍의 초등학교로 전학을 가게 되었습니다. 공무원인 아버지가 좌천을 당해 가족 모두가 그곳으로 이사를 갔던 것입니다. 그때 저는 열두 살에 갓 올라간 5학년이었습니다.

〈예문 5〉는 '유도식 장면 전환'에 대한 이해를 돕기 위해 이문열의 소설 《우리들의 일그러진 영웅》 도입 단락을 스피치 형태로 바꾸어 작성한 들머리이다.

〈a〉에서는 어떤 설명이나 배경이 없이 막막하고 답답한 감정 상태가 먼저 언급되고 있다. 이런 설정은 그 이유가 어떤 사건을 근거로 하고 있을 것이라는 예상과 함께 궁금증을 유발하면서 이제 그 이유에 대한 실마리가 되는 사건이 등장할 것이라는 신호 역할을 한다.

〈b〉는 들머리가 본론부의 이야기로 유연하게 넘어가도록 하기 위한 전환 장치이다. 본격적으로 이야기가 펼쳐지기 전, 청중의 의식을 삼십 년 전의 어느 시골 초등학교라는 공간으로 유도하고 있는 방식은 급격하게 스피치 장면이 전환되는 것을 방지하면서 서서히 본론부로 초점을 모아 가는 스피치 기법이라고 할 수 있다.

이와 같은 기법은 다음의 연설문에서도 동일하게 확인할 수가 있다.

<예문 6>

〈a〉 나는 세상에서 가장 행복한 사람이라고 자부합니다. 돈이 많고 빽이 좋아서 행복한 사람이 아닙니다. 또 좋은 대학을 나와 좋은 직장을 다니면서 멋진 아가씨와 연애를 한다고 해서 행복한 사람이 아닙니다.

나는 하루의 생활에서 기쁨을 찾고 땀 흘리는 노동 가운데 행복을 만끽하기 때문에 세상에서 가장 행복한 사람이라고 자부합니다.

〈b〉 내 나이 올해 스물여섯 살! 그러니까 이야기는 3년 전 대학 졸업반 시절로 돌아갑니다. 그날 밤 하늘에선 함박눈이 펑펑 내렸습니다.

〈c〉 망년회를 겸한 졸업식 파티에서 나는 미모의 여대생과 더불어 인사를 나눌 수 있었습니다. 보시다시피 제 얼굴이 5층에서 떨어진 메주댕이같이 엿장수 마음대로 생겼지만, 명색이 사나이 대장부라 순정은 있는 몸이고 보니 그로부터 우리 둘은 달콤한 사랑의 이야기로부터 시작해서 행복한 역사가 시작되었으니 흰떡 같은 아들 낳고 찰떡같은 딸을 낳아서 조청 같은 살림살이 알뜰살뜰 살아가자고 약속했던 나에게 청천벽력과 같은 일이 벌어지고 말았습니다.

- 심재천, 연설문(제목: 돼지 사장)에서 발췌, 1967, 문구 일부 수정

<예문 6>의 연사는 <예문 5>와 마찬가지로 자신이 지금 행복하다는 상태를 직접적으로 드러냄으로써 청중으로 하여금 행복한 이유

에 대한 무엇인가가 있을 것이라는 생각을 하게 만든다. 그리고 본격적인 이야기에 앞서 〈b〉를 이용하여 3년 전 함박눈이 내리던 어느 겨울밤으로 청중의 감각을 끌어간 다음, 〈c〉 이하에서 한 여대생과의 만남으로 시작되는 이야기를 시작한다. 이처럼 유도식은 청중의 의식을 어떤 국면으로 물 흐르듯이 끌고 가는 방식이다. 따라서 열린 스피치 형태 중에서도 드라마식에 더 적합하다고 볼 수 있다. 드라마식은 퍼블릭 스피치 중에서도 가장 극적인 형태를 갖춘 스피치 전달 방식이다. 영화나 드라마가 과거의 어떤 시점으로 영상을 오버랩시키면서 시청자의 의식을 부지불식간에 특정 공간, 특정 시점으로 옮겨 놓듯이 드라마식에서는 유도식 스피치 전환 장치가 그 역할을 담당한다. 다만 그와 같은 전환 장치를 구체적으로 어떻게 만드냐 하는 문제는 여기에서 예문을 통해 소개하고 있는 방식들을 참고하여 사례의 성격, 주제 등에 맞도록 연사 스스로가 그것들을 개발해야 할 것이다.

〈예문 7〉

〈a〉 오늘 세계 명문 대학 중 하나인 이곳 졸업식에 여러분과 함께하는 것을 영광으로 생각합니다. 저는 대학을 졸업한 사람이 아닙니다. 솔직히 말씀드리면 대학 졸업식에 이렇게 가까이 와본 것도 처음입니다.

〈b〉 저는 오늘 여러분께 제 인생에 관한 세 가지 이야기를 하려고 합니다. 맞습니다. 대단할 것 없는 그저 세 가지의 이야기입니다.

- 스티브 잡스, 스탠포드대 졸업식 연설, 2005

〈예문 7〉에서는 '고지식 장면 전환'이 나온다. 보는 것처럼 간략한 들머리 〈a〉를 지나 연사는 〈b〉에서 자신과 관련된 어떤 이야기를 하겠다고 청중에게 직접 알려 주고 있다.

다시 〈예문 6〉을 보기로 한다. "내 나이 올해 스물여섯 살! 그러니까 이야기는 3년 전 대학 졸업반 시절로 돌아갑니다. 그날 밤 하늘에선 함박눈이 펑펑 내렸습니다"를 고지 방식으로 바꾸면, "이제 제가 행복하다고 자부하는 이유에 대해 여러분께 이야기하고자 합니다. 3년 전 대학 졸업반, 함박눈이 내리던 어느 겨울밤이었습니다"라는 구문으로 고칠 수 있을 것이다. 또는 어떤 이야기가 전개될 수 있는 배경을 들머리 시작에서 밝힌 후 "샌프란시스코 어느 레스토랑에서 있었던 일이 생각이 나네요. 이제부터 그 이야기를 여러분께 해 볼까 합니다", "5년 전쯤 아내와 캠핑을 갔던 일이 생각납니다(또는 캠핑을 갔을 때 있었던 일입니다)" 등도 특별한 완충장치가 없이 어떤 사건을 직접 가리킨다는 점에서 고지 방식의 형태라고 할 수 있다. 이처럼 고지 방식은 장면이 전환될 것임을 직접적으로 청중에게 알려 주면서 이야기를 시작한다. 유도식이 구성 장치를 따라 청중의 의식 공간을 자연스럽게 이야기가 시작되는 배경으로 인도한다면 고지식은 어떤 이야기를 하겠다고 좀 더 분명하게 알리는 방식이다. 다시 말해, 유도식과 고지 방식의 가장 큰 차이는 장면을 전환할 때 청중의 의식을 어떤 국면으로 끌고 가느냐, 아니면 청중의 의식을 직접 깨워서 그곳으로 옮겨갈 것임을 알려 주느냐에 있다. 따라서 고지식에서는 전환에 필요한 구성 장치가 유도식만큼 치밀하게 요구되지는 않지만, 그렇다고 그것이 들머리로부터 이야기로 진입하는 장면이 부자연스러워도 좋다는 의미는 아니다. 또 장면의 전환은 고지 방식보다 유도 방식이 더 효과적이라고 말할 수 있겠으나, 고지식이 비효율적이어서 그와 같은 방식의 스피치 장면 전환은 타당하지 않다는 의미 또한 아님을 유의해야 한다. 이는 이야기 형식에 의존하는 열린 스피치의 극적 특성이라는 효과 측면에서 보면 유도 방식이 감정의 몰입에 더 유리하다는 점을 강조하는 것뿐이므로 연사는 스피치의 성격에 따라 어떤 방식의 전환이 유용한지 스스로 분석하고 판단하여 결정해야 한다.

<예문 8>

〈a〉 딸들이 어렸을 때 놀이동산에 함께 놀러 간 적이 있었습니다. 당시엔 내비게이션이 없어 지도를 보며 어렵게 놀이동산을 찾아가고 있었습니다. 뒷자리에 앉아 있던 두 딸은 "놀이동산에 가면 뭘 타고 놀까, 뭘 사 먹으면 좋을까"라며 마냥 즐거워했습니다. 지금 아빠가 놀이동산을 잘 찾아갈 수 있을지, 자신들이 사 먹고 싶은 것을 사 줄 돈은 있는지에 대한 걱정은 전혀 하지 않았습니다.

〈b〉 그 모습을 보면서 참 신기하다고 생각하는 순간, 하나님이 깨닫게 해 준 것이 있습니다. 내 믿음이 딸들의 믿음보다 작다는 것입니다. 천지를 만든 하나님을 향한 내 믿음이 길도 겨우 찾아가는 아빠를 향한 두 딸의 믿음보다 작았습니다. 딸들은 부족한 아빠를 믿는 믿음이 있었습니다. 그래서 아무 걱정 없이 마냥 기뻐할 수 있었습니다.

〈c〉 우리도 하나님을 향한 믿음이 있으면 항상 기뻐할 수 있습니다. 걱정은 전혀 없이 기뻐하기만 하던 딸들의 모습이 오히려 아빠를 뿌듯하고 기쁘게 했듯이 하나님을 향한 우리의 믿음은 그분을 기쁘게 합니다.
믿음에서 오는 기쁨을 누릴 뿐 아니라 믿음으로 하나님도 기쁘게 하며 사시기를 바랍니다.

- 국민일보, 손석일의 '겨자씨' 기고 글에서 발췌, 2019. 8. 16.

이야기가 마무리로 전환하는 국면에서도 전개의 통일성은 필요하다. 〈예문 8〉은 비록 짧은 산문이기는 하나 이야기가 마무리로 어떻게 넘어가고 있는지 그 구성 방식을 잘 보여 주고 있으므로 참고하기로 한다.

〈a〉는 차에 어린 딸들을 태우고 놀이동산을 찾아가는 이야기다. 이 단락을 열린 스피치의 이야기 부분으로 생각해 볼 수 있다. 〈b〉는 주장하고자 하는 핵심 메시지를 드러내기에 앞서 이야기가 주는 교훈 또는 이야기가 품고 있는 주제, 이야기에서 느낀 소회 등을 밝히는 부분으로써 마무리로 넘어가기 전 장면을 전환하는 완충 단락이다. 그리고 마지막 〈c〉는 그와 같은 메시지를 구체적인 주장으로 제시하는 부분이다. 들머리와 마찬가지로 〈b〉의 장면 전환과 〈c〉의 주장이 마무리가 된다. 일련의 과정을 다시 살펴보면, 개별적인 이야기 사례(a)로부터 일반 원리를 추출(b)하고, 그 원리를 최종적인 주장(c)으로 연결하는 방식임을 알 수 있다. 앞의 〈예문 7〉 스티브 잡스의 '스탠포드대 연설' 역시 〈예문 8〉과 같은 방식으로 마무리의 장면 전환을 구성하고 있다.

열린 스피치의 특성상 전개의 유연성은 청중의 몰입과 관련이 되고, 몰입은 곧 설득에 영향을 미친다. 그래서 장면 전환에 대한 좀 더 통찰력 있는 이해가 필요했고, 몇 가지 예문을 통해 세부적인 방식을 들여다보았다.

그런데 들머리에서 이야기로, 이야기에서 다시 마무리로 진행될 때 구성되는 두 국면의 장면 전환은 성격이 다르다. 앞의 국면은 스피치를 이야기로 진입시키는 메시지 흐름이고, 뒤의 국면은 그렇게 전개되어 온 이야기로부터 주장을 도출하기 위한 추론적 해석이다. 그러므로 전자는 유도 또는 고지라는 전환 방식의 틀 안에서 형식과 메시지가 일체적으로 나타나지만 후자는 이야기를 해석하는 구성의 틀은 유사하더라도 실제 추론된 해석 결과는 연사의 가치관, 세계관에 따라 다르게 나타날 수 있다. 같은 이야기라도 그것들에 따라 전혀 다른 해석이 도출될 수 있는 것이다.

3.5 열린 스피치의 형태

귀납적 방식에 기대고 있는 열린 스피치는 조건적 사례가 이야기로 전개되고 그로부터 연사의 주장이 제시되는 퍼블릭 스피치 형태임은 앞에서도 보았다. 열린 스피치의 핵심도 결국은 닫힌 스피치와 마찬가지로 연사의 주장과 논증에 있다. 다만 주장의 타당성에 대한 청중 설득의 방식이 추론식 논거가 아니라 하나의 사례가 본론 부분에 배치되어 이야기로 전개되고 그것이 주장의 타당성을 보여 주는 논거이면서 논증으로써의 역할을 수행하는 것이다. 그래서 열린 스피치는 이야기 구성과 전달 능력이 중요한 역할을 한다. 어떤 방식으로 그것을 구성하고 얼마나 생생하게 기교적으로 전달하느냐에 따라 설득의 강도가 달라질 수 있다는 것이다.

1) 드라마식(dramatic style)

일반적으로 사람들이 누군가에게 어떤 이야기를 전달하는 방식에는 두 가지가 있다. 그중 하나가 다른 설명이나 군더더기가 없이 객관적으로 있었던 이야기 자체의 흐름에 초점을 맞추며 전달하는 것이다. 이러한 방식은 서사적인 구조 속에서 다양한 플롯으로 장식된 이야기를 극화(劇化)하여 전달한다는 특징이 있다.

그런데 같은 사건이나 사례도 이야기를 하는 사람이 누구냐에 따라서 듣는 사람의 흥미와 몰입에 큰 차이를 보이는 경우는 흔한 일이다. 앞에서도 살펴보았지만, 그 차이의 원인은 '스피치 테이블'의 빈 공간을 매우는 언어적 추론 능력에 있다. 그리고 그 차이는 드라마식에서 가장 선명하게 나타난다. 그래서 드라마식에서는 연사에게 청중의 긴장과 몰입에 최적화한 형태로 이야기를 구성할 것과 효과적인 구연이라는 두 가지 사항에 집중할 것을 요구한다. 열린 스피치에서는 전반적으로 이야기의 구성과 전달 능력이 중요하지만 특히 드라마식에서 더 그렇다.

드라마식 전달을 위해서는 우선 압축된 사례를 발단-전개-위기-절정-결말 구조로 풀어서 하나의 이야기로 구성해야 한다. 구성 측면에서 보자면 이를 들려주는 소설구조 또는 단편 드라마나 영화를 이야기로 재구성하여 전달하는 구조라고 생각해도 그 이해는 적정하다. 사례가 얼마나 긴장감 있고 몰입감 있게 이야기로 펼쳐질 것이냐는 온전히 연사의 언어 추론 능력에 달려 있다.

연사는 이제 이야기를 가장 효과적으로 전달해야 한다. 그것은 생리적인 구연 능력이 좌우한다. 특히 드라마식에서 스피치 실행은 중요하다. 그것을 적절하게 구연하지 못하면 실패한 스피치가 되고 만다. 연사는 이야기의 전체적인 분위기, 각각의 이야기 상황에 맞는 언어·비언적 요소들을 적정하게 구사할 수 있어야 하고, 경우에 따라서는 등장인물의 직접적인 대사도 실제처럼 목소리 연기로 표현해야 한다. 목소리의 비언어적 사용에 대해서는 스피치 실행과 관련하여 자세히 다룬다.

흩어서 기술했던 드라마식의 특징이나 요소 등을 모아 이를 정의하고 그림으로 도해하면 다음과 같다.

드라마식은 연사의 해석적 개입을 배제한 채 주어진 사례를 해체하여 극적인 플롯으로 조직한 이야기를 본론부에 배치하고, 스피치의 마무리에서 이야기가 함의하는 교훈 등을 주장으로 제시함에 있어 이야기가 다시 주장에 대한 논거적 예증이 되는 상호 유기적 구조를 가진 스피치 방식으로써 〈그림 6〉과 같이 단순 모형으로 도해할 수 있다.

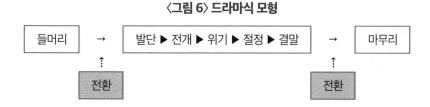

〈그림 6〉 드라마식 모형

2) 내러티브식(narrative style)

사람들은 누군가에게 어떤 사건을 이야기로 전달할 때 특정 상황들에 대한 부연 설명, 느낌, 해석, 상대방의 이해 여부나 감정 상태의 확인 등을 말하거나 묻는 행위를 동반하기도 한다. 이것이 이야기를 전달할 때 경유하는 두 가지 방식 중 다른 하나이다.

드라마식이 극적인 방식이라면 내러티브식은 이야기에 개입하여 특정 상황을 설명하고 해석하는 일종의 구술 다큐 방식이라고 할 수 있다. 드라마식이 극적인 이야기를 극적인 방식으로 구연하고 이를 토대로 주장과 의미를 산출하는 비교적 선명한 형태임에 반해, 내러티브식은 내러티브한 사고를 기반으로 한다는 점에서 훨씬 정밀한 스피치 형태라고 말할 수 있다.

내러티브 사고는 삶을 해석하는 데 있어서 우리가 경험한 사건, 지식, 의견 등을 총체적으로 통합시켜 주는 지배적인 인식의 틀이다. 그래서 내러티브 사고와 표현이라고 할 때 그것은 경험에 대한 의미 생산 능력, 상징화 노력, 나아가 주체적으로 시간을 재구성하는 능력을 전제로 하는 사고와 표현을 의미한다. 그러므로 이런 관점에서 보자면, 내러티브 스피치는 단순히 하나의 사건을 분해하고 보충하는 행위에 그치는 것이 아니라 이야기 속의 인물(character), 배경(setting), 사건(event)의 작용으로 이루어지는 상황들을 해석하고 핵심화(focalization)하여 그것을 재창조함으로써 청중을 설득에 이르게 하는 전략적인 스피치 기법이라고 할 수 있다.

내러티브식도 드라마식과 마찬가지로 사건과 장면을 중심에 놓고 이야기를 서사적으로 전개해 나가는 방식이다. 그래서 들머리와 본론부의 이야기, 마무리로 진행하는 과정이 기본적으로는 같다. 다만 요구되는 극적 엄격성에서 차이를 보인다. 내러티브식은 특성상 본론부의 이야기 전개가 연사의 설명과 해석을 동반하여 실행되기 때문에 반드시 극적인 방식으로 들머리 장면 전환이 이루어지지 않더라도 스피치 균형에 큰 문제가 없다는 점이 우선은 차이라고 하겠다. 이 점을 제외하고는 내러티브 스피치의 들머리와 마무리는 동일하나 가장 큰 차이는 바로 본론부 이야기 전개에서 나타난다.

다음의 예를 통해서 내러티브식 스피치의 구체적인 모습을 보기로 한다.[55]

<예문 9>

〈a〉 때때로 우리 모두는 방황합니다. "지금 내가 여기서 무엇을 하고 있는 걸까?" 제가 여기서 관심을 기울이는 것은 소명의식이 불확실하기 때문에 생기는 혼란에 대해서가 아닙니다. 나는 신학생들이 종종 자신이 부족하다는 느낌을 갖게 될 때마다 시달리는 무기력함과 고통에 대해서 말하려고 합니다……〈중략〉……만일 해야 할 것은 너무도 많은 데 가진 능력이 턱없이 부족하다고 느끼는 사람이 자신뿐이라고 생각한다면, 어리석은 것입니다. 교사들, 사회 활동가 그리고 경제학자들도 그런 고민을 합니다. 하지만 저는 바로 그런 여러분들께 관심을 가지고 있습니다.

〈b〉 우리의 진단이 온전한 것은 아닙니다만, 어떤 이야기에 귀를 기울여 보는 것이 어떨까 싶습니다. 이상하게 들릴지 모르겠지만, 이 이야기는 단순히 그 내용만 듣는다면, 핵심을 놓칠 수도 있습니다. 사실 어떤 점에서는 이 이야기가 전적으로 믿을 수 없는 것이기도 하고, 한편으로는 믿을 수 있을지도 모르겠지만…이야기를 들어보기도 전에 미리 실망할 필요가 뭐 있겠습니까?……〈마가복음 6장 30절~44절, 오병이어 사건 봉독〉

〈c〉 이 이야기는 우리가 어디에 있는지, 또 무엇을 기대하고 있는지를 깨닫게 해 줍니다. 그렇지만 이 이야기를 제대로 이해하기는 쉽지 않아 보입니다. 우리는 이 이야기를 오병이어의 기적이라고 불러왔으며, 예전에는 바로 그 자리에 교회가 세워졌지만 지금은 폐허만 남은 곳에 성지 여행 가이드를 따라서 가 보기도 합니다. 하지만 마가는 우리처럼 기적에는 관심을 보이지 않았습니다. 사실 마가는 그 떡과 물고기가 어떻게 되었는지를 말하고 있지 않습니다. 이제 이야기로 돌아가 봅시다.

〈d〉 여기 수많은 사람들이 예수 곁에 모여 있습니다. 예수께서 보시기에, 그들은 목자 없는 양 떼 같았으며 이리저리 방황하고 있었습니다. ㉠ 목자 없는 양 떼를 보신 적이 있습니까? 조지아 농장에서 울타리를 쳐놓고 키우는 열 마리 정도의 양들을 상상하지 마십시오. 로키 산맥 서쪽 태평양 연안 일대의 양 떼들을 봤다면 이해하기 쉬울 것입니다. 이 양 떼들은 먹이와 보호를 전적으로 양치기에게 의존합니다. 양치기와 개가 어디로 사라져버리면, 양 떼들은 밤새도록 두려움으로 "메에, 메에" 하고 울면서 헤매고 다니다가 위험에 빠지거나 심지어 죽기까지 합니다……〈중략〉……

그래서 제자들은 이렇게 말합니다. "이곳은 빈 들이요 때도 저물어가니 무리를 보내어 두루 촌과 마을로 가서 무엇을 사 먹게 하옵소서" ⓛ 이처럼 현실을 분별할 줄 알면서도 따뜻한 연민을 보이는 마음이 또 어디에 있겠습니까? 그들은 기독교 사회윤리에 기초한 책임과 사회적 행동의 가치를 분명히 알고 있었습니다.

하지만 예수께서는 다른 생각을 하고 계셨습니다. 아주 현실적인 제자들의 제안에 예수께서는 참으로 말도 안 되는 주문을 합니다. "너희가 먹을 것을 주라" 제자들은 어안이 벙벙합니다. 그래서 "우리가 가서 이백 데나리온의 떡을 사다 먹이리이까?" 하고 분통을 터뜨립니다. ⓒ 당시의 이백 데나리온은 여덟 달 임금에 해당되는 돈입니다. 제자들이 그 돈을 당장 어디서 구해 오겠습니까? 그때는 신용카드도 없었을 텐데요.

ⓔ 이러한 모습은 바로 우리의 모습이기도 합니다. 그렇지 않다고요? 우리에게 요구하는 것에 압도되어 있고, 우리 자신의 보잘 것 없는 능력에 주눅이 들어 있지만, 그럼에도 우리는 "너희가 먹을 것을 주라"는 명령을 듣습니다. 우리의 선배들과 마찬가지로 우리는 우리에게 너무 큰 기대를 걸고 있다고 불평을 터뜨립니다. "우리에게 먹을 것을 구해 오라는 것입니까?"……〈중략〉……

하지만 예수께서는 제자들을 아무 곳에도 보내지 않았으며, 먹을 것을 구해 오라고 하지도 않았습니다. 오히려 예수께서 물어 본 것은 너무도 간단하고 엉뚱한 것이라, ⓜ 제자들은 '지금 저분이 어떤 상황인지나 알고 저러시는 걸까?' 했을 것입니다. "너희에게 떡 몇 개나 있느냐 가서 보라" 가지고 있는 ⓗ 떡이 몇 개나 된다 한들 그게 무슨 소용이겠습니까? 얼마나 된다고 그 많은 사람들을 먹일 수 있겠습니까? 하지만 그럼에도 불구하고 제자들은 가서 알아보았습니다.

아마도 얼마 정도는 얻을 수 있다고 생각했을 것입니다. 그리고 돌아와서는 퉁명스럽게 말합니다. "선생님, 떡 다섯 개와 물고기 두 마리가 있습니다" ⓢ 생각했던 것보다 훨씬 더 나빴습니다. 그 정도 갖고는 예수님과 제자들이 먹기에도 부족했습니다. 한 사람이 떡 반쪽과 생선 한 토막을 먹는다고 하더라도 말입니다.

ⓓ 이제 예수께서는 현실을 직시하고 군중들을 해산시켜야 하겠죠. 가진 것이 아무 것도 없으니까요. 우리는 제자들이 어떤 처지에 있는지 너무도 잘 알고 있습니다. 우리 역시 거기에 떡 다섯 개와 물고기 두 마리를 들고 서서 세상의 요구에 직면해 있습니다.……〈중략〉……

예수께서는 난처해하지 않으셨습니다. 예수께서는 사람들을 오십 명씩, 백 명씩 모여 앉게 하셨습니다. 그리고는 그 떡과 물고기를 들어 감사의 기도를 한 다음, 나누어 주셨습니다. 모든 유대인 가정에서 그 아버지들이 하는 것처럼 말입니다. 예수께서는 떡과 물고기를 제자들에게 주어 사람들에게 나누어 주라고 하셨습니다. ⓧ 한 번 생각해 보십시오. 먹을 것을 얻기 위해 사람들은 길게 줄을 서 있고, 오천 명이 넘는 사람들에게서 배고픔으로 꼬르륵 거리는 소리가 울려 나오며, 만 개가 넘는 눈동자들이 자신들을 응시하고 있음을 느꼈을 때, 제자들은 얼마나 난처했겠습니까?

이제 우리는 호기심을 거둬들여야 합니다. 우리는 예수께서 어떻게 했을지 궁금해합니다. 군중들은 배불리 먹었지만 우리의 호기심은 계속 굶주린 상태에 있습니다. 마가는 우리가 떡이 아닌 사람들을 보기를 원합니다.……〈중략〉……

ⓔ 오병이어의 기적에 대한 마가의 묘사는 여기서 끝이 납니다. 군중들은 예수께서 부족하지만 그것을 받아들이고 감사기도를 하셨을 때 배불리 먹을 수 있었습니다. 이것은 바로 신학생 여러분께도 해당되는 하나님의 말씀입니다. 우리의 부족한 능력으로도 사람들을 먹일 수 있습니다. 사람들이 배불리 먹을 수 있는 것은 그 떡과 물고기가 우리 것이기 때문도 아니고, 그 떡과 물고기가 무슨 마법을 가진 것이라서도 아니며, 오직 우리가 가진 것을 예수께 맡길 때 가능한 것입니다. 이것은 우리가 설령 떡 한 개와 물고기 한 마리를 가졌다 하더라도 마찬가지며, 모든 사람들에게 해당되는 진실입니다.

〈예문 9〉의 〈a〉부터 〈c〉는 스피치의 들머리이고, 그중 〈b〉와 〈c〉는 '장면의 전환'에 해당한다. "사람들은 누구나 자신의 부족함을 인식함으로써 무력감을 느낀다"는 전제에 대하여(a), "실망하지 말고 어떤 이야기, 즉 오병이어의 사건에 귀를 기울여보자"(b), "오병이어 사건은 기적에 대한 이야기가 아니라 우리의 부족함을 새롭게 보게 하는 또 다른 진리의 이야기이다"(c)라고 함으로써 청중을 점차 오병이어에 대한 이야기로 안내해 들어가고 있다.

〈d〉이하는 이미 잘 알려진 오병이어 사건을 이야기하는 본론 부분이다. 드라마식이 이야기를 서사적인 흐름대로 구연하는 데 반해 내러티브식은 필요시 각각의 상황들을 부연한다. 부연의 형태는 크게 보충, 해석, 유추로 나타난다.

보충 보충은 어떤 상황을 부가적으로 설명하거나 좀 더 구체적으로 묘사, 또는 그 상황에 대하여 등장인물들이 느끼는 생각이나 감정 등을 재풀이하는 것이다. 위 예 ㉠에서 연사는 광야에 모여 있는 수많은 사람들을 '방황하는 양 떼'로 표현하면서 목자와의 관계 속에서 양 떼의 습성을 부가적으로 설명함으로써 예수의 말씀을 듣기 위해 날이 저물도록 떠나지 않고 있는 군중의 모습을 청중에게 보다 사실적으로 나타내고 있다. ㉢, ㉤, ㉥, ㉧ 역시 같은 맥락에서 이해할 수 있을 것이다.

해석 해석은 어떤 상황이나 말에 대한 이해를 분명하게 하는 것이다. 보충은 부언을 목적으로 하고 해석은 이해를 목적으로 한다는 점에 차이가 있다. "이곳은 빈 들이요 때도 저물어가니 무리를 보내어 두루 촌과 마을로 가서 무엇을 사 먹게 하옵소서"라는 제자들의 말은 '우리가 저들을 감당할 수 없으니 이제 돌려보내소서'라고 해석할 수도 있으나 연사는 ⓛ과 같이 그 말을 날이 저물어가도록 예수를 따르고 있는 배고픈 군중에 대한 제자들의 연민에서 비롯된 지극히 현실적인 제안이라고 해석한다. 또 "우리가 가서 이백 데나리온의 떡을 사다 먹이리이까?"라는 제자들의 말에 대해서도 ⓒ과 같이 이백 데나리온의 값어치가 어느 정도인지를 청중에게 구체적으로 알려준다. 그럼으로써 제자들이 한 말의 의미가 "당장 구하기도 어려운 큰돈으로 빵을 사서 사람들을 먹이라는 말씀입니까"라는 반문임을 명확히 인지하게 해 준다. 이렇듯 해석은 여러 관점에서 다르게 생각할 수 있는 상황이나 말을 분명하게 정리하는 기능을 수행한다.

유추 유추는 이야기 속의 상황(또는 현상)과 청중의 현실적 상황 간에 유사성을 일치시키는 유비(analogy) 논증으로써 이야기가 전하고자 하는 메시지를 현재의 문제로 환원시키는 것이다. 연사는 위 예 ⓔ과 ⓜ에서 떡 다섯 개와 물고기 두 마리를 들고 굶주린 군중을 마주하는 제자들의 입장과 현실 세계에서 사람들을 마주해야 하는 목회자들의 시선을 동일한 문제로 유추하고 있다. 이러한 방식은 한편으로 메시지의 개인적 관련성을 드러냄으로써 설득력을 높이는 기능을 한다.

이와 같은 부연 형태들은 결국 '스피치 테이블 모형'에서 본 것처럼 주어진 사실 정보를 확대 재생하는 추론이다. 연사가 이야기 속의 상황과 등장인물들의 말에 대해 그것들을 얼마나 적절하게 보충, 해석, 유추하느냐의 문제는 추론 능력이 좌우하는 것이다.

〈e〉는 마무리로 진입하기 전 장면이 전환되는 부분이다. 연사는 오병이어 사건은 단순히 기적에 대한 이야기가 아니라 해결하기 어려운 문제에 봉착했을 때 "능력이 부족함을 돌아보지 말고 예수께 온전히 맡기는 믿음을 세우면 가능하지 않은 것이 없다"는 이면의 진리에 대한 이야기임을 종합적으로 해독해 낸다. 그리고 이를 토대로 이어지는 마무리 스피치에서 관련한 주장들을 내세운다.

이처럼 내러티브식은 주어진 사례를 이야기로 구성하여 본론부에 배치하되 드라마식과 달리 각각의 이야기 상황을 보충, 해석, 유추하여 청중에게 전달한다. 그리고 그 과정에서 연사는 주장하고자 하는 메시지를 자연스럽게 드러내며 장면의 전환을 통해 이야기를 마무리로 진입시킨다. 내러티브식은 이와 같이 진행되는 이야기 논증 방식의 스피치로써 아래의 그림과 같이 단순 모형으로 도해할 수 있다.

〈그림 7〉 내러티브식 모형

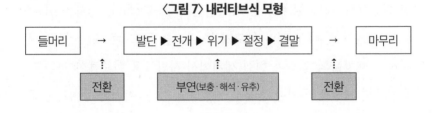

이상에서 기술한 내러티브 스피치의 구체적인 구성 방식을 조금 더 살펴보기 위하여 스티브 잡스의 스피치를 분석하였다.

그의 '스탠포드대 연설'은 열린 스피치 중에서도 내러티브식 스피치를 따르고 있다. 여타의 퍼블릭 스피치들과 다른 특징은 세 가지의 이야기가 피카레스크(picaresque) 형식으로 진행되고 있다는 점이다. 열린 스피치의 사례는 통상 큰 줄거리를 가진 하나의 사건이나 경험적 사례를 소재로 이야기를 구성한다. 그런데 스티브 잡스는 출생과 대학 중퇴, 창업을 다룬 '삶의 연결점'에 관한 이야기, 해고 후 여정에서 아내와의 만남을 다룬 '사랑과 상실'에 관한 이야기, 자신의 암 질병을 다룬 '죽음'에 관한 이야기들을 각각의 관점에서 해석하고 그로부터 도출된 메시지를 주장으로 연결한다. 그래서 세 가지의 이야기 단락마다 장면 전환과 마무리가 나타난다. 다음의 〈예문 10〉을 참고하기 바란다.

〈예문 10〉 스티브 잡스, 스탠포드대 졸업식 연설(2005)

들머리	오늘 세계 명문 대학 중 하나인 이곳 졸업식에 여러분과 함께하는 것을 영광으로 생각합니다. 저는 대학을 졸업한 사람이 아닙니다. 솔직히 말씀드리면 대학 졸업식에 이렇게 가까이 와 본 것도 처음입니다. 〈a〉 저는 오늘 여러분께 제 인생에 관한 세 가지 이야기를 하려고 합니다. 맞습니다. 대단할 것 없는 그저 세 가지의 이야기입니다.
▶ 초대에 대한 감사와 영광으로 들머리를 시작하고 있다. 대학 졸업은 물론 졸업식도 와 보지 못한 사람이 명문대 졸업식에서 축하 연설을 하고 있다는 솔직한 고백이 오히려 연사에 대한 청중의 우호적인 관심을 끈다. 연사의 인생 전반에 걸쳐있는 세 가지의 어떤 이야기를 하겠다는 장면 전환의 메시지는 성공한 사업가로서 젊은이들의 존경을 받는 연사의 향후 스피치에 대한 청중의 궁금증과 집중을 유도하고 있다.	
사례(1)	첫 번째 이야기는 흩어진 점들의 연결에 관한 이야기입니다. 저는 리드 대학에 입학했다가 6개월 만에 자퇴했습니다. 그러고도 18개월가량 도강하며 대학에 더 머물다가 정말 그만두었습니다. 제가 왜 자퇴했을까요? 이 얘기는 제가 태어나기 전으로 거슬러 올라갑니다. 미혼의 젊은 대학생이었던 저의 생모는 저를 낳으면 입양을 보내기로 결정했습니다. 그녀는 저의 미래를 생각해 대학을 졸업한 교양 있는 사람이 양부모가 되기를

원했습니다. 그래서 제가 태어나면 곧바로 어떤 변호사 부부에게 입양을 보내기로 되어 있었고, 그것으로 모든 것이 다 끝난 것처럼 보였습니다. 그런데 제가 태어나기 직전에 저를 입양키로 했던 부부가 여자아이를 원한다고 마음을 바꾸는 바람에 제 생모는 한밤중에 입양 대기자 명단에 있는 다른 부부에게 전화를 걸어 "사내아이인데 입양하실 거냐"고 물었고, "물론"이라는 흔쾌한 대답 덕에 저는 그들 부부에게 입양이 되었습니다. 그런데 생모는 나중에 양어머니가 대학을 나오지도 않았고, 양아버지는 고등학교도 졸업하지 않았다는 사실을 알게 되었습니다. 이 때문에 몇 달간 입양 동의서류에 서명을 거부하다가 양부모로부터 나중에 저를 대학에 꼭 보내겠노라는 약속을 받고서야 마음을 바꿀 수 있었습니다.

17년 후, 나는 정말 대학에 들어갔습니다. 그러나 그때 나는 학비 수준이 거의 스탠포드와 맞먹는 대학을 선택했고, 노동자였던 내 부모는 저축한 모든 돈을 내 대학 등록금에 써야 했습니다. 그렇게 6개월이 지난 후, 나는 그만한 돈을 써야 할 가치가 없다는 생각이 들었습니다. 내 삶이 진짜로 원하는 것이 무엇인지 알지도 못했고 대학이 그것을 아는 데 도움을 줄 것 같지도 않았습니다. 그런데도 내 부모들은 열심히 저축해 놓은 돈을 제 학비를 위해 모두 쓰고 있었던 것입니다.

그래서 나는 대학을 그만두기로 했습니다. 모든 것이 잘될 것이라는 믿음을 가졌습니다. 그 당시에는 다소 두려운 결정이기도 했지만, 지금 돌아보면 그것은 지금까지 내가 잘했다고 생각하는 결정 중의 하나였습니다.

내가 학교를 그만둔다고 생각하는 순간, 흥미가 없었던 필수과목을 들을 이유가 없어졌고 내가 흥미를 느끼는 다른 과목들을 청강할 수 있게 되었습니다.

다 낭만적인 얘기는 아닙니다. 기숙사에 방이 없었기 때문에 친구 방의 바닥에서 잠을 자야 했고, 음식을 구하기 위해 되돌려주면 5센트를 주는 콜라병 모으는 일을 했고, 해어 크리슈나 사원에서 일주일에 한 번 주는 식사를 얻어먹기 위해 일요일 밤마다 7마일을 걸어가곤 했습니다. 나는 그런 것들을 사랑했습니다. 그리고 나의 호기심과 직관을 따라가다가 부딪힌 것들 중 많은 것들은 나중에 값으로 매길 수 없는 가치들로 나타났습니다. 한 가지 사례를 들어 보겠습니다.

　내가 다녔던 리드대학은 그 당시 미국에서 최고의 서예 교육 기관이었다고 생각합니다. 캠퍼스 내 모든 포스터와 표지물들이 손으로 그린 아름다운 글씨체들로 장식되어 있었습니다. 나는 정규과목들을 더 이상 들을 필요가 없었기 때문에 이런 글자체들을 어떻게 만드는지를 배워 보려고 서체 과목을 듣기 시작했습니다. 세리프나 산세리프 활자체를 배웠고, 무엇이 활자체를 아름답게 만드는지에 대해서도 배웠습니다. 그것은 과학이 알아내지 못하는 아름답고 역사적이며 예술적인 미묘함을 갖고 있었습니다. 나는 거기에 매료되었습니다. 당시 나에겐 이런 모든 것이 내 삶에서 실제로 응용될 것이란 어떤 기대도 없었습니다.

　⟨b⟩ 그러나 10년 후, 우리가 최초의 매킨토시 컴퓨터를 만들 때 그 모든 것이 되살아났습니다. 우리의 맥 컴퓨터는 아름다운 글자체를 가진 최초의 컴퓨터가 되었습니다. 내가 만일 대학의 그 과목을 듣지 않았다면 맥 컴퓨터는 결코 다양한 서체를 가진 컴퓨터가 될 수 없었을 것입니다. (마이크로소프트의) 윈도우즈는 맥 컴퓨터를 단지 베낀 것에 불과하기 때문에 맥 컴퓨터가 그렇게 하지 않았다면 어떤 개인용 컴퓨터도 그렇게 아름다운 서체를 갖지 못했을 것입니다.

　내가 만일 정규과목을 그만두지 않았고, 서체 과목을 등록하지 않았더라면 개인용 컴퓨터는 지금과 같은 놀라운 서체를 갖지 못했을 것입니다. 물론 내가 대학에 있을 때는 미래를 내다보면서 점을 잇는 것은 불가능했습니다. 하지만 10년이 지난 후 과거를 되돌아보면 그것은 너무나 분명해집니다. 다시 말하지만 우리는 미래를 내다보면서 점을 이을 수는 없습니다. 오직 과거를 돌이켜 보면서 점을 이을 수 있을 뿐입니다.

　따라서 여러분들은 지금 잇는 점들이 미래의 어떤 시점에 서로 연결될 것이라는 믿음을 가져야만 합니다. 여러분들은 그것이 자신의 내면, 운명, 인생, 카르마, 그 무엇이 되었든 신념을 가져야 합니다. 이런 접근법은 나를 결코 낙담시키지 않았고 내 삶의 모든 변화를 만들어 냈습니다.

　나의 두 번째 이야기는 사랑과 상실에 관한 것입니다.

　나에게는 삶의 이른 시기에 하고 싶은 것을 발견하는 행운이 있었습니다. 우즈와 나는 우리 부모님의 차고에서 애플을 시작했습니다. 그때 나는 스무 살이었습니다. 우리는 열심히 일했습니다. 10년이 지난 후 애플은 둘이 일하던 차고에서 20억 달러, 4,000명의 직원을 가진 회사로 성장했습니다. 우리는 우리들의 가장 훌륭한 발명품이었던 맥킨토시 컴퓨터를 1년 빨리 시장에 출시했는데, 그때 내 나이가 막 서른 살이 될 때였습니다. 그리고는 해고를 당했습니다. 어떻게 자신이 만든 회사에서 해고를 당하냐고요? 글쎄, 애플이 커 가면서 우리는 회사를 운영할 어떤 사람을 고용했고 첫해는 그럭저럭 잘되었습니다. 그러나 그 후로 우리들의 미래에 대한 관점에서 차이가 나기 시작했습니다. 마침내 우리는 추락하기 시작했습니다. 이사회는 그를 지지했고, 서른 살이었던 나는 쫓겨났습니다. 내 삶의 중심이었던 모든 것들이 사라져버리고 나는 참혹함에 빠졌습니다. 정말이지 첫 몇 달 동안은 무엇을 할지 몰랐습니다. 구세대의 기업인이 물러난다는 느낌, 내가 전달받았던 바톤을 도로 내려놓는다는 그런 느낌을 받았습니다. 나는 데이비드 팩커드와 밥 노이스를 만났고 그들을 못살게 군 데 대해 사과했습니다. 나는 아주 공식적으로 완전한 실패자였습니다. 실리콘 밸리로부터 도망쳐 떠나버릴까도 생각했습니다. 그런데 어떤 무언가가 떠오르기 시작했습니다. 나는 여전히 내가 하는 일을 사랑하고 있다는 것이었습니다. 애플에서의 일이 그것을 조금도 바꾸진 못했습니다.

나는 거부를 당했지만 여전히 내 일을 사랑하고 있었던 것입니다. 나는 새롭게 출발하기로 결심했습니다. 그때는 전혀 몰랐지만 애플에서 해고된 일은 내게 일어날 수 있었던 일 중에서 최고였습니다. 모든 것에 확신을 가지지는 못했을지라도 성공에 대한 부담은 새롭게 다시 시작할 수 있다는 가벼움으로 대체되었고, 그것이 내가 내 삶에서 가장 창조적이었던 시기로 들어갈 수 있도록 자유를 열어주었습니다.

이후 5년 동안 나는 NeXT라는 회사, Pixar라는 이름의 다른 회사를 시작했고, 나중에 지금의 제 아내가 된 한 여성과 사랑에 빠졌습니다. 픽사는 세계 최초로 컴퓨터 애니메이션 영화인 토이스토리를 만들었고, 지금은 세계에서 가장 성공적인 애니메이션 회사가 되었습니다. 사건의 놀라운 반전 속에서 애플은 넥스트를 사들였고 나는 애플로 복귀했습니다. 그

	리고 내가 넥스트에서 개발한 기술은 현재 애플 르네상스의 핵심이 되었습니다. 또한 로린과 나는 함께 한 가족을 만들었습니다. 〈c〉 내가 애플에서 해고되지 않았더라면 이런 일 중 어떤 것도 일어나지 않았을 것이라고 나는 확신합니다. 그것은 두려운 시험약이었지만 환자는 그것을 필요로 하는 것입니다. 인생이란 때로 여러분들을 고통스럽게 하지만 신념을 잃지 마십시오. 나를 이끈 유일한 것은 내가 하는 일을 사랑한 것이었다고 나는 믿습니다. 여러분들은 여러분이 사랑하는 것을 찾아야 합니다. 당신이 사랑하는 사람을 찾는 것과 마찬가지로 일에서도 같습니다. 여러분이 하는 일은 여러분 인생의 많은 부분을 채울 것입니다. 여러분이 진정으로 만족하는 유일한 길은 여러분 스스로 훌륭하다고 믿는 일을 하는 것입니다. 그리고 훌륭한 일을 하는 유일한 길은 여러분이 하는 일을 사랑하는 것입니다. 만일 그것을 아직 찾지 못했다면 계속 찾으십시오. 주저앉지 마십시오. 언젠가 그것을 발견할 때 여러분은 마음으로부터 그것을 알게 될 것입니다. 그리고 어떤 훌륭한 관계처럼 그것은 해가 지나면서 점점 좋아질 것입니다. 그러므로 그것을 발견할 때까지 계속 찾으십시오. 주저앉지 마십시오.
사 례 (3)	세 번째 이야기는 죽음에 관한 것입니다. 내가 열일곱 살이었을 때 나는 이런 비슷한 것을 읽은 적이 있습니다. "만일 당신이 매일의 삶을 마지막 날처럼 산다면 언젠가 당신은 대부분 옳은 삶을 살았을 것이다" 나는 그 말에 강한 인상을 받았고 이후 33년 동안 매일 아침 거울을 보면서 나 자신에게 말했습니다. "만일 오늘이 내 인생의 마지막 날이라면, 내가 오늘 하려는 것을 할까?" 그리고 여러 날 동안 그 답이 "아니오"라는 것으로 이어질 때 나는 어떤 것을 바꿔야 한다는 것을 알게 되었습니다. 내가 곧 죽을 것이라는 것을 생각하는 것은 내가 내 삶에서 큰 결정들을 내리는 데 도움을 준 중요한 도구였습니다. 모든 외부의 기대들, 모든 자부심, 모든 좌절과 실패의 두려움, 그런 거의 모든 것들은 죽음 앞에서는 아무것도 아니기 때문에 진정으로 중요한 것만을 남기게 됩니다. 당신이

죽을 것이라는 것을 기억하는 것은 당신이 잃을 것이 있다는 생각의 함정을 피하는 가장 좋은 길이라고 나는 생각합니다. 여러분은 이미 벌거숭이입니다. 그러므로 여러분의 마음을 따라가지 못할 어떤 이유도 없습니다.

약 1년 전 나는 암 진단을 받았습니다. 아침 7시 30분에 스캔을 받았는데 췌장에서 분명한 종양이 발견되었습니다. 당시 나는 췌장이라는 게 무엇인지도 몰랐습니다. 의사들은 그것이 치료가 불가능한 종류의 암이 거의 확실하다면서 길어 봐야 3개월에서 6개월밖에 살 수 없다고 했습니다. 의사는 내게 집으로 가서 주변을 정리하라고 충고했습니다. 의사들이 말하는 죽음의 준비입니다. 그것은 가족에게 작별을 고하는 것입니다. 그 진단을 놓고 하루 종일 시름을 하다가 그날 저녁 늦게 나는 목구멍을 통해 내시경을 넣는 조직검사를 받았습니다. 몇 점의 세포를 췌장에서 떼어내 조사를 했는데 의사들은 놀랍게도 내 경우는 매우 드물게도 수술로 치료할 수 있는 종류의 췌장암으로 밝혀졌다고 제 아내에게 말해 주었습니다. 나는 수술을 받았고 지금은 괜찮아졌습니다. 이것이 내가 죽음에 가장 가까이 간 경우입니다. 그리고 앞으로 몇십 년간 계속 그렇기를 바랍니다.

〈d〉 그런 과정을 거치며 살아왔기에 나는 이제 죽음이라는 것을 유용하긴 하지만 지적 개념만으로 알고 있었던 때보다는 좀 더 확신을 가지고 말할 수 있게 되었습니다.

누구도 죽기를 원하지 않습니다. 하늘나라 천국으로 가기를 원하는 사람조차 거기에 가기 위해 죽기를 원하지는 않습니다. 하지만 죽음은 우리 모두가 함께하는 목적지입니다. 누구도 거기에서 벗어나지 못했습니다. 죽음은 바로 그런 것입니다. 죽음은 생명의 가장 훌륭한 창조일 수 있습니다. 그것은 생명의 교체를 만들어 내는 매개체입니다. 죽음은 낡음을 청소하고 새로움을 위한 길을 열어 줍니다. 지금 이 순간, 그 새로움은 여러분들입니다. 그러나 미래의 어느 날, 지금으로부터 그리 멀지 않을 그때, 여러분들도 점차 낡음이 되고 청소될 것입니다. 미안하지만 이것은 진실입니다.

여러분의 시간은 한정되어 있습니다. 그러므로 다른 사람의 삶을 사느라고 시간을 허비하지 마십시오. 과거의 통념, 즉 다른 사람들이 생각한 결과에 맞춰 사는 함정에 빠지지 마십시오. 다른 사람들의 견해가 여러분 자신, 내면의 소리를 가리는 소음이 되게 하지 마십시오. 그리고 가장 중요한 것은 당신의 마음과 직관을 따라가는 용기를 가지라는 것입니다. 당신이 진정으로 되고자 하는 것이 무엇인지 그들은 이미 알고 있을 것입니다. 다른 모든 것들은 부차적인 것들입니다.

▶ 연사가 삶을 살아온 과정에서 겪었던 세 가지의 사례가 각각 별도의 이야기로 본론부를 구성하고 있다. 그리고 각 이야기들은 개별적으로 이야기가 전환되는 장면을 포함하여 독립적인 마무리를 갖추고 있다. 예문에서 〈a〉는 들머리의 장면 전환이고, 〈b〉, 〈c〉, 〈d〉는 각 사례 내에서 마무리로 장면이 전환되는 부분들이다. 그리고 점선의 문장들은 각 이야기마다에서 제시되는 마무리 주장들이다. 사례를 이야기로 펼친 다음 그것을 하나의 예증으로 활용하여 그 이야기로부터 핵심적인 메시지를 추론하고 마무리에서 주장으로 연결시키는 전형적인 열린 스피치 방식을 채택하고 있지만 독특하게 이 스피치는 그런 과정을 세 번 되풀이하고 있다.

이런 형태의 스피치 구성이 가지는 장점은 무엇보다 각 이야기 사례가 길게 확장되지 않으므로 '스피치 테이블'이 크지 않다는 것인데, 그만큼 이야기 구성을 위한 확장적 추론의 수고를 던다는 뜻이다.

그러나 여기에는 단점이 하나 있다. 이야기 사례가 독립적으로 구성되다 보니 그 자체로 스피치를 끝내기가 어렵다는 점이다. 그렇게 되면 연사가 핵심적으로 말하고자 하는 메시지가 무엇인지 청중이 주된 방향을 잡기가 어려워진다. 그래서 그 이야기들을 전체적으로 포괄하는 또 다른 마무리가 필요하다. 이때 종합적인 마무리는 반드시 지금까지 전개해 온 이야기들의 맥락을 이어갈 수 있어야 하고, 자연스럽게 그 장면으로 이어지는 전환 메시지도 새로이 필요해진다는 사실이다. 연사는 이런 장단점을 최대한 활용하여 다음과 같은 마무리로 스피치를 종합하고 있다.

마무리

〈e〉 내가 젊었을 때, 《지구백과》라는 놀라운 책이 있었습니다. 우리 세대에게 그 책은 바이블과 같은 것이었습니다. 그 책은 이곳에서 멀지 않은 곳에 있는 스튜어트 브랜드라는 사람이 만든 것으로, 그는 시적인 면들을 가미해 책에 생명을 불어넣었습니다. 그 책이 나온 게 1960년대인데 그 당시에는 개인용 컴퓨터도 데스크탑 출판도 없었기 때문에 모든 것이 타이프라이터와 가위, 폴라로이드 사진들로 만들어진 것이었습니다. 말하자면 종이책 형태의 구글 같은 것이었습니다. 구글이 나타나기 35년 전의 일입니다.

스튜어트와 그의 팀은 이 책을 여러 번 개정했고, 결국 그 책이 역할을 다했을 때 최종판을 냈습니다. 그것이 1970년대 중반이었습니다. 바로 내가 여러분의 나이 때입니다. 그 최종판의 뒷 표지에는 탐험 여행을 하다가 지나가는 자동차를 얻어 타기 위해 손을 드는 곳과 같은 이른 아침 시골길을 찍은 사진이 인쇄돼 있었습니다. 그 밑에 이런 말이 적혀 있었습니다.

"늘 배고프고, 늘 어리석어라(Stay Hungry. Stay Foolish)"

이것이 그들이 책을 더 이상 찍지 않기로 하면서 한 작별의 메시지입니다. Stay Hungry. Stay Foolish. 나는 나 자신에게 늘 이러하기를 바랐습니다. 그리고 지금, 여러분이 새로운 출발을 위해 졸업하는 이 시점에서 여러분도 그러기를 바랍니다.

"Stay Hungry. Stay Foolish" 감사합니다.

▶ 열린 스피치의 마무리는 이야기의 성격, 그것이 함의하는 주제나 의미·교훈 등에 따라 탄력적인 방식으로 운용된다. 그래서 스티브 잡스의 이 스피치를 종합적으로 마무리하는 방식에도 여러 가지가 있을 수 있다. 그런데 연사는 예문의 〈e〉와 같이 그것을 위해 어렸을 때 보았던 아날로그 백과사전을 꺼낸다. 〈e〉는 급작스레 마무리로 진입하는 완충 역할을 한다. 그래서 장면의 전환에 해당한다. 사례를 꺼내 이야기로 펼쳐왔던 지금까지의 형태대로 마무리의 장면 전환을 백과사전에 대한 어릴 때의 기억을 소환하는 방식으로 연결하는 것은 청중의 일관된 스피치 몰입에 유용한 적용이다.

그렇지만 이는 단순히 기억을 꺼내는 것이므로 또 다른 사례나 이야기가 아니다. 단지 그때 이렇게 만들어진 백과사전이 있었다는 얘기를 할 뿐이다. 그리곤 그 책에 기록되어 있던 글귀를 스피치의 마무리 메시지로 인용해 전달하는 대단히 효율적인 방식의 스피치를 구사하고 있다.

무엇보다 지금까지 말했던 세 가지 이야기가 "늘 배고프고, 늘 어리석어라"라는 몇 마디 말에 완전히 흡수된다는 사실이다. "시간을 허비하지 말고 진정으로 사랑하는 일을 찾아 고민하고 실패도 하면서 겪는 과거의 어느 점들이 우리가 예상치 못하는 미래 성공의 어느 지점과 연결된다"는 말은 그런 삶을 '갈망'하지 않고서는 얻을 수 없는 것이다. 그래서 그 의미는 "늘 배고파하라"는 메시지로 함축된다. 또 "다른 사람들이 만들어 놓은 통념적 삶을 살지 않고 자신이 사랑하는 삶을 쫓는 사람은 얼핏 어리석어 보일 수 있다. 사람들은 때로 그런 사람을 정상적인 삶이 아니라고 판단하기도 한다. 그러나 그 어리석음이 진정 내가 사랑하는 일을 찾게 해주고 새로움을 창조한다"는 연사의 말이 그대로 "늘 어리석어라"는 메시지로 함축되기 때문이다.

4.
스피치 스타일

　스피치 스타일은 구성하는 메시지들의 전체적인 개성과 그것을 최적화하는 구술 표현을 통해 청중에게 연사의 생각을 개별적이고 특수하게 각인시키는 스피치의 전체적인 특질을 의미한다. 어떤 메시지를 어떻게 구성해서 사용하느냐에 따라 청중이 느끼는 스피치 감정선은 달라진다. 같은 메시지를 화채를 활용하여 표현할 때와 사실적인 의미 그대로 전달할 때 수용되는 정서가 다른 것처럼, 거기에는 서로 다른 스피치 느낌으로서의 개성을 만들어 내는 요소들이 작용하기 때문이다.

　고전 레토릭은 그것을 다양한 화채적 표현들, 단어의 선택과 통사, 음운(音韻), 특수한 표현 방법 등이 스피치 상황에 따라 다르게 표현되는 구조적 방식으로 보았다. 그러면서 그것들을 청중의 성격 등에 따라 말의 쓰임새가 서로 다른 단순, 보통, 숭고한 느낌의 화체, 즉 스피치 스타일로 구분하였다.[56]

　글을 쓰는 사람의 개성이 문체로 드러나는 것처럼 스피치 스타일 역시도 연사의 심층적인 메시지 구성을 통해 그것이 개성화되어 나타난다. 스피치 스타일은 일차적으로 청중, 주제, 스피치 상황 등을 고려하여 '기능적 방향'으로 목표가 제시되고, 그에 따라 연사의 고유한 사유가 구체화되어 지각적 차별성으로 드러나는 것이다.

스피치 스타일은 또한 구성된 메시지와 함께 그것을 구술로 표현하는 실행행위까지를 범위로 하는 개념이다. 이를 위해서는 '문체'로 다루는 스타일과 말하기 시각에서 '화체'로 다루는 스타일의 닿는 범위가 다르다는 사실을 알아야 한다. 문장은 글이 가지고 있는 독특한 개성을 객관적으로 분석할 수 있지만 스피치는 메시지로만 한정할 수 있는 성질이 아니다. 이를테면 메시지가 역사적 소명감을 불러일으키는 웅장한 내용을 담고 있다 하더라도 연사의 구술 실행행위가 그 감정을 충분히 표현하지 못하면 그것을 온전하게 웅장한 스타일의 스피치라고 말할 수 없는 것이다.

스피치 스타일은 기능적 방향을 통해 어떤 모습으로 메시지를 구성하고 표현할 것인가를 개략적으로 가늠한다. 그런데 정보제공, 즐거움, 정념의 발현이라는 세 가지 방향성은 큰 틀에서 제공된 카테고리로서 세부적으로도 무수한 스타일의 스피치가 나올 수 있다. 그러므로 일률적으로 그것을 미리 범주화하여 규정하기가 어려우므로 위 방향성을 기준으로 청중의 성격과 주제 등 스피치 상황을 고려하여 스타일을 설정해 나가야 한다.

스피치 스타일은 설득 본래의 효과성과 밀접하게 관련되어 있다는 점에서 의미를 가진다. 스피치는 주제가 무엇인가, 청중이 누구인가를 판단하여 각 상황에 어울리는 어휘들의 선택과 조합, 유사언어의 효율적 사용, 적합한 화채 기법의 활용 등을 다각적으로 고려하는 종합적인 작업이다. 결국 주어진 스피치 상황에서 어떤 스타일의 스피치를 구사하느냐 하는 문제는 설득 맥락에서 볼 때 효과적인 스피치 실행을 위한 또 다른 관점의 하나인 것이다. 그래서 스타일을 스피치 행위로부터 나오는 연사의 고유한 인적 개성이나 특징이 아니라 스피치 상황에 따라 가장 효과적인 스피치 형태를 끌어내는 그 스피치만의 고유한 특징이라고 이해해야 한다.

스피치 스타일은 전적으로 연사의 사고와 실행에 달려 있다. 스피치 전반이 경쾌하고 활기차거나, 슬프고 잔잔하거나, 진지하고 단호하거나, 평이하거나 전문적이라거나 하는 등의 느낌은 메시지의 구성과 표현에 의존하기 때문이다. 그러므로 연사는 메시지를 구성하고자 할 때 말의 선택과 구성, 구문 간의 연결성, 화채 기법의 적절한 활용 등을 숙고하여 청중과 더 깊은 교감이 형성되는 스피치 스타일을 구사할 수 있어야 한다.

스피치의 실행

1.
실행에 대한 접근

준비와 구성 단계를 거쳐 스피치를 실제로 구현하는 실행 단계는 구성한 메시지들을 음성으로 표현하는 과정이다.[57] 앞장에서 살펴본 것처럼 스피치 실행 영역은 스타일(style)을 결정하는 주요한 요소들이 작동하는 곳이기도 하다. 수사기법으로서 화채 표현, 의도적인 비언어 행위들이 종합적으로 작용하여 스피치에 일정한 성격을 부여한다. 또한 화채는 설득 효과와도 밀접하게 관련되어 있다. 그러므로 이 장에서는 그것의 기능적인 관점에서 '스피치 화채 기법'을 가장 먼저 살펴본다.

실행 과정에서는 또 음성적 소재와 함께 비언어적인 단서들이 실제 어떻게 나타나고 작용하는지도 보아야 한다. 비언어 요소들은 음성적 메시지와 일체를 이뤄 스피치를 완성하기 때문이다. 세부적으로는 음성에 관여하는 유사언어들의 메시지 조절 역할, 비음성적인 신체 동작의 스피치 개입 효과를 '비언어 표현 기법'으로 다룰 것이다.

한편 스피치에서는 시청각 보조자료들이 활용되기도 한다. 퍼블릭 스피치 영역에서도 프리젠테이션을 이용한 보조자료의 개입이 확대 추세에 있다. 따라서 그와 관련하여 지켜야 할 원칙과 활용기법도 고찰한다.

실행 과정에서 마지막으로 고려해야 할 요소로는 스피치 유머가 있다. 현대 스피치에서 유머는 완성도를 높여주는 강력한 조건으로 인식되고 있다. 스피치의 실행과 관련하여 다루는 것이 맞지만 살펴볼 범위가 넓고, 깊게 들여다보아야 사안이기에 별도로 장을 마련하였다. 다음 장 '스피치 유머의 감각'에서 보기로 한다.

2.
스피치 화채 기법

　고전 레토릭 이론의 세부 영역인 표현술을 과도하게 일반화하여 문장의 심미적 작법에 한정한 채 진행되어 온 소위 '축소된 레토릭'의 문채(文彩)와 레토릭의 설득 화채(話彩)는 불가분의 관계를 유지한다(Genette). 화채의 설득적 기능은 실연된 연설 내용이 텍스트화됨으로써 분석이 용이해지고, 이러한 형태는 문장의 미사여구법을 중심으로 소위 문장의 수사학이 유지해 온 문채 연구에서 유용한 틀을 제공해 주기 때문이다. 따라서 문채는 심미적인 미사여구 문채와 설득적 논증의 문채라는 두 가지 논점에서 고찰이 가능하다. 르불은 그래서 문채를 '레토릭 문채'와 '비레토릭 문채'로 구분하고 있다. 이 구분에 따르면 전자는 웅변·연설, 설교, 팸플릿, 광고, 포스터 등과 같은 설득의 목표를 지닌 담론에 적용되고, 후자는 순수 문학적인 소설, 서정시 등과 같은 미학적인 목표를 지닌 담론에 적용된다. 즉 설득적 기능 유무를 기준으로 하여 문채는 설득적인 것과 문학적인 것으로 구분되어 진다.

　그러나 '구술과 문자'에서 분석했던 것처럼 시각 의존적인 설득(팸플렛, 광고 포스터)과 청각 의존적인 설득(웅변·연설, 설교)의 커뮤니케이션 메커니즘에는 생소한 차이들이 있다. 그렇기에 르불의 레토릭 문채는 그것을 보다 정밀하게 살펴보면 문자 표현 행위로 이루어지는 '설득 문채'와 구술행위로 이루어지는 '설득 화채'로 구분이 가능해진다. 설득의 커뮤니케이션 방식을 기준으로 한 구분은 한편으로 화채의 설득 작용에 대한 이론적 분석을 시도함에 있어서는 연설 텍스트들이 다시 문장을 중심으로 문채 연구의 방향을 따라간다는 점에서 상호 유기적인 관계에 있다고 볼 것이다.

화채는 본질적으로 언어 표현의 일탈에 주목하는 기법이다. 통상적인 표현을 벗어나 같은 의미의 메시지를 예상치 못한 시각에서 창조적으로 발굴하여 청중의 집중력을 끌어오고, 메시지를 강조하고, 더 사실임직하다는 생각을 갖게 함으로써 중심 메시지의 설득을 돕는다.

또한 화채는 비언어적인 요소들과 결합하여 전반적으로 스피치 스타일(話體)을 결정하는 중요한 요소 중 하나이다. 화채들의 형태, 그것을 실연하는 연사의 행위와 유사언어의 사용이 어떤 모습으로 현출되느냐에 따라서 스치피의 느낌이라는 전체적인 인상이 결정되는 것이다.

르불은 화채가 설득력으로서의 힘을 갖게 되는 세 가지 원리로서 환언 불가능의 원리, 폐쇄성의 원리, 전이의 원리를 들고 있다.

'환언 불가능(non-paraphrase)의 원리'는 의미가 같더라도 레토릭의 설득적 화채 표현은 다른 말로 바꾸어 구사할 수 없다는 원리이다. 가령 "저 운동선수의 몸은 탱크다"를 "저 운동선수의 몸은 튼튼하다"라고 환언하면 표현의 설득력은 상실되고 만다.

'폐쇄성(fermeture)의 원리'는 화채 표현을 이용한 논거의 반박은 또 다른 화채 표현으로서만 가능하다는 원리로서 이러한 폐쇄성으로 인해 화채는 반박하기 어려운 설득력을 갖게 된다.

'전이(transfert)의 원리'는 감정적인 요소와 지적인 요소가 결합되어 진실이라 여겨지는 의견 또는 어떤 대상에 대한 전체적인 감정으로서의 믿음이 고유한 대상으로 옮겨감으로써 설득력을 가지는 원리다. "사람을 보기 위해서는 마음속의 기울어진 저울부터 바로 잡아야 합니다"라고 할 때 '편견'이라는 의미를 '저울'이라는 대상에 전이시킴으로써 전체에서 부분으로 지각이 옮겨가는 과정에서 청중을 더 깊고 지속적으로 강화시키는 설득력을 확보하게 되는 것이다.

〈표 10〉은 고전 레토릭 이론을 토대로 위와 같은 원리들이 설득적 맥락에서 작용하는 다양한 화채들의 유형을 분석한 르불의 연구를 정리한 것이다. 다시 각 항목들과 관련한 화채의 기능을 나누어서 본다.

〈표 10〉 화채의 설득 기능

단어의 화채 (음성적 소재에 관계)	운율(韻律)	청취와 기억을 용이하게 하고 분명한 감정을 만들어 내며, 그로써 진실임직한 인상을 형성하여 설득을 이끌어 낸다.
	두음법(頭音法)	
	동음절 반복	
의미의 화채 (의미의 전이에 관계)	은유(隱喩)	일상의 의미가 전의됨으로써 연설 전체에 일종의 긴장 혹은 비틀림(torsion)을 일으켜 이제껏 보지 못한 유사함(사실 임직함)을 밝혀 청중을 일깨우고, 매료, 감동시킴으로써 설득을 이끌어 낸다.
	제유(提喩)	
	환유(換喩)	

구문의 화채 (연설의 구성에 관계)	생략	생략법	기표의 생략을 통해 청중으로 하여금 빠진 연관관계를 다시 세우게 하고, 보충시킬 여지를 남겨줌으로써 설득을 이끌어 낸다.
		묵설법	
	첨가	반복법	메시지의 강조 및 연사의 강렬한 인상을 청중에게 심어줌으로써 설득을 이끌어 낸다.
		대구	
	치환 (순서)	전치법	문법상, 논리상 순서 위치를 바꾸거나 그 패턴을 일정하게 유지하여 말에 변화를 일으킴으로써 청중의 권태감을 일소하거나 감정을 고양시켜 설득을 이끌어 낸다.
		점층법	
		교착어법	
사고의 화채 (청중의 관념에 관계)	우의(寓意)		유추관계를 이용한 교훈적 기능으로 설득력 확보
	아이러니		놀라움의 효과를 야기, 청중의 파토스 결속으로 설득력 확보
	암시적 간과법		청중의 호기심 자극, 연사와 공모한다는 감정을 통해 설득력 확보
	변론적 질문		청중의 관심을 끌어 참여시킴으로써 설득력 확보
	예변법		청중에게 반대자의 논거를 앞질러 상기시켜 설득력 확보
	환어법		청중을 화자의 사고 발생에 참여토록 하여 설득력 확보

2.1 단어의 화채

단어의 화채는 소리의 운율, 두음법, 동음절 반복과 같이 공통적으로 음성에 의존하는 단어의 구사에 관한 표현 기법으로써 메시지 강조, 기억의 선명성, 음악적 몰입의 유도를 통해 설득력을 확장한다. 그래서 이 기법들의 스피치 효과는 소리를 듣는 청중의 귀에 올곧이 맞추는 것이라고 할 수 있다.

운율 운율은 본질적으로 음감(音感)에 의존하는 것이다. 문학 장르에서 그것은 운과 율의 규칙성으로부터 읽는 사람이 느끼는 주관적인 호흡 규칙이다. 그러나 스피치에서 그것은 다음에서 기술하는 동음(절) 반복과 같이 말소리의 균일한 배치로부터 듣는 사람이 지각하는 객관적인 청각 패턴이다.

스피치의 운율은 지루함을 방지하고 청중에게 규칙화된 메시지를 전달하여 이해를 쉽게 해주는 일차적인 기능을 수행한다. 운문(韻文)을 다루는 시 문학과 달리 산문(散文)을 다루는 스피치에서 운율은 훨씬 넓은 범위에서 작용한다. 그리고 그것들은 또 단순한 미학적 특징을 넘어 메시지의 몰입과 감흥, 설득으로 이어지는 주요한 기능을 담당한다.

스피치의 소리 운율이 이와 같은 기능을 하는 본질적인 추동력은 그것이 가지고 있는 음악적 리듬감에 있다. 키케로는 메시지 전달의 명확성이라는 관점에서 이를 특히 강조했다. "구문의 시작과 끝부분을 같은 리듬으로 짝을 이루게 하거나 구문을 여러 기둥으로 나누어 세우고, 각 기둥을 하나의 절로 나누어 이 절들에 리듬의 반복성을 부여하거나, 구문을 작은 방으로 쪼개어 각기 방을 지날 때마다 숨 쉴 수 있는 자리를 만들어 주고 그 숨자리(komma)를 통해 리듬을 형성케 한다"고 봄으로써 일정한 음절과 구문 단락들의 규칙성, 휴지(休止, pause)와 같은 유사언어들이 유기적으로 작용하여 리드미컬한 표현 음감을 생성한다고 이해하였다.

스피치의 리듬은 메시지의 규칙적인 배치와 화채 기법의 표현들, 그로부터 생성되는 운율성, 스피치의 전체적인 흐름 및 음량의 사용, 보이스 톤의 조정 등 메시지 구성과 그것을 표현하는 구술행위가 기능적이고 종합적으로 결합하여 나타나는 소리 표현의 문제이다. 그리고 리듬은 스피치를 실행하는 과정에서 다듬어지고 완성되는 매우 실제적인 요소이다. 이러한 이유로 스피치 리듬과 관련해서는 이 장에서 따로 지면을 할애해 자세히 살펴볼 것이다.

동음(절) 반복 동음 반복 또는 동음절 반복은 스피치 단락들의 첫머리(행두반복, anaphora)나 끝머리(행미반복, epistrophe)에 동일한 소리음, 단어, 구절, 문장을 반복 배치하는 것이다.[58]

동음 반복은 청중의 메시지 지각 패턴을 일정한 규칙 내로 끌어와 명료한 메시지 인지와 기억을 유도하는 표현 기법이다. 앞에서 본 것처럼 이런 화채는 스피치 리듬을 생성하는 주요한 요소 중 하나이다.

미국은 전통적으로 동음(절) 반복 중에서도 행두 반복을 매우 자연스럽게 구현하는 스피치 문화를 갖고 있다. 역대 미국 대통령들의 연설은 거의 빠짐없이 그와 같은 표현 기법들을 활용한다. 아래의 예문은 그것을 잘 보여 주는 예로써, 오바마 전 대통령의 취임 연설 전문에 나타난 행두 반복의 실제 모습이다.

〈예문 11〉 버락 오바마, 취임연설(2009)

our nation is at war against a far-reaching network of violence and hate.

미국은 광범위한 폭력과 증오에 맞서 전쟁을 하고 있습니다.

our economy is badly weakened a consequence of greed and irresponsibility on the part of some······

우리 경제는 일부의 탐욕과 무책임의 결과로 대단히 약화되어 있을 뿐 아니라······

our healthcare is too costly, our schools fail too many······

값비싼 우리의 의료비, 과다한 낙제생······

Today I say to you that the challenges we face are real······

오늘 저는 여러분께 우리가 직면한 도전은 현실이며······

On this day, we gather because we have chosen hope over fear······

오늘날, 우리는 두려움보다 희망을 선택했기 때문에 여기에 모여······

스피치에서 동음(절) 반복 기법의 직접적인 효과는 청중이 그러한 방식을 통해 메시지를 더 쉽게 인지할 수 있다는 데에 있다. 이는 메시지가 규칙적인 형태로 전달될 때 그것을 인지하고 수용하는 태도의 폭이 넓어지는 효과라고 바꾸어 말할 수 있을 것이다. 그리고 앞에서 본 것처럼 반복성은 단조로울 수 있는 스피치 전달에 리듬감을 부여함으로써 메시지를 통한 청중의 감정 발현에 기여한다. 메시지 전달에서 음악적 요소는 청중의 파토스를 확장하는 긴요한 역할을 하는 것이다.

동음(절) 반복은 단락이나 구절의 첫머리뿐만 아니라 문장이나 구절의 끝나는 부분, 즉 행미(行尾)에서도 반복된다. 〈예문 12〉는 노무현 전 대통령의 민주당 대통령 후보 수락 연설 중 행미 반복을 사용한 연설 부분을 발췌한 것이다. 문장의 끝머리를 화채 기법의 질문 형태를 갖춘 동일 음절로 반복 처리하여 메시지의 전달력과 리듬감을 동시에 확보하고 있다.

〈예문 12〉 노무현, 민주당 대통령 후보 수락연설(2002)

> 국민 여러분! 이번 대통령 선거에 민족의 운명이 걸려 있습니다.
> 민주당은 반드시 이겨야 합니다. 이길 수밖에 없습니다.
> 특권의식으로 똘똘 뭉친 사람을 국민이 지지하겠습니까?
> 입만 열면 지역 분열을 부추기는 정치인에게 나라를 맡기겠습니까?
> 권위주의에 빠진 제왕적 정치인에게 표를 주겠습니까?
> 남북한의 불신과 대결을 조장하는 사람한테 민족의 미래를 맡기겠습니까?
> 중산층과 서민의 권익을 외면하고 오로지 기득권을 옹호하는 후보에게 박수를 보내겠습니까?
> 모든 변화를 거부하는 수구적 정치인을 국민이 반기겠습니까?

2.2 의미의 화채

의미의 화채는 본래의 의미를 전의(轉義)시켜 사용하는 스피치 표현 기법이다. 전의는 말하고자 하는 대상이나 현상을 표현하고자 할 때 어떤 말이 고유하게 가지고 있는 의미를 다른 의미로 일탈시켜 사용하는 것이다. "머리가 **깡통**"이라고 했을 때 깡통은 본래 내용물이 없는 빈 양철 용기를 의미하지만 위 문장에서 깡통은 머리가 나쁘거나 지식이 부족하다는 의미로 빗대어 사용된다. 이처럼 의미의 화채는 메시지에 참신함을 더하고, 청중의 지각을 환기시키며, 이해를 쉽게 하는 표현 기법이다.

또한 전의 기법에는 메시지를 보다 사실감 있게 드러내는 효과가 있다. 위 같은 예에서 "영철이는 머리가 나쁘다"라고 했을 때와 "영철이는 머리가 깡통이다"라고 했을 때를 비교해 보자. 메시지를 수신하는 입장에서는 "머리가 깡통이다"라고 했을 때가 훨씬 생생하게 느껴진다. 그래서 더 사실임직한 메시지라고 인식하게 되는 것이다. 결과적으로 이러한 기법의 효과는 스피치에 대한 설득력 제고로 이어진다.

퍼블릭 스피치에서 위와 같이 의미를 전의하는 표현 기법의 대표적인 화채가 바로 은유, 제유, 환유이다.

은유 크게 비유법의 한 종류에 속하는 은유는 원래의 관념(tenor)과 비유되는 보조 관념(vehicle)을 동일시하여 같은 의미로 다루는 기법이다.[59] 보통 직유(直喩)와 대조하여 이해하는 은유의 기본적인 원리는 'A(원관념)는 B(보조관념)이다'로 나타난다. 위 같은 예에서 "머리가 깡통"이라고 할 때 보조 관념 깡통은 사람의 머리와는 아무런 관계가 없는 용어지만 은유 기법을 동원하게 되면 원관념인 머리(지능·지식)와 같은 의미 선상에 놓이면서 완전히 새로운 관념을 창출하는 것이다.

〈예문 13〉은 마틴 루터킹 2세의 연설 'I have a dream' 중 은유적 표현의 백미로 평가받는 부분이다. 헌법과 독립선언서(원관념)를 약속어음(보조관념)으로 비유하며 단락 전체를 유려하고 명료한 은유 기법으로 표현하고 있다. 이런 스피치 흐름은 청중의 의식을 전혀 예상치 못한 시각에서 환기시킴으로써 놀라운 설득력을 확보한다.

〈예문 13〉 마틴 루터킹 2세, 인권 연설(1963) 中

오늘 우리는 치욕스런 상황을 바꾸기 위해 이곳에 모였습니다.

우리는 명목뿐인 수표를 현금으로 바꾸기 위해서 수도 워싱턴에 모였습니다. 미국의 건국에 참여한 사람들이 서명한 **헌법과 독립선언서**의 화려한 문구들은 약속어음에 비유할 수 있습니다. 이들은 흑인, 백인을 가리지 않고 모든 사람들이 결코 양도할 수 없는 **생명권, 자유권, 행복추구권이 있다는 내용의 약속어음**에 서명을 했습니다.

미국은 흑인 시민에 대해서 이 약속을 제대로 이행하지 않고 있습니다. **미국은 흑인들에게 이 신성한 약속어음에 명시된 현금을 지급하지 않고 '예금잔고 부족' 표시가 찍힌 부도수표를 되돌려 주고 있습니다. 하지만 정의라는 이름의 은행은 결코 파산하지 않을 것입니다. 미국이 가지고 있는 기회라는 이름의 거대한 금고 속에 충분한 잔고가 남아 있을 것입니다.** 우리는 이 약속어음이 명시하는 자유와 정의를 되돌려 받기 위해서 이곳에 모였습니다.

은유는 유추의 산물이다. 이를 사용하기 위해서는 비유하는 말이 원래의 대상과 적절하게 조화를 이루어야 한다. 너무 떨어져 있는 곳에서 은유를 취할 것이 아니라 같은 종(種)에 속하는 대상들과 유사한 형식들로부터 가져와야 한다. 부적절한 조화는 은유의 명중성이 떨어져 스피치를 오히려 무미건조하게 만들 위험이 있다 (Aristoteles).

〈예문 13〉에서 헌법과 독립선언서를 약속어음에 비유한 것은 적절하다. 두 가지 모두 서명을 통해 효력을 발생시키는 사회적 약속이라고 하는 점에서 행위 태양과 쓰임이 유사한 종 내의 대상들이다. 그래서 청중의 지각이 약속어음으로 옮겨가고 파생하여 금고,

은행, 부도수표라는 은유 표현들을 구사하더라도 청중은 연사가 하고자 하는 메시지의 본 의미를 약속어음에 투영시켜 거부감 없이 인식할 수가 있다.

그런데 반드시 지켜져야 한다는 의미에 집착하여 연사가 헌법과 독립선언서를 십계명을 새긴 시나이산의 '석판'으로 비유한다면 이제 은유의 명중성은 크게 떨어지고 만다. 핵심은 두 대상이 상징하는 의미와 작동 방식이 완전히 다르다는 점이다. 전자는 사회 구성원들의 수평적 합의를 의미하는 정치적 결과물이지만 후자는 절대적 존재의 수직적 명령을 의미하는 종교적 결과물이다. 상징하는 표면상 의미는 유사하더라도 각 영역이 추구하는 지향점이 달라서 은유 표현으로는 불러오기에는 무리가 있다. 두 대상은 너무 멀리 떨어져 있다.

키케로는 창조적 증명, 간결함의 미덕, 관념의 감각화, 자연스러운 전이를 은유의 주요한 역할로 들고 있다. 은유는 예상치 못한 낯선 대상을 이해할 수 있는 대상으로 만들어 주고(창조적 증명), 하나의 비유적 단어로도 많은 부분을 설명할 수 있게 해 준다(간결함의 미덕). 또 추상적이거나 낯선 관념을 감각적인 사물로 표현하는 것을 가능케 하고(관념의 감각화), 본래의 대상을 놓치지 않으면서 다른 대상으로 그것을 옮겨가게 하는 것(자연스러운 전이)이 은유가 지닌 신선함이라고 하였다.

산문의 영역에 속하는 퍼블릭 스피치에서 은유가 특히 중요한 이유는 키케로의 위 네 가지 주요 역할 중 '간결함의 미덕'과 '관념의 감각화' 때문이다. 만약 마틴 루터킹 2세의 위 같은 연설 부분을 은유

기법을 사용하지 않고 구성한다고 가정해 보자. 연사는 먼저 미국 인권의 지침서라 할 수 있는 헌법과 독립선언서의 역사적 의미와 중요성을 설명해야 한다. 그런 다음 미국 사회 내 만연한 흑인 차별을 열거하고, 그러한 불평등, 반인권적 차별은 건국 정신을 정면으로 거스르는 행위라는 점, 건국 정신이 밝히고 있는 흑백 구별 없는 완전한 인권의 실현이 아직 미국 사회에서 뿌리내리지 못하고 있는 현실 등을 청중에게 설명한다. 그러면서 부당한 차별을 바로잡고 모든 구성원의 인권이 완전하게 실현되기를 바라는 마음에서 우리가 함께 링컨 기념관 앞에 모였다는 취지로 단락을 마칠 것이다.

그런데 헌법과 독립선언서를 약속어음으로 표현하는 순간 메시지는 명확하면서도 지극히 간결해진다. 권리와 의무에 있어 누구에게나 동등한 효력을 갖는 약속어음, 그러나 흑인들에게 돌아온 부도수표, 거기에 기재된 현금을 이제 미국 사회가 정당하게 지급해야 한다는 주장이 짧고 간결하게 압축되어 있다. 장황한 설명을 부가하는 것보다 청중을 더 쉽고 인상 깊게 설득한다. 스피치에서 은유가 지닌 장점은 무엇보다 간결한 메시지 전달을 가능하게 한다는 데 있다.

연사는 관념화된 사상이나 추상적인 주제를 청중에게 설명해야 할 때도 있다. 그것을 이해하기 쉽게 말한다는 것은 쉬운 일이 아니다. 특히 천국, 믿음, 구원과 같은 종교적 개념들을 해석해서 청중을 이해시킬 때가 그렇다. 그런데 은유는 그것을 가능하게 해준다. 이에 관하여 따로 설명을 덧붙이지 않더라도 성경이 왜 비유적인지, 어떤 방식으로 은유들을 사용했는지 살펴보면 알 수 있을 것이다.

제유·환유 대상이 되는 사물의 명칭을 직접적으로 쓰지 않고 그 대상의 일부분이나 특징으로 전체를 나타내는 비유 화채를 '대유(代喩)'라고 한다. 대유는 다시 제유와 환유로 구분된다. 전자는 같은 종류의 사물 중에서 어느 하나(부분)를 들어 그 사물이 속하는 전체의 의미를 나타내는 방법이고, 후자는 대상이 되는 사물의 특징이나 속성을 통해서 전체의 의미를 나타내는 방법이다.

"아우성을 외면할 생각입니까? 먼 미래의 번영이 다 무슨 소용입니까. 우리에게는 당장 식탁에 올릴 빵이 필요합니다"라는 스피치 구문은 제유 기법의 화채다. 여기에서 빵은 사람이 먹을 양식의 한 종류에 지나지 않지만 그것이 양식 전체를 나타내는 의미로 사용되고 있다.

"분단 70년, 멈춰야 할 때입니다. 칼을 녹여 함께 쟁기를 만들 때입니다"라는 스피치 구문은 환유 기법의 화채다. 여기에서 칼은 무력(대립)을, 쟁기는 건설(번영)을 각각 의미한다. 구문의 전체적인 맥락에서 칼은 무기의 한 종류지만 그것이 무기 전체를 대표하는 것이 아니라 칼이 가지고 있는 속성을 추출하여 의미를 표현하고 있다. 그리고 쟁기는 생산 도구의 한 종류지만 마찬가지로 그것이 가지고 있는 속성을 통해서 의미를 표현하고 있으므로 환유가 된다.

은유와 대유는 같은 구문 안에 원관념과 보조 관념이 나타나는지 여부를 기준으로 구분된다. 은유에서는 그것들이 같이 드러나지만, 대유에서는 원관념이 보조 관념 속에 감춰져 있다.

대유는 또한 상징과도 구분된다. 대유는 '칼'과 '무력'이라는 관계에서 보듯 원관념과 보조관념 사이에 일정한 관련성이 있다. 그러나 상징은 '비둘기'와 '평화'라는 예에서 보듯이 두 관념 간에는 공통된 어떤 관계성을 찾을 수가 없다. 상징은 개인적 창조를 통해서도 표현되지만 주로 관습적 혹은 전통적 관념에 근거하여 만들어지며 추상적인 것을 구체적인 사물에 빗대어 표현할 때 많이 쓰인다.

은유와 대유의 레토릭은 인간이 세상을 보다 잘 이해하기 위한 언어활동에서 생겨난 것이다(김형효). 은유와 마찬가지로 제유와 환유 역시 청중이 어떤 대상이나 현상을 더 명확히 이해하는 데 필요한 표현 기법이다. 그래서 '간결함의 미덕'과 '관념의 감각화' 등 앞에서 본 은유의 기능적 특성은 그대로 제유와 환유의 특성이 되며, 그러한 언어적 작용을 통해서 청중은 연사의 메시지를 더 참신하게 그리고 더 쉽고 명료하게 이해할 수 있게 된다.

2.3 구문의 화채

단어의 화채가 소리의 변화, 의미의 화채가 의미의 변화를 포착하는 기법이라면, 구문의 화채는 메시지의 형태와 구조에 변화를 시도한다. 생략과 여운, 말의 반복적인 첨가나 상반된 메시지의 대립, 어순의 변경 등 구문의 구성을 변화시켜 메시지를 강조하는 화채 기법이 구문의 화채이다.

생략·묵설 생략은 말하고자 하는 메시지의 기표(記標)를 줄여 말을 간결하게 압축함으로써 청중에게 그 의미를 좀 더 선명하게 각인시키는 화채 기법이다. 뒤마르세(DuMarsais)는 말을 우아하면서 단단하게 만드는 힘이 생략에 숨어 있다고 했다. 넓은 의미에서 보면 묵설도 생략의 한 형태라고 할 수 있는데, 보통 생략은 구술 스피치보다 문예적 장르에서 폭넓게 사용된다. 생략이 글쓰기 영역에서 필요성과 활용도가 큰 측면도 있지만, 시각적 표현인 문장과 달리 스피치에서는 생략의 효과를 소리로 나타내야 하므로 그것을 구사하는 데 있어 일정한 제약이 따르기 때문이다.[60] 그래서 생략과 묵설은 스피치를 통해 현실적으로 표현할 수 있는 몇 가지 형태들을 중심으로 살펴보아야 한다. 의미의 함축, 연사(連辭) 생략이 퍼블릭 스피치에서 주로 사용하는 방식들이다.

전형적인 형태를 슬로건이나 속담·격언 등에서 찾아볼 수 있는 '의미의 함축'은 메시지 이해에 필요한 말을 최소한으로 줄이는 것이다. 청중이 그 말을 들었을 때 의미를 충분히 해석할 수 있게 하고, 그렇게 함축된 메시지가 청중에게 강한 인상을 줌으로써 설득력을 보조한다. 그리고 '연사의 생략'은 구문의 연결사를 생략하여 스피치의 긴장감이나 속도감을 높이고, "청중 자신이 작업에 참여하여 빠진 연관관계를 다시 세우게 함으로써 설득의 유희 속에 끌어들이는 화채 기법"이다(Reboul).

〈예문 14〉

낯설고 생소한 것이 사람의 시선을 끌기 마련입니다. 우리가 여행을 하는 이유 중의 하나도 바로 낯선 문화를 보고 싶어서입니다. ∨**가장 한국적인 것을 파십시오!**

〈예문 14〉의 "가장 한국적인 것을 파십시오"는 한국 고유의 전통과 문화를 발굴하여 상품화하는 것이 가장 세계적인 관광 자원이라는 말을 표현하는 의미 함축의 화채이다. 설령 앞의 말이 없더라도 "가장 한국적인 것을 파십시오"라는 말만으로도 청중은 의미를 해석하는 데 어려움이 없을 것이다. "한국 고유의 전통과 문화를 발굴하여 상품화하자"라고 표현하면 평범해질 수 있는 말이 위와 같이 함축됨으로써 메시지가 더 인상 깊게 처리되고 있음을 알 수 있다.

위 같은 예문에서 ∨는 '그러므로' 또는 '그러니'라는 연결 말이 빠져 있음을 표시한 연사 생략의 화채이다. "우리가 여행을 하는 이유 중의 하나도 바로 낯선 문화를 보고 싶어서입니다. 그러므로 가장 한국적인 것을 파십시오"라고 말했을 때와 "우리가 여행을 하는 이유 중의 하나도 바로 낯선 문화를 보고 싶어서입니다. 가장 한국적인 것을 파십시오"라는 말을 비교했을 때 삽입한 연결 말이 오히려 스피치의 설득력에 방해가 되고 있음을 확인할 수 있다.

묵설은 스피치 중간 또는 말미에서 말을 중단하여 여운을 남기는 방법이다. 청중의 정서에 파장을 불러일으켜 감정을 증폭시키거나 전개상 응당 이어져야 할 이야기나 논증, 해석을 의도적으로 생략한다. 그럼으로써 청중에게 빠진 부분을 사고토록 하여 메시지의 강조 등을 나타내고자 할 때 사용할 수 있는 화채 기법이다.

〈예문 15〉

시멘트 덩이에 깔리고, 찢기고, 여기저기 살려 달라 울부짖는 사람들. 아! 그 처참한 광경이란……

〈예문 15〉에서 우리는 처참하다는 부가적인 묘사를 중단함으로써 청중의 감정이 더 증폭된다는 사실을 알 수 있다. 만약 당연히 표현되어야 할 말을 드러내어 "아! 그 처참한 광경을 차마 눈으로 볼 수가 없었습니다" 혹은 "아! 그 처참한 광경은 너무나 끔찍했습니다"라고 표현하면 오히려 파토스는 힘을 잃고 만다. 이처럼 묵설은 의도적인 침묵으로 청중의 상상을 이용하여 감정을 고조시키고자 할 때 사용할 수 있다.

또 다른 형태의 묵설 화채로는 청중에게 논증 과정은 들려주되 스피치의 결론을 청중 스스로가 추론하도록 해당 메시지를 의도적으로 중단하는 기법이 있다. 연사가 논증을 이어가다가 결론에 이르러 그것을 밝히지 않고 중단하게 되면 청중은 그것을 완성하기 위해 필연적으로 인지적인 노력을 기울일 수밖에 없게 된다. 이러한 기법은 청중의 스피치 참여도를 높여 설득에 기여하는 효과를 가져온다. 다음의 예문을 보자.

〈예문 16〉

〈ⓐ〉 구하는 이마다 받을 것이요, 찾는 이마다 찾을 것이요, 두드리는 이에게는 열릴 것이니라. 너희 가운데 어느 아버지가 아들이 생선을 달라고 하는데 생선 대신에 뱀을 주며, 달걀을 달라고 하는데 전갈을 주겠느냐. 너희가 악할지라도 자식에게는 좋은 것을 줄 줄 알거늘 하물며 하늘에 계신 아버지께서야 구하는 이에게 성령을 더 잘 주시지 않겠느냐(눅11:10~13)

〈ⓑ〉 구하는 이마다 받을 것이요, 찾는 이마다 찾을 것이요, 두드리는 이에게는 열릴 것이니라. 너희 가운데 어느 아버지가 아들이 생선을 달라고 하는데 생선 대신에 뱀을 주며, 달걀을 달라고 하는데 전갈을 주겠느냐. 너희가 악할지라도 자식에게는 좋은 것을 줄 줄 알거늘 하물며 하늘에 계신 아버지께서야……

〈예문 16〉의 〈a〉는 성경 텍스트의 원문을 옮겨 놓은 것이다.

'소망하면 반드시 응답을 받는다'는 주장을 비유적인 예증을 들어 증명하는 귀납적인 형태의 구조로써 'A에게 가능하면 B에게는 더욱 더 가능하다'는 토포이에 근거하고 있다. 그리고 〈b〉는 같은 텍스트에서 논증의 결론 부분을 중단한 경우의 예이다. 〈a〉와 〈b〉는 의미 전달에는 아무런 차이가 없다. 그러나 설득 측면에서 보면 생략 화채를 사용한 〈b〉의 경우가 청중에게 메시지를 더 선명하게 각인시킨다. 그 이유는 청중 스스로 연사의 메시지에 관여하여 추론을 완성하기 때문이다. 생략은 메시지에 대한 청중의 인지적 참여를 유도하는 기능을 하며, 적절한 사용은 설득 효과에 기여한다.

묵설은 한편으로 아래의 예문과 같이 암시를 던져 궁금증을 유발함으로써 청중의 메시지에 대한 집중을 유도하고자 할 때 사용되기도 한다.

〈예문 17〉

> 인생은 순간순간의 용서들이 쌓인 화해의 탑이라고들 합니다. 우리는 그 의미를 잘 알고 있습니다. 그러나 이 일만큼은…… 저는 용서에 대해 다시 생각해 보기로 했습니다.

〈예문 17〉에서 연사는 용서의 의미를 다시 생각하게끔 한 중요한 어떤 사건이 있었음을 암시하면서 그것을 감추어 놓은 채 청중에게 결과만을 드러내는 기법을 사용하고 있다. 일반적이라면 예문의 밑줄 부분에는 사건의 개요가 언급되면서 그 때문에 용서에 대해 다시 생각하고자 한다는 내용의 스피치가 전개될 것이다. 그러나 원인을 묵설로 처리하면서 암시하는 말로 궁금증을 유발하여 향후 전개할 스피치에서 청중의 집중력을 담보하고 있다.

이처럼 생략과 묵설은 구문의 완결성이라는 측면에서는 미완의 상태로 들리지만 오히려 메시지 전달이 선명하다. 연사는 생략을 이용하여 공간을 만들고 청중은 상상과 추리를 동원해 그 공간을 메운다. 청중의 생각이 침투하도록 스피치 공간을 비워두고 연사와 청중이 같은 사고를 공유하면서 일체감을 형성토록 하는 설득적 화채 기법이 생략과 묵설이다.

반복과 대구·대조 반복, 대구·대조는 메시지를 강조하고, 스피치의 리듬성을 확보하기 위한 화채 기법이다.

〈예문 18〉

정의(正義)는 희망입니다.

〈a〉 성실한 사람이 가난한 사회, 정직한 사람이 소외되는 사회, 준비한 사람이 뒤처지는 사회, 〈b〉 그런 사회는 정의가 사라진 사회입니다. 정의가 사라지면 사람들의 희망이 사라집니다. 희망이 사라지면 공동체의 미래도 사라집니다. 〈c〉 정의는 민주주의를 키우는 젖줄이고, 희망은 민주주의가 낳은 자녀입니다.

정의(正義)는 희망입니다.

반복은 단어, 구문을 반복하는 것으로서 이를 위해서는 동일하거나 비슷한 의미의 말들이 되풀이되는 형태를 갖춰야 한다. 〈예문

18〉의 〈a〉는 정의롭지 못한 사회 현상을 강조하는 구문의 반복을 보여 준다. 또 반복은 스피치의 말머리와 끝맺음을 유사한 통사로 일치시키는 '수미상관(首尾相關)'의 형태로도 나타낼 수 있는데, 같은 예문에서 보듯 "정의는 희망입니다"로 시작하여 "정의는 희망입니다"로 말을 맺는 방식이다.

반복과 관련하여 함께 살펴보아야 할 화채로서 연쇄(連鎖) 기법이 있다. 스피치에서 많이 사용하는 연쇄법은 반복과 유사하나 동일한 의미의 말을 반복하는 것이 아니라 예문 〈b〉와 같이 앞의 말에 터 잡아 다음 말을 연속적으로 이어가는 형태로서 스피치의 리듬감 및 흥미의 연속성을 통해 메시지를 강조하는 효과를 낳는다.

대구는 서로 유사한 말끼리 짝지어서 연속적으로 표현되기는 하나 대구되는 앞뒤의 말들이 반복과는 달리 각기 다른 의미를 표현한다. 예문의 〈c〉 "정의는 민주주의를 키우는 젖줄, 희망은 민주주의가 낳은 자녀"에서 알 수 있듯이 앞의 구문과 뒤의 구문은 의미가 다르다. 하지만 두 구문이 대구를 이루면서 관념적인 대립 구도를 만들어 낸다. 그리고 떨어져 있을 때보다 대구가 되었을 때 각각의 메시지가 더 명확하게 강조된다.

대구는 보통 대조와 한 묶음으로 이해하는 화채 기법이다. 두 화채는 구조적으로 유사하면서 의미가 조금 다르다. "뜨거운 가슴, 차가운 머리"에서 보는 것처럼 대조는 대구와 마찬가지로 앞의 구문과 뒤의 구문이 서로 다른 뜻을 가지고 있다. 그러나 그 의미들이 서로 상반되지 않고 관념적으로만 대립되는 대구와 달리 대조는 그 의미들이 상반되는 대조적 구조 관계에 놓여 있다. 대조는 서로에게 반대되는 메시지를 하나의 구술 표현으로 드러냄으로써 더 극명한 선명성을 보여 준다.

반복과 대구·대조, 더하여 연쇄의 화채는 기본적으로 메시지를 강조하고자 하는 의도지만 그 구조적 특성이 스피치의 리듬감 형성에도 큰 기여를 한다.

도치·점층(강) 구문을 변화시켜 메시지를 강조하는 또 다른 형태의 화채로는 도치와 점층·점강이 있다. 이 화채들의 공통된 특징은 그것을 사용함으로써 메시지가 생동감 있게 살아난다는 점이다. 생동감은 메시지를 강조하는 효과를 낳는다. 특히 점층과 점강은 그것을 표현할 때 일정한 운율성을 갖추기 마련이어서 스피치의 리듬감 생성에도 기여한다.

도치(倒置)는 통상의 문법적인 형태와는 다르게 말의 순서를 바꾸어 메시지를 강조하는 화채이다. "나아갑시다! 꿈과 희망의 시대로, 전진합시다! 기회의 시대로"와 같이 스피치에서 도치는 대체로 앞의 말을 강조하고자 할 때 쓰인다. "꿈과 희망의 시대로 나아갑시다! 기회의 시대로 전진합시다!"라고 하는 문법 논리적인 순서가 뒤바뀜으로써 "나아가자, 전진하자"는 행동 명령이 강조되어 메시지가 더 역동적인 형태로 들리는 것이다.

〈예문 19〉

> 〈**점층**〉 한 방울의 물이 모여 계곡을 이루고, 계곡의 물이 만나 강을 이루고, 강물이 합하여 바다를 이루듯, 오늘 여러분이 떼는 한 걸음은 창대한 미래가 됩니다.

> **〈점강〉** 끝을 알 수 없는 우주, 우주 안 작은 은하계, 은하계 속 한 점 지구별, 그 안의 대한민국 어느 길거리에서 여러분과 제가 우연하라도 옷깃을 스친다면, 그것이 바로 기적입니다.

점층은 같은 단어나 구문을 반복하여 메시지를 강조하되 메시지가 포함하고 있는 강도나 비중을 순차적으로 높여 가는 것이고, 점강은 그 반대로 강도나 비중을 순차적으로 낮춰 가는 화채 기법이다.

〈예문 19〉에서 보듯, 점층과 점강은 도치와 달리 강조하고자 하는 메시지가 말끝에 위치한다. 물론 "오늘 여러분이 떼는 한 걸음은 창대한 미래가 됩니다. 한 방울의 물이 모여 계곡을 이루고, 계곡의 물이 만나 강을 이루고, 강물이 합하여 바다를 이루듯이(말입니다)"라는 표현도 가능하다. 그러나 점층이나 점강의 화채 기법에서 앞에 주장을 두게 되면 문예적 표현에서와 달리 스피치가 부자연스러워지고 메시지를 강조하는 효과가 떨어진다. 그래서 예문과 같이 끝에서 주장이나 메시지의 요지를 귀납적인 방식으로 전달하는 것이 더 설득적이다. 또 반복적인 형태를 강도나 비중의 순서로 나열하는 점층·점강의 화채는 호흡에 일정한 규칙성을 부여하는데 이러한 규칙성에서 스피치 리듬감이 생성되기 때문에 메시지를 구성할 때 호흡 규칙에 맞게 구문의 수를 조절하는 것이 중요하다.

말의 순서를 바꾸어 청중의 감정을 고양시키는 화채 기법의 또 다른 하나로 르불은 '교착어법(膠着語法, chiasme)'에 주목하기도 하였다. "표현의 자유가 없으면 힘없는 주의들과 주의들 없는 힘 사이의 대결만이 있을 뿐이다"라는 구문처럼 교착어법은 대구와 어순 전환을 합친 어법으로서 상관성 있는 관계를 분명히 드러낼 때 사용되는 화채 기법이다. 그러나 스피치에서 교착어법은 한 가지 단점을 내포하고 있는데, 그것은 청중이 말의 의미를 즉각적으로 이해하기에 다소 어려움이 있을 수 있다는 점이다. 그러므로 난이도 있는 의미 전달에서는 사용에 숙고가 필요하다.

2.4 사고의 화채

사고의 화채는 주로 청중의 정념(情念, 파토스)에 관계한다. 표현의 부조화를 이용하여 감정을 고양하거나 놀라움 또는 관심과 호기심을 자극함으로써 연사와 정서적으로 공모 관계를 만들어 청중을 설득하고자 하는 표현 기법이 사고의 화채라고 할 수 있다.

우의   우의는 원래 품고 있는 관념적 의미를 완전히 숨기고 보조 관념만을 드러내 숨겨진 본뜻을 암시하는 화채 표현으로서, 풍유(諷諭) 또는 우언(寓言)이라고도 한다. "닭의 목을 비틀어도 새벽은 온다"라는 말에서 읽히듯 우의는 보통의 비유와 다르게 표면적으로는 엉뚱하거나 낯선 말로 들리지만 그 속에 어떤 뜻을 담아 전달한다.

원관념이 드러나는 은유와 달리 우의에서는 원관념이 전혀 드러나지 않는다. 그래서 르불이 지적한 대로 우의에서는 유추가 다층적일 수 있다. 전후 메시지 없이 위 예문만을 놓고 보면 그것을 거스를 수 없는 자연의 순리로 해석할 수도 있고, 어떤 억압도 의지를 꺾을 수 없다는 의미로 해석할 수도 있다. 그러므로 연사가 우의 기법을 활용하여 의도하는 메시지를 전달하고자 할 때는 그 의미를 뒷받침해 줄 부연 스피치가 필요하다. 참고로 우의가 스토리를 가진 예화로 구성이 되면 비유적 성격의 논증 수단이 될 것이다.

아이러니(반어)　아이러니(irony)는 역설(逆說)에 상응하여 의도하는 생각과 반대되는 말을 써서 설득력을 꾀하는 화채 기법이다. 잘못된 행동을 하는 아들에게 아버지가 "잘하는 짓"이라고 하거나 실제는 극도로 폭력주의자인 사람을 일부러 "그 위대한 평화주의자"라고 표현하는 것처럼 아이러니는 생각과 표현의 부조화, 즉 내심의 실제 의도와는 상반된 반어적 모순을 통해 메시지를 강조하고 설득의 힘을 증가시킨다.

아이러니는 위 예처럼 어떤 대상을 질책, 조롱하거나 풍자하기 위해 또는 해학적인 재미를 표현하고자 할 때 사용하기도 한다. 그래서 아리스토텔레스는 아이러니를 유머의 일종으로 인식하기도 했다.

우의와 마찬가지로 의미 해석이 다층적이므로 청중이 그 말의 진짜 의미가 무엇인지 이해할 수 있는 상황과 조건 아래서 구사되어야 한다.

암시적 간과　암시적 간과(暗示的 看過, Preterition)는 말하지 않는다고 하면서 실상은 그것을 말함으로써 메시지를 강조하는 화채 기법이다. "지금 얼마나 많은 젊은이들이 우리 사회에서 꿈을 포기하고 살아가는지는 굳이 말하지 않겠습니다"와 같이 암시적 간과는 상대방의 호기심을 자극하여 서로 공모하는 듯한 인상을 줌으로써 그것이 당연하다는 감정을 일으킨다. 그래서 다음의 변론적 질문과 기능적으로 유사한 맥락의 화채라고 할 수 있지만 중심 메시지를 역어(逆語)의 형태로 표현하는 것이 변론적 질문의 화채와 구별되는 특징이다.

또 암시적 간과는 '언급의 회피를 통한 직접적인 언급'이라는 해석 선 상에서 "저는 그들의 부도덕과 정치적 무능력을 말하는 것이 아닙니다. 중요한 역사의 전환기에서 한가하게 그런 이야기나 하고 있을 여유도 없습니다"와 같은 방식으로 나타내기도 하는데, 정확하게 핵심 메시지를 꼬집으면서 새삼스레 말할 필요가 없다는 식의 표현을 통해 청중의 정서적 동조를 끌어낸다.

변론적 질문 퍼블릭 스피치에서 많이 사용하는 변론적 질문(Rhetorical Question)은 물음의 형식으로 표현되지만 대답이 명백해서 대답을 요구하지 않으면서 청중의 관심과 참여를 유도하고 연사와 청중 간의 파토스 공유를 통해 메시지를 강조하는 화채 기법이다. 예를 들어 앞의 〈예문 12〉에 나타난 "특권의식으로 똘똘 뭉친 사람을 국민이 지지하겠습니까? 입만 열면 지역 분열을 부추기는 정치인에게 나라를 맡기겠습니까?"와 같은 표현이라든지 "누가 포도를 심고 그 열매를 먹지 않을 것이며, 양떼를 기르고 그 젖을 먹지 않겠는가?(고린도전서 9장 7절)"와 같은 표현들이 그것이다. 이처럼 대답이 자명한 질문은 질문을 위한 물음이라기보다 연사와 청중의 정서적 일체감, 그리고 메시지의 강조에 초점이 맞춰진 선언적 표현에 가까운 것이다.

예변 예변(豫辯)은 반대자가 주장할 논거를 미리 앞질러 말함으로써 연사의 메시지는 설득력을 높이고 상대방의 논거는 무력화시키는 화채 기법이다. 이를테면 "순수한 채식은 사람의 육체와 정신을 평화롭게 하는 이상적인 식문화입니다. 물론 채식은 영양 불균형을 초래하여 신체 건강을 위협할 수 있다는 경고도 있습니다. 그러나 그런 주장은 채식에 대한 올바른 이해의 부족에서 비롯된 생각입니다"와 같이 상대방 혹은 청중이 연사의 말을 들었을 때 그에 대항할 수 있는 논거를 연사가 미리 밝혀 반박의 설득력을 제거하는 일종의 '사전차단 기법'이 예변이다.

그런데 스피치에서 예변은 상대의 가능한 반박 논거를 밝히는 데서 그치는 것이 아니라 상대방의 그 논거를 다시 반박했을 때 효과가 완전해진다. 즉 위 예문에서 "채식은 영양 불균형을 초래하여 건강을 위협할 수 있다"는 반박에 대해 "그것은 채식에 대한 올바른 이해 부족에서 비롯된 생각이다"라는 재반박의 논거까지가 제시되어야 한다는 것이다.

환어 환어(煥語)는 주장하는 메시지를 더욱 강조하거나 진지함을 나타내고자 할 때 연사가 앞선 말을 교정하는 화채 기법이다.

여기에는 두 가지 방식의 표현이 있다. "역경은 성공을 가늠하는 시험이라고 생각합니다. 아니 확신합니다"와 같이 직접적으로 앞의 주장을 더 강한 메시지로 고쳐서 나타내는 형태와 "들려드리고자 하는 이야기는 온전히 여러분을 위한 이야기이면서도 여러분에 관한 이야기는 아닙니다"와 같이 하나의 표현 속에 예상 밖의 뒤집는 반전을 이용해 메시지를 강조하는 기법이다.

3.
비언어 표현 기법

스피치는 음성을 통해 메시지가 외부로 표현됨으로써 완성된다. 이때 음성 발화행위는 신체의 생리적인 작용이어서 자연스레 몸의 움직임을 수반하게 된다. 음성과 신체 동작이 스피치를 실행하는 최종적이면서도 실질적인 행위이다. 그러므로 스피치의 표현은 소리와 동작에 관한 표현 기법으로 구분해서 다루게 된다.

그런데 여기서 우리는 스피치의 도면을 다시 상기해 볼 필요가 있다. 개인 간 대화, 토론, 토의는 물론 퍼블릭 스피치에 이르기까지 모든 말하기 행위는 결국 무엇을 말할 것인가(구성의 영역), 어떻게 말할 것인가(실행의 영역)로 집약된다. [61]

무엇을 말할 것인가는 메시지 구성의 문제이고, 어떻게 말할 것인가는 생리적 표현의 문제이다. 구성과 표현은 동시에 이루어지기도 하고 때로는 미리 구성된 메시지가 시간적 여유를 두고 표현되기도 한다. 어떤 경우라도 구성과 표현은 스피치 목적을 위해 같은 시스템 안에서 움직이는 상호 유기적인 관계 속에 놓여 있다. 그래서 구성과 표현의 관계적 기능에 주목해야 한다. 다시 말해서 의미가 같은 여러 가능한 메시지 중에서도 발음과 휴지 등 음성 표현에 더 유리하거나 설득 효과가 더 크다고 생각하는 단어를 취사선택하여 메시지를 구성하고 그것을 다시 가장 효과적인 음성으로 표현하는 상호관계적인 기능을 연사는 항상 고려해야 한다는 것이다.[62]

이러한 전제를 최대한 충족하였다는 가정하에 이제 스피치의 생리적인 표현행위에 대해 살펴보아야 하는데, 앞에서 말한 것처럼 스피치 표현은 소리와 동작으로 이루어진다. 소리는 음성 발화행위이고, 동작은 발화행위에 부수하는 의도·비의도적인 신체의 움직임이다. 키케로의 말처럼 스피치는 목소리의 다양함과 몸짓, 표정에 의해서 선명하고 명백하게 만들어지는 것이다. 그리고 그것들 각각은 서로가 다양한 영향을 주고받으며 세부적인 하나의 메커니즘을 이룬다.[63]

덧붙여 스피치 실행에서는 시청각 자료의 개입이 다뤄진다. 그것은 메시지를 보강하는 스피치 보조 역할을 한다. 결국 스피치 실행은 소리의 표현 영역, 동작의 표현 영역과 메시지를 보조하는 시청각 자료의 활용 영역으로 구분된다. 이하에서는 이것들을 차례로 보기로 한다.

3.1 소리의 표현

스피치를 실행하고자 할 때 연사는 가장 먼저 메시지의 전체적인 느낌, 즉 말하고자 하는 내용의 분위기(스피치 무드)와 표현을 일치시킬 수 있어야 한다. 가령 "내 늙은 아내는 아침저녁으로 내 담배 재떨이를 부시어다 주는데, 내가 '야 이건 양귀비 얼굴보다 곱네, 양귀비 얼굴엔 분때라도 묻었을 텐데?' 하면, 꼭 대여섯 살 먹은 계집아이처럼 좋아라고 소리쳐 웃는다(서정주의 詩, 〈내 늙은 아내〉)"라는 말을 표현한다고 가정해 보자. 노부부의 어린아이 같은 일상의 단면을 밝고 쾌활한 느낌의 어조로 말해야 한다는 사실이 명확해진다. 다음으로 연사는 그 것을 어떻게 표현하는 것이 효과적인지를 고민해야 할 것이다. 말의 고저장단과 음량, 어떤 부분에서 얼마나 멈추었다가 말을 이어갈 것이며, 속도는 어느 정도의 템포로 유지할 것인지, 또 "야 이건 양귀비 얼굴보다 곱네, 양귀비 얼굴엔 분때라도 묻었을 텐데?"라는 표현을 단순히 읽듯이 나타낼 것인지 아니면 실제 말하듯 나타내야 할 것인지 등을 촘촘하게 생각해야 하는 것이다. 이것들이 스피치의 음성 표현행위에 따르는 고려 요소들이다.

1) 스피치 무드(Speech Mood)

글이나 문장이 품고 있는 분위기가 서로 다르듯, 말에도 저마다의 느낌이 있다. 그런데 단지 해독하는 것으로 끝나는 글과 달리 말은 듣고, 보고, 해독해야 한다. 그래서 고정된 채 문자로 읽히는 글에서 사람들이 느끼는 감정은 대체로 동일하지만 말은 같은 내용이라도 연사가 어떻게 구성해서 표현하느냐에 따라, 같은 이야기라도 말하는 사람이 누구냐에 따라 느낌이 달라지는 가변적인 성질을 갖고 있다. 이를 다른 시각에서 이해하자면 적합하지 않은 표현은 스피치를 불완전하게 만든다고 할 수 있다. 표현이 적합하지 않다는 것은 적합한 표현이 있음을 전제하는데, 이때 적합하다는 것이 무엇인지를 가리키는 지표가 바로 '스피치 무드'에 있다.

스피치 무드는 말이 품고 있는 색깔, 풀이하면 메시지의 분위기나 느낌으로 이해할 수 있다. 예를 들어 "살다 보면 누구에게나 위기와 고난이 찾아오기 마련입니다"라는 말과 "살다 보면 누구나 넘어지고 휘청거릴 때가 있기 마련입니다"라는 말을 비교해 보자. 앞의 구문은 인생에서 맞닥뜨릴 수 있는 역경을 고난과 위기라는 말로 직접 나타내고 있지만, 후자는 그것을 비유적으로 나타내고 있다. 어떤 말을 청중에게 하더라도 의미는 같다. 그러나 위 두 개의 구문에서 나타나는 언어적 느낌은 서로 다르다. 하나는 지적(知的)인 관점에서 해석되고, 다른 하나는 보다 정적(情的)인 관점에서 해석되기 때문이다. 이처럼 같은 말이라도 메시지가 가지고 있는 스피치 무드는 서로 다르다. 그러므로 서로 다른 느낌의 말을 같은 스피치 패턴이나 정서로 표현해서는 안 된다. 스피치 무드가 다르면 그것을 실행하는 표현도 달라지는 것이다. 따라서 적합한 표현이란 메시지로부터 드러나는 느낌, 달리 말하면 스피치 무드에 부합하는 가장 적정한 구술 표현행위를 의미한다.

그렇다면 스피치 무드가 각기 다른 메시지들을 어떻게 표현하는 것이 적합한가라는 문제가 남는다. 엄밀히 따지면 메시지의 수만큼 적합한 표현의 수도 존재한다. 다만 우리는 그것들을 일정한 범주로 분류함으로써 수많은 메시지 상황들을 유사한 유형의 카테고리 안에서 좀 더 쉽게 이해할 수는 있을 것이다.

현대 뇌 과학의 생물학적 연구에 의하면 인간의 뇌는 감정적 가치를 부여하는 인체 기능(변연계, limbic system)과 이성적 가치를 부여하는 인체 기능(신피질, neocortex)으로 이루어져 있고 두 기능의 상호작용으로 인지적 판단이 이루어진다. 스페리(Roger Sperry)의 '두뇌세분화 이론(Brain Theory)'에 따르면 인간의 좌뇌는 논리적인 언어처리와 분석 등 인지적 역할을 주로 담당하고, 우뇌는 직관적, 현상적 정보를 처리하는 감성적 기능을 주로 담당하는 것으로 알려져 있다. 메시지의 논리적 해석과 추론 등은 좌뇌가 처리하고, 메시지의 감성적, 비언어적인 단서들은 우뇌가 처리한다는 것이다. 그리고 '현대 설득 커뮤니케이션 연구'에서 살펴본 것처럼 통합모델(ELM)은 이성과 감성을 메시지 처리의 지배적인 유인 요소로 하는 인간 사고체계의 서로 다른 경로를 설정하고 있다. 따라서 다양한 메시지 유형들은 이성적인 정보처리 영역에 좀 더 가까이 위치하는 지적(知的) 유형의 스피치 메시지, 정서적 정보처리에 좀 더 가까이 위치하는 정적(情的) 유형의 메시지로 구분이 가능해진다. 이를 같은 맥락에서 바꾸어 말하면 스피치 무드는 크게 지적, 정적 무드로 나눌 수 있음을 의미한다.

'지적 스피치 무드'는 메시지의 성격이 이성적(理性的)인 사유로부터 추출되거나 정서적 반향을 배제한 객관적 성격의 메시지들이 수반되는 경우로 범주화한다. 사실과 정보, 논증과 논리가 메시지의 중심에 있으며, 분해적이고 체계적이어서 청중이 인지하는 스피치의 느낌이 일반적으로 건조하다.

'정적 스피치 무드'는 파토스에 기대어 청중의 감정 경험을 불러일으키는 정서적 성격의 메시지들이 수반되는 경우로 범주화한다. 회화(繪畵)적 묘사, 감정 상태의 표출이 메시지의 중심에 있으며, 따라서 청중이 인지하는 스피치의 느낌이 일반적으로 감각적이다.

<표 11> 스피치 무드의 구분

지적 스피치 무드	메시지 성격이 이성적, 분해·체계적인 논증이 중심에 있으며, 청중이 인지하는 스피치 느낌이 건조한 편이다.
정적 스피치 무드	메시지 성격이 정서적, 회화·묘사적인 메시지 구성이 중심에 있으며, 청중이 인지하는 스피치 느낌이 감각적이다.

이와 같이 스피치에서 메시지들이 가지고 있는 성격이나 느낌은 서로 다르다. 세부적으로 보면 같은 범주의 지적, 정적 무드 내에서도 메시지의 성격들은 다양하게 나타난다. 따라서 메시지 상황들이 다르면 구술 표현도 다르게 나타날 수밖에 없다.[64] 그러나 모든 메시지 상황들에 대한 표현방식들을 하나하나 따져보기는 사실상 불가능하다. 그러므로 위에서 범주화한 각각의 스피치 무드 안에서 그에 적합한 음량, 음색, 발음, 휴지, 고저장단, 리듬 등 기술적 요소들의 변화를 살펴봄으로써 보다 일반화된 스피치 표현 기법들의 이해를 통해 다양한 메시지 상황에 적응해 나가는 루트를 탐색해 보는 것이 타당할 것이다.

2) 음량

음량 또는 성량은 말 그대로 소리 폭의 크기를 의미한다. 스피치에서 음량은 음색과 더불어 스피치 구술 표현행위를 다루는 데 있어 기초가 되는 요소이다. 음량이 얼마나 풍부하냐에 따라 메시지의 표현 강도가 달라지고, 음색이 어떠냐에 따라 메시지를 표현할 수 있는 범위가 달라지기 때문이다. "스피치는 자신의 생각을 효과적으로 전달

함으로써 청중에게 특정한 영향력을 행사하기 위해 실행되는 것으로서 좋은 목소리는 스피치의 이러한 목적을 효과적으로 달성시켜 주는 요소"이다(임태섭).

일반적으로 목소리의 폭이 크면 스피치의 전체적인 흐름을 끌어가기에 유리하므로 스피치의 음량은 폭이 클수록 메시지 표현에 유리하다고 할 수 있다.

음량은 활용 측면에서 메시지가 정적일 때와 지적일 때 차이를 보인다.

먼저 평상적인 스피치 실행 구간에서 지적 무드의 메시지는 정적 무드의 메시지보다는 약간 높은 음량으로 진행하는 것이 일반적이다. 메시지의 정서적 전달에 더 초점이 맞춰져 있는 정적 무드와 달리 지적 무드는 메시지의 의미 전달 자체에 초점이 맞춰져 있기 때문이다.

아래의 예문은 〈a〉와 〈b〉를 동일하게 스피치의 도입부라고 가정한 것이다.

그런데 각각은 메시지의 성격이 다름을 알 수 있다. 〈a〉는 격식을 따르고 있어서 의례적인 느낌이고, 〈b〉는 서정적이다. 그래서 두 구문을 동일한 음량 패턴으로 실행하기는 곤란하다. 〈a〉는 〈b〉의 경우보다 높은 음량으로 조금 또렷하게 표현했을 때 스피치의 느낌이 살아나고, 〈b〉는 〈a〉의 경우보다는 약간 낮고 부드럽게 표현했을 때 스피치의 느낌이 살아난다.

〈예문 20〉

〈a〉 지적 무드	〈b〉 정적 무드
감사합니다. 사무총장님, 유니세프 총재님, 그리고 내외 귀빈 여러분!! RM으로 알려져 있는 저의 이름은 BTS의 리더 김남준입니다. 오늘날의 젊은이들을 위한 의미 있는 자리에 초대되어 큰 영광입니다. 방탄소년단은 작년 11월 "진정한 사랑은 나 자신을 사랑하는 것에서 시작한다"는 믿음을 바탕으로 'LOVE MYSELF' 캠페인을 유니세프와 함께 시작했습니다.	저에 대한 이야기를 시작해 보려고 합니다. 저는 대한민국 서울 근교에 위치한 일산에서 태어났습니다. 그곳은 호수와 산이 있고, 해마다 꽃 축제가 열리는 아름다운 곳입니다. 저는 그곳에서 행복한 어린 시절을 보냈고, 평범한 소년이었습니다. 그 또래의 소년들이 그러하듯 호기심 어린 눈으로 밤하늘을 쳐다보기도 하고, 영웅이 되어 세상을 구하는 상상을 하기도 하였습니다.

한편 정적 무드의 메시지라도 청중의 파토스를 겨냥한 강한 주장, 연사의 감정을 증폭시켜 나타내는 경우, 메시지를 강조하는 스피치 실행 구간에서는 지적 무드의 메시지를 표현할 때처럼 크고 분명한 음량이 요구되기도 한다. 그러나 이때도 모든 실행 구간에서 동일한 음량을 요구하는 것이 아니라 필요한 메시지 부분에서만 그것을 적절하게 조정해야 한다는 점이다. 후술하겠지만 정적 무드의 메시지는 지적 무드의 메시지보다 스피치의 리듬에 민감하기 때문이다. 어느 구문에서 충분한 성량을 사용하고 어느 구문을 낮고 부드럽게 표현해야 하는가 등 세부적인 원리에 대해서는 '스피치의 리듬'에서 다시 살피기로 한다.

우리는 앞선 '스피치 음성의 원리'에서 발성의 단계별 훈련을 위해 사람의 소리를 10의 음량에서부터 100의 음량으로 나누어 살펴보았다. 보통 대화는 25의 음량 내외가 기본 소리이고, 퍼블릭 스피치는 자신의 음량 최대치의 절반인 50의 음량 내외를 기본음으로 잡는다. 그런데 대화의 기본음이 25의 음량이라고 하더라도 사람들은 대화를 나눌 때 메시지의 성격이 밝으면 좀 더 높은 음량을 사용하고, 메시지의 성격이 무겁고 진중하면 좀 더 낮은 음량을 사용하는 것처럼 실제 메시지의 성격에 따라 음량을 달리 사용한다.

한편 같은 지적 범주의 메시지라도 그 성격에는 조금씩 차이가 있다. 앞의 예문에서처럼 의례적인 느낌의 메시지가 있는가 하면 사실 정보의 진술과 같이 정보전달 자체가 중요한 행위 성격의 메시지도 있다. 그런가 하면 논리의 전개와 주장 또는 권유와 같이 인지적 설득 양식의 성격을 드러내는 메시지도 있다.

정적 무드의 범주에서 세부적인 메시지들의 성격 차이는 더 분명해진다. 서정적인 메시지, 울분, 슬픔, 기쁨, 비장하거나 웅장한 느낌의 메시지 등 정적 스피치 무드에서는 사람의 감정선과 연결되어 메시지 성격들이 더 다양하게 나타난다.

이와 같이 같은 범주의 스피치 무드 내에서도 메시지의 성격은 달리 나타날 수 있고, 그에 따라서 구술 표현을 위한 음량의 선택도 조정이 된다. 그러나 일률적으로 어느 경우에 어느 정도의 음량이 필요하다고 규정하는 것은 어렵다. 왜냐하면 슬픈 감정의 메시지라도 스피치의 전후 흐름이 어떠냐에 따라 높은 음량이 효과적일 때도 있고 오히려 작은 음량으로 표현하는 것이 더 효과적일 때도 있는 것처럼 음량의 사용은 유동적이기 때문이다. 그래서 지적 및 정적 스피치 무드 범주 내의 서로 다른 여러 가지 구문들을 직접 구연하는 연습을 통해 이를 체득하는 것이 스피치 음량 사용의 적정성을 이해하는 가장 빠른 길이라 하겠다. 덧붙이면 음량의 조정은 후술하는 목소리의 톤, 리듬과 밀접하게 연결되어 있다는 사실이다. 그래서 스피치 무드에 수반하는 소리의 톤과 스피치 리듬감에 대한 분석은 음량의 조정을 실제적으로 이해하는 데 도움이 될 것이다.

3) 음색

음색은 목소리의 청각적인 특질로서 개인을 구별 짓는 고유한 생리적 요소이다. 청각이 감지하는 사람의 목소리 특질은 소리의 굵기, 맑기의 정도, 비강의 개입 정도를 기준으로 몇 가지로 구분이 가능하다.

소리의 굵기는 음질이 가늘거나 두꺼운 정도를 뜻한다. 성대의 진동 주파수 차이에 의해 일반적으로 남성의 음질은 여성보다 두껍고, 여성은 남성보다 가늘지만 같은 성별들 내에서의 차이도 크게 나타난다. 맑기의 정도는 허스키한 소리, 깨끗한 소리라고 느끼는 것과 같은 음질의 탁도(濁度) 차이를 말하는데, 후천적으로 성대 관리에 의해서도 영향을 많이 받는 편이다. 그리고 비음의 개입 정도에 의한 소리 특질은 연구개의 개폐에 따라 공기가 비강으로 방출되어 나가는 콧소리의 많고 적음에 의한 음질 차이를 의미한다.

이처럼 사람의 음색은 저마다 다른 특질을 가지고 있다. 그리고 그와 같은 음질의 차이는 스피치를 실행함에 있어 연사에 대한 호감도, 청중의 메시지 몰입과 신뢰도 수준에 영향을 준다. 이를테면 둥글고 깨끗하게 들리는 소리와 비교하여 지나치게 거칠고 탁한 소리는 어둡고 답답한 느낌을 주어 메시지 몰입도를 하락시키는 요인으로 작용한다. 또 지나치게 비음이 많이 섞인 소리는 연사가 스피치를 통제하지 못한다는 인식을 주어 연사에 대한 신뢰도를 낮추는 요인으로 작용한다는 사실이다.

따라서 음색은 메시지의 구술 표현과 밀접하게 연결될 수밖에 없다. 앞에서 기술한 것처럼 메시지의 성격들은 다양하다. 그런데 음색은 사람마다 고유한 특징이 있다. 하나의 발성체에서 나오는 단일한 음색을 기본으로 하기 때문에 마치 어떤 노래에는 어떤 목소리가 더 잘 어울리듯 어떤 성격의 스피치 무드에 더 잘 어울리는 음색이 있기 마련이다.

〈표 12〉는 앞에서 구분한 몇 가지 음색들과 메시지 성격 간의 관계를 좀 더 단순한 틀에서 이해하자는 취지에서 정리한 것이다. 표에서 가는 목소리는 가늘고 까랑까랑한 소리라고 할 수 있는데 이런 목소리는 예리한 느낌이 있어서 정적인 표현보다는 전문적인 지식의 전달이나 논리적 주장에 더 어울린다. 그리고 탁한 소리는 막힌 느낌이 있는 반면 특유의 분위기가 잘 드러나는 소리여서 명쾌한 주장이나 논증보다는 상대적으로 정적 메시지를 표현하기에 더 적합하다. 그리고 언급하였듯이 스피치에서 비음이 심한 소리는 노래와 달리 지적, 정적 어느 성격의 메시지 표현에서도 적합한 소리라고 하기가 어렵다. 결국 너무 가늘지 않고 맑으며 비음이 적당히 섞인 소리가 스피치 실행에 좋은 음색이다. 따라서 비록 음색의 본질적인 특질을 크게 바꾸기는 어렵다고 하더라도 바른 호흡과 꾸준한 발성 훈련, 그리고 다음에서 살펴보는 보이스 톤의 조정으로 스피치에 더 유

리한 음색을 만들고자 하는 의식적인 노력이 필요하다 하겠다.

<표 12> 음색의 구분

소리의 굵기		맑기의 정도		비음의 정도	
가는 소리	두꺼운 소리	맑은 소리	탁한 소리	고비음	저비음
▼	▼	▼	▼	▼	▼
지적 스피치 무드 적합	정적+지적 스피치 무드 모두 적합	정적+지적 스피치 무드 모두 적합	정적 스피치 무드 적합	정적+지적 스피치 무드 모두 부적합	정적+지적 스피치 무드 모두 적합

4) 보이스 톤

음성으로 메시지를 표현하고자 할 때 반드시 고려해야 할 요소 중 하나가 보이스 톤(voice tone)의 조정이다. 실용 스피치와 퍼블릭 스피치, 성우나 배우들의 목소리 연기 및 구연동화, 개인 간 대화에 이르기까지 사람의 말과 관련된 모든 영역에서 보이스 톤에 대한 이해는 필요적이다.

보이스 톤은 평소 그 사람이 가지고 있는 고유한 어조나 음색을 의미하는 것이 아니라 다양한 스피치 맥락에서 구성되는 메시지가 그 상황에 맞도록 표현되는 음성의 유동적인 특성을 의미한다. 보이스 톤의 조정은 바로 그러한 상황에 부응하여 인위적으로 소리 특징을 변화시키는 것이다. 따라서 메시지의 성격과 스피치 전후의 흐름을 파악하는 것이 스피치의 실행에서는 중요한 인지과정의 하나라고 할 수 있다. 만약 이와 같은 일련의 사항들을 도외시하면 스피치는 문서를 낭독하듯 지루하게 진행될 수밖에 없어서 청중의 스피치 몰입 및 설득력을 저하시키는 요인으로 작용하게 된다.

보이스 톤의 조정과 관련하여 앞에서 기술하였던 메시지의 성격들을 다시 살펴보기로 한다. 우리는 메시지의 성격을 크게 지적, 정적 성격으로 구분하면서 그것들을 각각 지적 스피치 무드, 정적 스피치 무드로 나누어 보았다. 그리고 같은 범주 안에서도 다시 개개의 메시지 성격에는 차이가 있다는 사실도 보았다. 아래의 표는 그것을 일정한 카테고리로 묶어 분류한 것이다.

지적 무드의 한 유형인 '의례형 메시지'는 인사말이나 자기소개와 같이 격식이 요구되는 스피치 상황에서 실행하는 형식적 성격의 메시지들이 모여 있는 곳이다. 그리고 '정보형 메시지'는 주관적인 가치판단이나 의견 등이 배제된 객관적 사실 또는 지식의 전달과 같은 스피치 상황에서 실행되는 성격의 메시지들을 의미한다. 마지막으로 '논리형 메시지'는 어떤 주장이나 전제를 뒷받침하기 위한 스피치 상황에서 제시되는 논거 형태의 메시지를 하나의 성격 카테고리로 묶은 것이다.

〈표 13〉 메시지 유형과 보이스 톤의 조정

	의례형 메시지	겸손한 어조의 부드러운 보이스 톤을 사용
지적 스피치 무드	정보형 메시지	사무적인 느낌의 분명하고 또렷한 보이스 톤을 사용
	논리형 메시지	확신이 느껴지는 단호한 느낌의 보이스 톤을 사용
	감성형 메시지	밝은 느낌의 보이스 톤을 사용
정적 스피치 무드	감각형 메시지	감정의 본질을 표현하는 사실적인 보이스 톤을 사용
	감흥형 메시지	공명감 있는 보이스 톤을 사용

의례형 메시지를 표현하고자 할 때는 정중하고 격식 있는 느낌의 보이스 톤을 사용해야 한다. 그래서 겸손한 어조의 밝고 부드러운 톤이 적합하다.[65] 메시지가 듣는 사람들에 대한 일종의 예의를 내포하고 있기 때문이다.

정보형 메시지를 표현하고자 할 때는 의례형 메시지를 표현할 때와 다르게 청각적으로 분명한 느낌의 보이스 톤을 사용해야 한다. 메시지가 선명한 정보의 전달 자체에 초점이 맞춰져 있으므로 약간은 사무적인 느낌의 또렷한 보이스 톤이 적합하다.

논리형 메시지를 표현하고자 할 때는 정보형 메시지를 표현할 때처럼 분명한 느낌의 보이스 톤을 사용하되 더 힘이 들어감으로써 확신에 찬 느낌을 전달할 수 있는 보이스 톤을 사용하는 것이 좋다. 메시지의 중심이 연사의 주장이나 의견이 타당함을 밝히는 데 있기 때문이다.

스피치의 실행과 보이스 톤의 조정은 위와 같은 지적 성격의 메시지를 표현할 때보다 정적 성격의 메시지를 표현할 때 더 민감하다. 보이스 톤이 사람의 복잡한 감정을 다루기 때문이다.

'감성형 메시지'는 원색에서 채도를 낮춘 파스텔 그림으로 비유할 수 있다. 목가적이거나 회화적인 느낌 등 서정적 메시지들이 여기에 해당한다. 메시지가 감정선에 맞춰져 있지만 과하지 않고 부드러운 이미지로 느껴진다. 그래서 너무 크거나 낮지 않은 음량에서 밝은 보이스 톤을 사용해야 한다.

'감각형 메시지'는 감성형 메시지와 다르게 원색을 그대로 드러내는 유화(油畫)라고 할 수 있다. 여기에서는 울분이나 성냄, 기쁨이나 슬픔과 같은 원초적인 사람의 감정들을 다룬다. 감성형 메시지보다 느낌이 강하고 직접적이어서 감정에 실려 있는 본질적인 느낌을 표현하기 위해서는 한층 사실적인 보이스 톤을 사용해야 한다. 그렇다고 이것이 반드시 높은 음량의 사용을 의미하는 것은 아니다. 분노를 억제하는 낮은 소리로도 분노의 강도를 충분히 전달할 수 있는 것처럼 감각형 메시지를 다룰 때의 음량은 스피치 상황에 따라 얼마든지 달라질 수가 있다.

'감흥형 메시지'는 수동적 자극 반응으로써 청중의 파토스 생성에 관여하는 메시지 특질을 가지고 있다. 파토스 관여 메시지와 감성, 감각형 메시지의 차이는 목적이 다르다는 데 있다. 파토스는 메시지를 통해 청중의 정서적 변화를 의도하나 후자는 정서적 표현 자체에 일차적인 목적이 있다. 예를 들어 어떤 대상의 위대한 희생이나 업적에 대한 숭고함과 비장함은 감흥형 메시지로부터 생성되는 파토스 반응 중 하나이다. 그런데 감성, 감각형 메시지들과는 정서적으로 느껴지는 특질이 다르다. 감흥형 메시지는 듣는 사람의 행동과 의지 변화를 목적으로 하는 설득적 감정을 기반으로 하고, 감성, 감각형 메시지는 직접적인 감각적 표현을 목적으로 하는 감정에 기반한다.

또한 감흥형 메시지는 반드시 감성, 감각적인 단어나 구문으로 표현되어야 하는 것도 아니다. 감흥은 메시지로부터 일어나는 감정의 변화와 설득을 포괄하는 문제이기 때문에 아래의 예문과 같이 퍼블릭 스피치의 마무리에서 많이 볼 수 있는 강렬한 반복적 주장, 열정적인 결론의 제시 등을 통해서도 나타난다. 예문에서 메시지들은 감

성적 또는 감각적 단어나 구문을 사용하고 있지 않지만 그렇다고 그
것이 정보를 전달하기 위한 것도, 정서적 반응을 일으키기 위한 것도
아니다. 이러한 형태의 메시지는 본질적으로 듣는 사람의 파토스 변
화를 목적으로 한다.

<**예문 21**>

> 무엇이 여러분의 심장을 뛰게 만듭니까? 여러분의 이야기를 들려주세요. 여러분
> 의 목소리와 신념을 듣고 싶습니다. 여러분이 누구인지, 어디에서 왔으며, 피부색
> 은 무엇이며, 성 정체성은 무엇인지, 스스로에게 말하세요. 스스로에게 이야기하
> 면서 여러분의 이름을 찾고, 여러분의 목소리를 찾으세요.

이와 같은 특성에 비추어 감흥형 메시지는 전반적으로 공명감 있
는 보이스 톤이 표현을 지배한다고 볼 수 있다. 숭고함이나 비장함,
그리고 격정적인 메시지를 표현하고자 할 때 목에 의존하는 된소리
는 메시지의 감응을 충분히 반영하지 못하기 때문에 설득에 기여하
는 효과가 크지 않다. 반면에 공명감이 느껴지는 소리는 메시지의
감응 심도를 높여 주는 기능을 하여 설득적 변화에 긍정적으로 작용
한다. 소리의 공명은 특히 감흥형 메시지의 표현에 있어서 울림 있
는 소리 효과로 표현의 적절성과 설득력을 동시에 확보해 주는 스피
치 기능을 수행한다고 할 수 있다.

감흥형 메시지는 음량 사용의 고저 범위가 다른 유형의 메시지들
보다 큰 편이다. 매우 높은 음량과 낮고 잔잔한 음량이 스피치 상황
에 따라 큰 편차로 나타나는데, 이는 메시지 자체의 특징에서 나오
는 것이라기보다 설득적 차원의 구술 기법에서 비롯되는 특성이라

고 보아야 한다. 따라서 감각형 메시지를 표현할 때와 마찬가지로 스피치의 흐름과 상황에 따라 적정한 음량을 사용할 수 있어야 할 것이다.

5) 발음

스피치에서 발음(pronunciation)은 청중의 메시지 이해와 연사에 대한 신뢰도에 관여하는 요소이다.[66]

발음은 청중이 메시지의 일차적인 의미를 파악하게 하는 첫 번째 관문이다. 발음이 불명확하게 전달되면 듣는 사람이 의미를 파악하기도 힘들지만 연속되는 메시지의 연관성까지 끊을 우려가 있으므로 가급적 표준 발음법을 따르는 것이 좋다. 스피치 발음 훈련과 관련해서는 소개하고 있는 전문서적들이 많이 있으므로 여기에서는 한국어 발음에서 특히 유의해야 할 몇 가지 주의 발음들만 살펴보기로 한다.

먼저 자음과 관련하여 주의해야 할 발음으로 자음받침에 곧바로 모음으로 시작되는 조사나 어미접사가 결합되는 경우를 볼 수 있다. 이때는 꽃이/꼬치, 부엌에/부어케와 같이 자음받침을 뒤 음절 첫소리로 옮겨 발음해야 한다. 또 한국어 자음에서는 ㄴ, ㅅ, ㄹ 발음이 중요하다. ㄴ 음을 정확히 발음하기 위해서는 '전국적(정국적은 잘못된 발음)'이라는 발음에서처럼 혀끝을 입천장과 윗니 사이에 오도록 해야 하고, ㅅ과 ㄹ의 경우에도 '사람', '사랑'을 발음할 때와 같이 혀의 위치가 입천장이나 잇몸에 붙지 않고 입안에서 혀가 탄력을 받으며 입안의 어느 부분과도 붙지 않아야 정확한 우리말의 ㅅ과 ㄹ 발음이

나올 수 있다.

모음의 발음과 관련해서는 소리를 내는 도중에 입술 모양이나 혀의 위치가 처음과 나중이 달라지는 이중 모음, 그리고 장단음의 발음을 특히 유의해서 소리 낼 필요가 있다.

이중 모음은 단모음이 두 개가 결합하여 나타나는 경우로 ㅘ, ㅟ 발음 등에서 오류가 많이 발생한다. '과묵한 사람'을 '가묵한 사람'으로 발음한다든지 '쉼터에 들어가다'를 '심터에 들어가다'로 발음하는 경우와 같이 입 모양을 충분히 만들지 않은 상태로 발음하면 이런 현상들이 나타난다. 또 ㅖ, ㅢ가 들어가는 모음들도 정확한 발음이 어려운 편이다. 이때의 표준 발음은 입 모양이 아니라 성대가 통제하므로 성대에 힘을 주고 밑으로 내린다는 생각으로 조음을 해야 명확하게 발음이 생성된다.

한자 차음(借音)이 많은 한국어에서 장단 발음도 모음의 정확한 발음과 관련하여 신경을 기울여야 할 부분이다. '말(馬)'과 '말:(言)'의 장단 차이에서 보는 것처럼 잘못 발음 시 의미가 완전히 달라지기 때문이다.

발음은 연사의 스피치 수준을 가늠하는 주변 요소 중 하나이다. 스피치 수준은 메시지의 구성과 세련미, 표현력, 연사의 행동, 발음과 비언어 등이 종합적으로 작용하여 결정되는 연사의 지적 능력과 품위에 대한 평가이면서 그대로 신뢰도로 이어진다. 그래서 발음을 연사에 대한 청중의 공신력에 영향을 미치는 요인 중 하나로 평가하기도 한다.

6) 스피치 리듬

운율과 관련하여 한 차례 살펴본 것처럼, 스피치 리듬은 구술적인 음감을 의미한다. 이때 음감은 낱말의 성격, 완성된 구문들의 유기적인 결합을 통해 리드미컬한 소리 감각으로 전달되는 음악적 특질로 나타난다. 그러므로 스피치와 음악적 요소의 상관적 관계 속에서 스피치 리듬감이 효과적인 메시지 전달에 어떻게 기여하는가를 살펴볼 필요가 있다.

음악이나 노래의 기원은 명확하게 밝혀지지는 않았다. 그러나 인간이 자신의 감정이나 느낌, 말하고자 하는 메시지를 전달하는 방식의 진보된 수단 중 하나로 생겨났을 것이라는 추측은 비교적 선명하다. 이런 점에서 보면 모든 메시지는 음악적 변화로 나아갈 수 있는 소재라고도 할 수 있다.[67]

중요한 것은 통상적인 스피치 방식으로도 얼마든지 메시지를 전달할 수 있는데 가락이나 리듬이 더해질 필요가 있느냐이다. 해답은 메시지에 대한 몰입과 정서적 호응, 전달의 명확성, 그리고 리듬의 설득 구조에 있다.

먼저, 메시지 전달에 리듬감이 더해지면 청중의 몰입도가 높아지고 정서적 호응이 깊게 일어난다. 이것이 스피치에서 리듬감이 왜 중요한가에 대한 첫 번째 이유이다.

인간이 듣는 자연계의 소리는 크거나 작고, 날카롭거나 둔탁하고, 가늘거나 두껍고, 조용하거나 시끄러운 소리들이 조화를 이뤄 입체적으로 들려오기 때문에 사람들은 그와 같은 소리 패턴에 익숙해져 있다. 다른 의미에서 입체적이라는 말은 그것들이 어우러진 소리의 친근한 리듬감으로부터 오는 일종의 안도감이라고 할 수 있다.[68] 그런 이유에서 하나의 같은 소리가 높낮이 장단 없이 지속적으로 들려오면 사람들은 심리적으로 불안해지고, 익숙하지 않은 소리에 불쾌함을 느끼며, 그것을 거부하게 된다. 소리에서 입체감이 사라지기 때문이다. 만약 "함께 달콤한 포도주를 마시려고 가끔 저를 찾아오는 프랑세 마마이. 그는 늙은 피리 연주자입니다. 며칠 전 그는 저의 방앗간에서 20년 전쯤에 일어난 일에 대해 이야기 해 주었습니다. 프랑세 마마이의 이야기는 감동적이었습니다. 저는 그에게 들은 이야기 그대로 여러분께 전합니다. 아주 잠깐이라도 좋습니다. 여러분도 향긋한 포도주가 담긴 술통을 앞에 놓고 앉아서 피리 부는 연주자의 이야기를 듣는다고 상상해 보세요(알퐁스 도데, 〈코르니유 영감의 비밀〉 중)"라는 문장을 휴지나 고저장단 없이 똑같은 음량과 높이로 말한다고 해 보자. 청중은 연사가 나에게 말을 한다고 생각하는 것이 아니라 그저 어떤 소리가 들려온다고 느낀다. 특정된 누군가가 특정된 나에게 말을 한다고 느끼는 것과 특정됨이 없이 누군가의 소리가 들려온다고 느끼는 것은 큰 차이다. 전자에서는 말하는 사람과 듣는 사람 사이에 동반적 유대감이 형성되지만, 후자에서는 개체들이 별개로 분리된다. 그리고 이러한 심리적 분리는 결과적으로 메시지에 대한 청중의 주의력과 메시지로부터 일어나는 감흥을 크게 떨어트린다. 리듬은 연사와 청중의 일체감, 그로부터 연계되는 메시지에 대한 몰입, 정서적 호응과 밀접한 상관적 관계에 놓여 있다.

다음으로, 규칙적인 패턴의 메시지를 전달할 때 스피치 리듬은 그것을 더 감각적인 소리로 표현할 수 있게 해 주어 청중의 메시지 이해를 명확하게 해 준다는 점이다. 이러한 현상은 화채 표현에서 주로 나타난다. 동음 반복, 대구·대조, 점층·점강 등 운율성에 관계하는 표현들은 일정한 음수(音數) 또는 음보(音譜)와 연계되어 스피치 리듬을 만들어 내고, 메시지의 대립, 반복적 예측 같은 화채 특성과 결합하면서 메시지가 훨씬 선명하게 전달되는 것이다.

마지막으로, 설득 관점에서 보면 스피치 리듬은 주변경로로 처리되는 감정적 단서 중의 하나가 된다. 만약 메시지 처리에 대한 청중의 동기나 능력이 부재한 경우라면 스피치의 리듬은 그 자체로 설득 맥락 내에서 메시지를 처리하는 주변 단서가 된다. 반대로 청중의 동기나 능력이 충분한 경우라면 리듬은 중심경로를 통한 메시지 처리를 더욱 우호적으로 만들어 주는 단서가 될 것이다. 법정에서 높고 낮은 목소리를 다양하게 구사하는 배심원일수록 판결에 더 큰 영향을 미친다는 연구 결과는 이런 맥락에서 이해할 수 있다(scherer).

스피치 리듬의 이와 같은 작용과 더불어 살펴보아야 할 중요한 문제는 그것을 생성하는 구체적인 요소들이 무엇인가 하는 것이다. 일반적으로 구술 표현의 음감 형성은 템포, 음가, 휴지, 액센트, 속도와 장단, 음보, 소리의 흐름이 관여하여 이루어진다.

템포 템포(tempo)는 후술하는 속도와는 조금 다른 개념이다. 메시지의 개별적인 성격이나 스피치 상황에 따라 그때그때 말을 느리게 또는 빠르게 표현하는 것이 속도이고, 템포는 음감을 형성하는 다양한 요소들과 어우러지면서 스피치가 진행되어 가는 전반적인 빠르기의 정도를 의미한다.

템포에 따라 리듬 특질은 조금씩 다르게 나타난다. 이는 휴지, 속도와 장단, 액센트와 같은 리듬감 생성 요소들이 템포의 움직임에 의해 조정되기 때문이다. 이런 점에서 템포는 리듬을 관장하는 통제 요소라고 할 수 있다.

아래의 예문을 빠르거나 느린 템포로 실행해 보자. 각각의 템포에 따라서 휴지, 속도와 장단, 액센트 등의 쓰임이 조금씩 달라지고 그에 따라서 리듬의 특질도 변화함을 알 수 있다.

〈예문 22〉

여러분이 하는 일은 여러분 인생의 많은 부분을 채울 것입니다. 여러분이 진정으로 만족하는 유일한 길은 여러분 스스로 훌륭하다고 믿는 일을 하는 것입니다. 그리고 훌륭한 일을 하는 유일한 길은 여러분이 하는 일을 사랑하는 것입니다. 만일 그것을 아직 찾지 못했다면 계속 찾으세요. 주저앉지 마세요. 언젠가 그것을 발견할 때 마음으로부터 그것을 알게 될 것입니다.

음가 낱말들은 저마다 고유한 소리음, 즉 음의 높낮이를 가지고 있다. '사람'을 발음할 때 '사'라는 말소리가 '람'이라는 말의 소리음보다 높은 것과 같이 낱말들의 소리는 높은음+낮은음, 낮은음+높은음, 높은음+높은음, 낮은음+낮은음들이 여러 가지 형태로 조합되어 의미를 가진 소리로 전달된다. 말소리의 이러한 현상을 음가(音價) 또는 음정(音程)이라고 한다.

음가는 소리의 높낮이 특성 때문에 그 자체가 하나의 음감 요소로서 기능을 한다. 음가의 일차적인 기능이 낱말의 의미 전달에 있긴 하지만, 리듬 요소라는 점에서도 음가에 맞는 정확한 소리를 내는 것은 스피치 실행의 주요한 고려 사항 중 하나라고 할 수 있다.

휴지　휴지(休止, pause)는 연사가 메시지를 전달할 때 템포에 맞춰 말의 호흡을 쉬어 가는 적정한 자리로써, 그 자체로 리듬이 생성되는 것이 아니라 후술하는 속도, 장단과 불가결하게 결합하여 리듬을 만들어 내는 음감 요소이다. 또 휴지는 음보를 이루는 단위 역할을 하면서 특정 메시지를 강조하거나 메시지의 의미를 좀 더 분명하게 전달하는 부수적인 기능을 수행하기도 한다. 이에 대해서는 다시 보기로 한다.

휴지는 '구문 내의 휴지'와 '구문 간의 휴지'로 구분한다. 구문 내의 휴지는 "여러분이 하는 일은 여러분 인생의 많은 부분을 채울 것입니다"라는 예문과 같이 하나의 구문 내에서, 그리고 구문 간의 휴지는 "여러분이 하는 일은 여러분 인생의 많은 부분을 채울 것입니다. 여러분이 진정으로 만족하는 유일한 길은 여러분 스스로 훌륭하다고 믿는 일을 하는 것입니다"라는 예문과 같이 계속적으로 이어지는 구문과 구문 사이에서 실행되는 휴지를 말한다.

휴지는 하나의 구문 내에서도 필요하고 중요하지만, 실제 스피치에서는 구문 간의 휴지가 더 중요한 역할을 한다. 같은 단락 내에서 구문과 구문 사이의 휴지는 하나의 완성된 말이 끝나고 다른 구문이 들어가는 순간을 표시하는 기능이고, 서로 다른 단락의 경우에는 시공간의 변화, 말하고자 하는 대상이나 내용의 변화를 표시하는 기능을 휴지가 하기 때문이다.

휴지의 시간적 길이를 기계적으로 규정하기는 어렵다. 휴지의 간격 상태가 어떠냐에 따라 감정의 폭이나 의미 전달이 다르게 느껴질 수 있다는 점을 고려하여 템포, 스피치 상황, 메시지의 특성 등에 비추어 가장 적합하다고 판단하는 휴지 길이를 결정해야 할 것이다.[69]

액센트 연사는 소리의 강세, 즉 액센트(accent)를 의도적으로 조정하여 특정한 부분의 메시지를 강조할 수 있다. 이는 자연스럽게 스피치 리듬을 형성하는 주요한 요소가 된다. 액센트는 먼저 하나의 구문 내에서 개개의 낱말이나 문장에 초점을 맞춰 조정될 수 있는데 통상은 구문에서 핵심이 되는 말을 강조하게 된다. "여러분도 향긋한 포도주가 담긴 술통을 앞에 놓고 앉아서 피리 부는 연주자의 <u>이야기를 듣는다고 상상해 보세요</u>"라는 말의 중심 메시지는 피리 부는 연주자의 이야기를 '함께 듣는다고 상상해 보라'는 데 있다. 그러므로 "이야기를 듣는다고"라는 구문에 액센트를 주어야 하겠지만, 액센트의 사용은 어디까지나 연사의 의도와 연속되는 메시지 상황에 달려 있으므로 경우에 따라 '피리 부는 연주자'를 강조할 수도 있고, 술통 앞에 앉아 있는 상황을 강조할 수도 있을 것이다.

액센트의 사용은 연속하는 여러 구문들 사이에서 어떤 구문을 더 강조할 것인가에도 적용된다. 〈예문 22〉는 완결된 여섯 개의 각 구문으로 구성되어 있다. 연사는 이들 중에서 상대적으로 강조해야 할 구문이 무엇인지를 판단할 수 있어야 한다. 만약 그렇지 못하면 모든 구문이 중요하거나 반대로 모든 구문이 중요하지 않다는 의미가 되어 연사가 메시지에 대한 분별력을 가지고 있지 못하다는 인상을 청중에게 심어 주게 된다. 그리고 리듬감 없는 스피치가 되어 메시지에 대한 몰입과 청중의 정서적 호응을 차단하는 결과를 초래할 수도 있다.

액센트의 적용과 관련하여 가장 세심한 구문이 반복, 점층, 점강, 대구, 대조와 같은 화채 표현들이라고 할 수 있다. 이러한 화채들은 그 자체가 반복적이거나 순차적인 리듬 규칙에 의존하고 있기 때문이다. 예를 들면 "① 성실한 사람이 가난한 사회, ② 정직한 사람이 소외되는 사회, ③ 준비한 사람이 뒤처지는 사회"라는 반복적 예문을 말로 표현한다고 할 때, ①, ②, ③의 액센트 강도를 순차적으로 높여갈 수도 있고, ②의 구문에 액센트를 주고 ①과 ③을 상대적으로 평이하게 처리할 수도 있다.

스피치에서 액센트가 중요한 이유는 그것을 어떻게 조절하느냐에 따라서 리듬감이 달라지고, 또한 메시지 해석이 달라져 설득에 영향을 미칠 수 있기 때문이다. 다시 말하면 구문 내 액센트의 변화이든 이어지는 구문들 사이의 액센트 변화이든 그 위치가 달라지면 지각되는 리듬감뿐 아니라 청중에게는 수신하는 메시지의 의미까지도 다르게 해석될 수 있다는 것이다. 물론 액센트 사용에 있어서는 음량의 조절이 함께 고려되어야 한다.

속도·장단 속도(speed)는 일정한 스피치 템포 내에서 각각의 메시지 상황에 따라 그때그때 조정되는 말의 빠르기를 의미한다. 그리고 장단(長短)은 스피치 실행 과정에서 연사가 말소리의 길이를 인위적으로 조정하여 리듬을 생성하는 것으로서, 소리의 길고 짧음에 따라 낱말의 의미가 달라지는 어휘의 장단 발음과는 다른 개념으로 이해해야 한다.

속도와 장단, 그리고 앞에서 살펴보았던 휴지는 상호 보완적인 관계에 있다. 이해를 위해서는 이것을 템포와 연계하여 들여다볼 필요가 있다. 예를 들어 "저의 심장은 멈췄고, 시선은 닫혔습니다. 그렇게 저는, 우리는 이름을 잃어버리고 유령이 되었습니다"라는 예문을 보통의 템포로 말한 다음에 이제 메시지 상황을 고려하여 같은 예문의 밑줄 부분을 휴지 없이 좀 더 빠른 속도로, 그리고 말소리를 길게 가져가지 않고 짧게 끊어 처리해 보자. 스피치는 마치 원심력의 작용처럼 원래의 템포로 돌아가기 위해 다음 부분에서 줄어든 만큼의 시간을 상쇄하려고 하며, 이때 장단과 휴지가 개입하여 스피치의 전체적인 템포를 유지하면서 자연스럽게 리듬감이 만들어진다.

이 과정을 다시 구체적으로 풀어보기로 한다. 먼저 전개되는 메시지의 성격상 "그렇게 저는, 우리는"이라는 말은 나를 포함한 모두의 문제임을 부각하기 위하여 함께 붙여 쓰고 있으므로 구문의 전후 사정에 비추어 스피치의 속도를 이 부분에서 휴지 없이 빠르게 가져가야 한다. 그래야 의도하는 의미를 정확히 청중에게 전달할 수가 있다. 그런 다음에는 곧바로 충분한 휴지가 들어가야 하고, 또 어느 부분에선가 말소리를 조금 길게 가져갈 수도 있는데, "그렇게 저는, 우리는 ∨ 이름을 잃어버리고 ⌒유령이 되었습니다"에서 ∨는 휴지가 들어가는 부분을, '고⌒'는 장음이 들어가는 부분을 표시한 것이다.

그런데 장음을 휴지로 해석해서는 안 된다는 점을 기억할 필요가 있다. 장음과 휴지 모두 스피치 리듬에 기여하는 음감 요소지만, 소리를 끊고 호흡을 쉴 때 느껴지는 청각 특질과 호흡을 가져가면서 소리를 끊지 않고 발화했을 때의 청각 특질은 다르기 때문이다. 그리고 스피치 리듬을 생성하는 속도, 장단, 휴지의 위와 같은 관계 기능은 어떤 규칙이 있어서 반드시 특정한 메시지 상황에서만 사용되는 것이 아니다. "저의 심장은 멈췄고, ∨ 시선은 ⌒닫혔습니다"라는 구문에서도 같은 원리의 구술 표현이 가능한 것처럼 일반적으로 사용할 수 있는 스피치 기법이라는 점이다. 어느 부분에서 실행할 것이냐는 연사가 적절한 순간을 스스로 판단해서 구현해 내야 할 문제이다.

음보 음보(foot) 또는 음보율(音步律)은 일정한 수의 음절들이 휴지의 규칙적 반복으로 박자감을 만들어 스피치 리듬을 확보하는 음감 요소이다. 스피치에서 음보는 그 성격상 엄격한 시문학적 운율과 달리 음수를 어느 정도 정형화할 수 있는 화채 표현에서 주로 찾아볼 수 있다. 메시지의 형태와 구조에 변화를 주는 반복·대구·대조와 같은 구문의 화채, 점층·점강, 빈번하지는 않으나 은유·제유와 같은 사고의 화채들이 그러하다.

〈예문 18〉을 다시 보면, "성실한 사람이 / 가난한 사회, ∨ 정직한 사람이 / 소외되는 사회, ∨ 준비한 사람이 / 뒤처지는 사회"와 같은 반복 화채에서 6.5, 6.6의 음수가 유지되면서 규칙적으로 2음보의 리듬이 만들어지고 있다. 또 "정의가 사라지면 / 사람들의 / 희망이 사라집니다. ∨ 희망이 사라지면 / 공동체의 / 미래도 사라집니다"와 같은 연쇄 화채는 7.4의 음수가 유지되면서 3음보의 리듬이 만들어지고 있음을 알 수 있다.

스피치의 음보율은 이처럼 어느 정도 정형화가 가능한 메시지 구성 형태에서 많이 나타나지만, 그렇다 하더라도 스피치 실행 과정에서는 항상 적정한 음보의 수를 의식하면서 메시지를 생산해야 한다.

음보는 필연적으로 휴지와 밀접하게 관련될 수밖에 없다. 휴지를 어떻게 사용하느냐에 따라 음보의 수가 달라지고, 음보의 변화에 따라 강조하는 메시지가 무엇인지 달라지기 때문이다. 경우에 따라서는 그런 차이들이 메시지의 의미까지도 변형시킬 수 있다. 그러므로 휴지를 사용하고자 할 때는 음보의 수를 같이 고려해야 한다.

〈예문 23〉

> 여러분의 시간은 / 한정되어 있습니다. / 그러므로 / 다른 사람의 삶을 사느라 / 시간을 허비하지 마십시오. / 과거의 통념 / 즉 / 다른 사람들의 생각에 맞춰 사는 / 함정에 빠지지 마십시오. / 다른 사람들의 견해가 / 여러분 내면의 목소리를 가리는 / 소음이 되게 하지 마십시오. / 그리고 가장 중요한 것은 / 당신의 마음과 직관을 따라가는 / 용기를 가지라는 것입니다.

〈예문 23〉을 보자. 예문에서 음보의 수는 2음보에서 4음보 내로 유지되고 있다. 물론 각 구문의 음보 수를 달리할 수는 있다. 이를테면 "그러므로 / 다른 사람의 삶을 사느라 / 시간을 허비하지 마십시오"라는 말을 "그러므로 / 다른 사람의 삶을 사느라 / 시간을 / 허비하지 마십시오" 또는 "그러므로 / 다른 사람의 / 삶을 사느라 / 시간을 / 허비하지 마십시오"와 같이 4음보, 5음보로 나누어 표현할 수도 있다. 그런데 그렇게 하면 오히려 스피치의 리듬감이 깨지고 만다. 결론부터 말하자면 스피치에서 음보의 수는 1음보에서 4음보를 유지하는 것이 가장 적정하다. 그 이상으로 음보를 나누어 표현하면 메시지가 산만해지고 무엇보다 리듬감이 사라지고 만다. 그러므로 연사는 4음보 내에서 구술 표현이 완결되도록 메시지를 구성할 때부터 의식적으로 그것을 생각할 필요가 있다.

소리의 흐름 리듬을 생성하는 마지막 음감 요소는 소리의 흐름이다. 이는 스피치가 진행되는 전체적 소리 흐름의 주기성 또는 일정한 패턴에 주목한 것이다. 개개의 완결된 구문들이 휴지, 음가, 장단과 같은 음감 요소들의 작용으로 리듬감 있는 메시지 전달을 가능케 하는 것이라면 소리의 흐름은 스피치의 전체적인 진행 과정을 리듬감 있게 끌고 가는 요소이다.

흐름은 보통 스피치의 실행 영역이나 메시지의 성격, 연사의 스피치 스타일에 따라 정리해 놓은 〈표 14〉와 같이 크게 세 가지의 형태로 나타난다. 이때 음량의 크기 조정과 배분이 그와 같은 형태들을 만들어 낸다.

'물결형'은 스피치의 시작과 정점, 마무리 과정의 소리 흐름이 음감 요소들의 작용에 따라 물결치듯 오르내리며 큰 변화 없이 일정한 음량이 유지되어 나가는 형태이다. 시사적 강연·강의, 의례적 스피치와 같은 영역에서 많이 나타난다.

'사선형'은 시작과 정점을 지나면서 음량이 점진적으로 커지다가 마무리에서 최대가 되는 형태의 반복으로서 정치연설이나 웅변과 같은 스피치 영역에서 많이 보이는 흐름 패턴이다.

그리고 '능선형'은 시작에서부터 음량이 점진적으로 증가하여 정점에서 최대가 되었다가 다시 점진적으로 음량이 감소하면서 마무리로 이어지는 흐름을 보이며 설교와 같은 스피치 영역에서 주로 들을 수 있다.

그러나 어떤 형태의 흐름에서 어느 유형의 스피치가 많이 나타난 다고 해서 반드시 그 흐름을 따라야 하는 것은 아니다. 예를 들어 설 교라고 하여 꼭 능선 형태를 따라야 하는 것이 아니고 연사의 성향이 나 지향하는 스피치 목적에 따라 사선이나 물결 형태의 흐름으로 스 피치를 실행할 수도 있고, 그것들을 적절하게 혼합한 흐름을 자신만 의 고유한 스피치 형태로 창조하여 실행할 수도 있다.

스피치에서 소리의 전체적인 흐름은 지금까지 다루었던 개별적인 음감 요소들의 작용보다 훨씬 중요한 역할을 한다. 이것을 이해하기 위해서는 TTS(text-to-speech), 즉 텍스트 음성 변환의 경우를 예로 들 필요가 있다. TTS는 말을 하는 방식이 아니라 저장된 디지털 낱소 리들이 메시지를 구성하여 전달되는 방식이어서 음감 요소들의 작 용이 빈약하다. 그 때문에 실재감 있는 리듬감 표현이 어렵고 그중 에서도 음량의 적정한 조정으로 스피치를 리드미컬하게 진행시키는 상황 맥락적인 흐름을 조율하기가 곤란하다는 점이 가장 큰 문제일 것이다. 즉 TTS는 메시지의 표면적인 해석에만 그치고 몰입과 감응, 설득 작용, 그리고 연사와 청중의 유대감 형성이라는 스피치의 확대 기능을 생산하기 어렵다는 점이다. 이런 측면에서 사람만이 가지고 있는 호흡과 말소리의 생리적 특징을 가장 정밀하게 보여 주는 음감 요소들의 작용에 있어 스피치의 흐름은 연사와 청중 사이에 휴먼 보 이스만이 가질 수 있는 원시적 공동에 관여하는 요소라는 점에서 리 듬 그 이상의 의미를 갖는다.

<표 14> 소리 흐름의 구분

구분 \ 항목	형태	특징
물결형	～～～～	음감이 부드럽고 지속적인 파동 방식으로 전달되어 메시지 접근을 순화적으로 유도한다.
사선형	//	음감이 저점을 타고 정점에서 극대화됨으로써 정서적 카타르시스에 관여하는 특징을 보인다.
능선형	⌒	음감이 유선형의 리듬을 따라 진행됨으로써 메시지를 보다 극적으로 지각하게 하는 특징을 보인다.

3.2 동작의 표현

인간의 신체는 상대방에게 자신의 감정을 전달하는 '침묵의 언어 도구'이다(Hall). 스피치는 연사의 신체 동작을 수반하며 그것은 곧 하나의 메시지가 된다.

스피치에서 연사의 신체 동작은 메시지 보강, 연사의 감정 상태를 보여 주는 다중적 의미를 가진 메시지이다.

먼저 그것은 메시지를 지지하고 강화하는 보강 역할을 한다.[70] 메시지의 중요성을 강조하는 의도적 또는 비의도적인 신체 동작들은 청각을 시각으로 끌어감으로써 메시지 효과를 증폭시키는 기능을 발휘하는 것이다.

다음으로 신체 동작은 연사의 감정 상황을 보여 주는 역할을 한다. 연사가 자신의 메시지에 얼마나 진정성을 가지고 있느냐를 보여 주는 감정 상태, 스피치의 완전성 여부를 인식하는 연사의 내적 확신 상태가 신체 동작에서 드러난다.

스피치 공감력은 메시지에 대한 연사의 진정성과 확신에 달려있다. 청중은 그것을 메시지와 함께 연사의 표정, 손동작, 몸의 움직임과 같은 신체 동작에서 포착한다. 진정성 있는 메시지, 확신에 찬 연사의 생각은 자연스럽고 열정적이며 비인위적인 신체 동작으로 나타나고, 진정성이 부족한 메시지, 스스로 확신하지 못하는 연사의 신체 동작은 부자연스럽고 인위적이다. 따라서 신체 동작에 관한 일관된 주문을 하나 고르자면 그것은 어디까지나 자연스러운 움직임이라 할 것이다.

그러나 자연스러운 행동, 나아가 좀 더 인위적인 스피치 동작의 표현도 그것이 어디까지나 메시지 상황과 일치할 때의 문제이다. 자연스러운 행동 속에 자칫 연사의 오랜 습관이 섞여 들어갈 수도 있고, 메시지와 상반되는 동작은 오히려 설득력을 저해할 수 있기 때문이다.

메시지 상황에 맞는 신체 동작의 자연스러운 움직임은 구체적으로 통제와 일치를 기반으로 구현된다.

'통제'는 스피치 불안감, 불필요한 습관적 동작을 의식적으로 관리하는 것이다. 스피치에 익숙하지 않은 연사일수록 불안감을 투영하는 신체 동작이나 스피치 상황에 맞지 않는 습관적 동작들이 더 많이 나타날 수밖에 없다. 그러한 신체 동작들은 연사에 대한 신뢰를 크게 떨어뜨린다. 그러므로 연사 스스로가 그것들을 적절하게 제어할 수 있어야 한다. 결국 의식적인 통제가 그 역할을 한다.

'일치'는 메시지 상황에 맞는 신체 동작의 조화로운 결합을 의미한다. 유머를 표현하는 연사의 표정이 단호하거나 슬퍼 보일 수는 없는 것처럼 신체 동작이 메시지를 지지·강화하기 위해서는 그 모습이 메시지와 적정하게 조화를 이루어야 한다.

스피치 동작에 관여하는 신체적 요소에 대해서는 비언어 커뮤니케이션을 연구하는 사람마다 다르기는 하나 표정(facial expression), 시선(eye contect), 제스처(gesture), 자세(posture), 그리고 외양(appearance)을 공통된 사항으로 본다.

표정 사람의 얼굴 표정은 가장 일차적인 정보이면서 무의식을 투명하게 보여 주는 기호이다. 다르게 말하면 스피치에서 얼굴 표정은 관리하기가 까다로운 요소라는 의미이기도 하다.

스피치 동작에 관여하는 요소들의 중요도를 말할 때 과거에는 상대적으로 제스처가 중요시되었다. 그러나 현대 스피치에서는 표정이 점점 더 중요한 요소로 인식되고 있다. 그 이유는 통신기술의 발전 때문이다. 과거에는 미처 청중이 보지 못했던 연사의 섬세한 표정까지도 고화질의 영상을 통해 고스란히 나타나는 미디어 환경에서 스피치를 실행해야 하는 경우가 많아지고 있다. 그리고 그와 같은 스피치 환경은 더 심화될 것이다.

그래서 다른 스피치 신체 동작들보다 특히 표정에서 통제와 일치를 강하게 요구한다. 이 중 메시지 상황과 신체 동작의 일치에 대한 문제에 대해서는 더 깊은 고찰이 필요하다.

인간의 신체 움직임은 본능적으로 메시지와 함께 작동하도록 훈련되어 있다. 실제 영유아의 소리 발성은 팔다리와 같은 신체 움직임과 협응하여 시작되고(Iverson & Goldin-Meadow), 그때부터 성인기까지 말소리와 신체 동작은 통합적 의사소통 체계를 형성하면서 발달한다. 그래서 우리가 실제로는 놀라지 않았음에도 놀라운 상황의 메시지를 말로 표현하면 본능적으로 표정도 함께 변한다. 이런 원리로 만약 연사가 메시지 상황을 보다 사실적으로 표현하면 표정도 따라서 보다 사실적이 된다. 반대로 연사가 표정을 더 현실감 있게 지으면서 말을 하면 메시지 표현도 훨씬 현실감 있게 구술되는데, 에크먼(Paul Ekman)이 밝힌 인간의 일곱 가지 핵심 감정(분노, 혐오, 공포, 행복, 슬픔, 놀라움, 경멸)에 메시지가 관여되었을 때 더욱 그렇다. [71]

다시 말하면 메시지 상황과 표정은 애초에 별개의 움직임이 아니라 신체적으로 긴밀하게 연결된 하나의 체계 내에서 작동하며 둘 중 어느 하나의 표현 효과는 다른 하나의 표현 효과로 그대로 반영된다는 사실이다. 그래서 즐거운 메시지를 표현할 때는 즐거운 표정을, 진지한 이야기를 할 때는 진지한 표정을 짓는 등 표정이 내용의 변화에 따라 적절하게 변하기 위해서는 메시지 구술 표현도 그만큼 사실적으로 구현되어야 한다. 그랬을 때 최대치의 표정이 만들어진다. 또 반대로 메시지 상황을 반영하는 표정이 사실적이라면 메시지 구술도 더 효과적으로 표현이 된다.

말소리와 신체 기관의 위와 같은 협응 체계는 청중의 입장에서도 유사한 감정 및 신체적 반응을 불러일으킨다. 메시지 수용에 관한 '언어 인지구조'에서 본 것처럼 말소리는 단순히 메시지의 전달과 해석에 그치는 것이 아니라 듣는 사람의 정서적, 생리적 지각 반응에도 영향을 미치기 때문이다.

표정과 메시지의 협응은 언급한 일곱 가지 감정 외에도 단호함, 비장함, 그리고 유머나 웃긴 상황을 포함한 통체 관념으로서 재미와 같은 스피치 정서에서도 긴밀히 작용한다. 또 "깨어나 남준, 너 자신한테 귀를 기울여!"와 같이 메시지의 성질이 정서적으로 중립적이면서 특정한 말을 그대로 재연하는 경우에도 표정이 메시지 성격이나 스피치 상황과 일치했을 때 더 설득력 있는 효과를 기대할 수가 있다. 상황에 맞는 풍부한 얼굴 표정은 유사언어와 더불어 메시지를 더 사실적이고 설득력 있게 만드는 필수 불가결한 요소이다.

표정과 메시지의 협응은 동시적인 것처럼 보인다. 그러나 엄밀히 살펴보면 표정의 변화가 발화행위에 선행한다. 이는 뇌의 신호가 신체의 움직임을 거쳐 최종 발화로 이어지는 자연스러운 생리적 기능의 흐름에 따른 것이다. 그러므로 표정과 메시지의 일치를 위해서는 메시지보다 표정에 우선 집중할 필요가 있고, 스피치 훈련을 할 때도 의식적으로 표정을 먼저 변화시킨 다음에 메시지를 표현하는 순서로 연습을 하는 것이 효율적이다.

시선 시선 또는 눈 맞춤은 연사의 청중 신뢰도에 관여하는 스피치 신체 동작 중 하나이다. 클라이켄(Kleinke)에 따르면 높은 수준의 눈 맞춤은 자신감의 표현이고, 낮은 수준의 눈 맞춤은 의기소침한 감정을 보여 주는 행동이다. 그리고 커뮤니케이션 과정에서 눈 맞춤 행동이 많을수록 사람들은 상대방을 더 호의적이고, 친근하게 생각하며, 신뢰하는 경향이 있다고 한다. 스피치에서 적절한 시선 처리는 전반적으로 연사에 대한 청중의 신뢰도에 영향을 미치는 요소이다.

따라서 연사의 시선이 청중이 아닌 다른 곳을 향하거나 청중의 시선을 회피하는 행동, 또 형식적으로만 청중에게 시선을 주는 일련의 행동은 신뢰감을 현저하게 떨어뜨리는 부적절한 신체 동작이라고 할 수 있다.

적절한 시선 처리는 한곳 또는 특정 청중에게 시선을 주는 '응시'와 청중 전반에 시선을 분배하는 '조망'의 적정성 문제에 달려 있다. 응시는 그때그때 시선을 한곳에 고정해서 보는 것이고, 조망은 연사가 시선을 골고루 분포시키면서 스피치를 실행하는 신체 동작이다.

시선에 변화를 주지 않고 스피치를 실행하면 그것은 먼저 연사와 청중 간의 친밀도 하락으로 이어진다. 스피치는 즉시적으로 피드백이 오가는 대화와 달리 상대방의 눈을 바라보면서 메시지를 주고받는 성질의 커뮤니케이션은 아니다. 그러나 연사가 특정한 청중이나 지점을 응시하거나 시선을 골고루 나누는 행위는 마치 사적인 관계에서 대화를 나누는 듯한 느낌을 줌으로써 연사와 청중 간에 친밀감을 유도하는 효과를 발생시킨다. 또 시선이 경직되면 청중은 그 행동을 연사의 스피치 불안감으로 해석하기 때문에 적절한 응시와 시선의 분배는 청중의 신뢰를 끌어오는 중요한 요소가 된다.

응시는 직접적으로 특정인이나 지점에 시선을 두고 말하는 것으로서 주로 메시지의 성격에 의존한다. 다시 말해서 메시지 속성이 특정한 누군가를 지정하여 말하듯 전달되는 것이 더 설득적이라고 판단되는 스피치 상황이라면 연사는 시선을 조망할 것이 아니라 응시해야 하는 것이다.

그 첫 번째가 묻기 또는 질문 상황이다. 예를 들어 "그동안 당신이 진정으로 원했던 꿈은 무엇인가요?"라는 질문형 메시지를 실행한다고 할 때, 연사가 몸을 세운 채 시선을 정면에 고정하거나 허공에 두고 말하는 것과 청중 속 어느 개인이나 특정 지점으로 시선을 주면서 몸을 그곳을 향해 살짝 숙이며 위 질문을 하는 행동에는 큰 차이가 있다. 후자의 시선 처리와 행동이 실제로는 그 개인이나 지점의 사람들과 대화를 나눌 의도로 또는 질문에 대한 답을 듣고자 하는 행위는 아니다. 그러나 사람들은 연사의 그런 행동을 통해 마치 자신들에게 직접 물어본다는 정서적 느낌을 받게 되고 그것은 연사와 청중의 친밀감을 유도하여 설득력을 높이는 효과를 가져온다.

응시가 필요한 두 번째 상황은 연사가 개인적인 경험이나 어떤 사건 등을 이야기하고자 할 때이다. 이는 어떤 주제를 펼쳐가며 말하던 중에 그와 관련된 경험이나 사례를 꺼내는 일종의 전환 국면과 닿아 있는 이야기 시점을 의미한다. 통상 사람들이 대화를 나누다가 자기 경험 등을 들려주려고 할 때면 보다 적극적으로 상대방을 응시하면서 이야기에 집중하기를 원하는 비언어적 행동을 하는 것과 같은 맥락이다. 그리고 참고로 덧붙이면 이때의 시선은 이야기를 마칠 때까지 계속 이어지는 것이 아니라 시작 시점의 첫 구문을 말하는 정도의 시간이면 족할 것이다.

응시가 필요한 세 번째 스피치 상황은 중요한 메시지를 언급한 후 말을 일시적으로 멈추고 수 초간 한곳에 시선을 두는 경우이다. 이러한 동작은 메시지를 강조하는 행위이면서 연사가 청중의 반응을 살피는 순간이기도 하다.

이상과 같은 경우를 제외한다면 스피치에서 연사의 시선은 전반적으로 청중을 두루 조망하며 실행하게 된다. 분배하는 시선 조망은 보통 좌, 우, 정면으로 삼분되는데, 단순하게 얼굴만 돌려서 시선을 처리하면 딱딱하고 인위적인 느낌을 주기 때문에 몸체를 같이 움직이면서 처리하는 것이 훨씬 부드럽고 적극적인 느낌을 주어 설득에 유리하다. 물론 그러한 모든 행동은 자연스러워야 한다.

제스처 "손은 그 자체가 제2의 말이다. 손은 요구하고 약속하고 호소하고 위협하며 간청하고 질문하며 부정한다. 손은 기쁨·슬픔·주저·고백·회한·절제·양(量)·수(數)·시간 등을 말한다. 손은 장소나 사람을 가리키기 위해 부사나 대명사를 쓰는 일을 대신한다. 그 결과 수많은 민족과 국가들에서 말해지는 다양한 언어들 가운데 손은 만인의 공통된 언어처럼 보인다(Julius Victor)."

이처럼 인간의 신체 중에서 가장 많은 메시지를 표현할 수 있는 것이 손과 관련된 동작 행위이다. 수화(手話)를 생각해 보면 이해가 쉽다.

그런데 제스처는 말의 효과를 더하기 위해 행해지는 몸짓이나 손짓을 의미하므로 반드시 손과 팔의 움직임에 한정되는 것이 아니고 그것들을 포함하여 어떤 메시지로서의 움직임 또는 메시지를 보조하는 몸짓까지를 일컫는다. 다만 스피치에서 제스처라고 하면 상대적으로 사용 빈도가 높고 다양하게 의미 전달이 가능한 손동작을 중심으로 이해하는 경우가 많으므로 여기에서도 손과 팔의 움직임을 제스처의 중심 동작으로 놓고 살펴볼 것이다.

제스처는 감정의 표현, 메시지의 의미 보강이나 강조, 그리고 청중의 시선을 끌어모으는 기능을 수행한다. 만일 연사가 어떤 말을 하면서 주먹을 불끈 쥐어 보인다면 그 동작은 감정을 표현하는 제스처가 되고, 손가락으로 방향을 가리키거나 엄지와 검지를 모아 작다는 표시를 보인다면 그것은 메시지의 의미를 보강하는 제스처가 될 것이다. 그리고 스피치 실행 과정에서 이루어지는 그와 같은 연사의 모든 손동작은 공통적으로 청중의 시선을 모으는 기능을 한다.

일반적으로 제스처는 '열린 스피치'보다는 '닫힌 스피치'에서 더 많이 요구된다. 기술한 것처럼 제스처는 연사의 감정을 표현하고, 메시지를 보강·강조하는 부언적 기능을 수행한다. 그런데 열린 스피치는 닫힌 스피치와 달리 메시지 구성이 서사적이어서 제스처를 동원해 그것을 직접적으로 보충할 여지가 크지 않다. 그래서 제스처보다는 편안하고 자연스러운 자세와 몸의 움직임에 초점이 맞추어진다. 스피치 영역을 놓고 좀 더 살펴보면 대체로 강한 설득이 필요한 정치·종교 연설, 시국 강연이나 웅변 형태의 스피치에서는 제스처의 사용 빈도가 더 많고 기능적 효용성도 큰 편이다. 반면에 의례적 스피치, 시사적 강의·강연과 같은 영역에서는 제스처 사용 빈도가 상대적으로 적다. 이것은 제스처의 크기와 사용 빈도가 스피치 형태와 영역, 그리고 상황에 따라 다르게 나타난다는 점을 의미한다. 바꾸어 말하면 제스처는 스피치의 성격과 청중의 규모 및 배치에 따라 다르게 해야 한다는 것이다. 강한 설득이 필요한 스피치, 청중이 많은 경우라면 제스처를 더 자주 그리고 동작을 더 크게 해야 하고, 정보를 제공하는 차분한 강의나 시사적인 강연, 또 청중이 많지 않은 경우라면 제스처를 불필요하게 크고 자주 할 필요는 없을 것이다.

스피치에서 제스처가 중요한 신체 동작임에는 틀림이 없다. 그러나 제스처 사용에는 한 가지 중대한 원칙이 있다. 다른 몸짓 언어들에도 해당되는 사항이겠으나 특히 제스처는 그것이 메시지의 일부라고 청중이 느낄 수 있을 만큼 자연스러워야 한다는 점이다. 제스처에서 자연스러움이 크게 요구되는 이유는 손의 움직임이 다른 신체 동작보다 선명하게 드러나고, 또 청중이 제스처 자체를 신체 동작이 아니라 하나의 메시지로 인식하는 경향이 강하기 때문이다. 그래서 제스처는 사실 무의식적으로 행해지는 경우가 많고, 다른 관점에서 보면 그렇게 했을 때가 가장 자연스러운 동작이라고도 할 수 있다. 만약 제스처 사용이 어렵거나 상황이 여의치가 않다면 반드시 제스처를 해야 한다는 생각을 버리고 차라리 메시지 구술 표현에 집중하는 편이 더 낫다.

사람이 손동작으로 표현할 수 있는 메시지의 수는 대략 10,000여 가지이고, 스피치에서 사용되는 제스처의 수는 통상 100여 가지에 이른다고 알려져 있다. 그래서 그것들을 하나하나 분석하고 살펴보기는 어려우므로 빈번하게 사용하면서도 그 쓰임이 생각처럼 쉽지 않은 손을 편 상태 및 팔의 위치 등과 관련해서 주의해야 할 몇 가지 사항만 보기로 한다.

첫째, 손바닥을 펴는 제스처는 신뢰와 정직을 나타내지만, 정확하게 말해서 이때 손바닥은 축구공을 쥔 것처럼 약간 말려진 곡선 형태의 모양이어야 한다. 힘을 주어 쫙 펼친 손바닥은 연사가 진중하지 못하다는 인상을 줄 수 있고, 오히려 거짓을 숨기려는 과도한 행동으로 인식될 수도 있다.

둘째, 양팔을 앞으로 뻗어 손바닥을 청중의 정면을 향해 보이도록 하는 신체 행동은 지양해야 한다. 같은 사고 선상에서 메시지가 어떤 사안을 부인하는 내용이라 하더라도 손바닥 정면을 청중에게 보이면서 좌우로 흔들며 '아님'을 강조하는 제스처도 하지 않는 것이 좋다. 그와 같은 제스처는 만류, 거부와 같은 부정적인 의미를 표시하기 때문에 연사와 청중을 단절시키는 정서를 유발한다. 그러므로 연사의 손바닥은 사선으로 비스듬히 위치해야 하지만 양팔을 좌우로 활짝 펴서 손바닥을 청중에게 보이는 행동은 상황에 따라 환영, 포용의 의미를 뜻하므로 가능한 제스처이다.

셋째, 제스처 사용은 연사의 가슴이 위도(緯度)가 되어 그곳을 중심 경계로 상부에서 취해져야 한다. 하부에서는 손동작이 잘 보이지 않는다는 시각적인 문제도 있지만 제스처가 가슴 밑으로 내려가면 자연스럽게 청중의 시선이 얼굴로부터 멀어져 집중력을 떨어뜨린다.[72]

넷째, 제스처는 위 가슴 높이를 기준으로 좌우 30도 내의 범위에서 움직이는 것이 효율적이다. 방금 기술한 것처럼 제스처는 얼굴에서 멀어질수록 효능이 감소하기 때문이다. 그러므로 제스처 효과 및 스피치 집중력을 유지하기 위해서는 정치 연설이나 웅변과 같이 부득이하게 큰 동작의 제스처가 필요한 상황이 아니라면 가급적 위 범위 안에서 동작을 취하는 것이 좋다.

다섯째, 손동작이 방향을 가리킬 때는 연사의 시선도 반드시 가리키는 방향을 향해야 한다. 손동작과 시선이 같은 곳을 향해야 온전하게 메시지로서 의미를 갖는 제스처가 된다.

그밖에 제스처의 사용과 관련해 추가적으로 알아 두어야 할 몇 가지 사항들은 〈표 15〉를 참고하기 바란다.

<표 15> 제스처의 기법

① 제스처는 팔 전체로 하라	제스처는 역동적일수록 더 효과적이므로 어깨에서 손에 이르기까지 팔 전체를 움직여야 한다. 손만 조금씩 움직이거나, 어깨를 고정시키고 팔꿈치 아래만 움직이는 제스처는 좋지 않다. 손이 위로 올라가면 팔꿈치도 따라 올라가야 하고 어깨도 약간 들려야 하며, 손이 열리면 팔꿈치와 어깨도 바깥으로 따라 움직여야 한다.
② 크고 분명하게 하라	스피치에서는 연사와 청중 간에 공간적으로 거리가 있다. 따라서 제스처도 이에 맞추어 크고 분명해야 한다. 제스처가 크고 분명하면 연사가 정열적으로 스피치에 임하고 있다는 인상을 주기 때문에 설득력을 갖게 된다.
③ 제스처는 언제나 완성시켜라	한 번 팔을 움직여 제스처를 하기 시작했으면 반드시 그것을 끝내야 한다. 그렇지 않고 제스처를 하려다가 어색하게 주춤거리거나 동작을 멈추면 연사가 스피치에 자신감이 없다는 신호를 주는 것과 다르지 않다.
④ 말과 타이밍을 맞춰라	제스처는 말의 의미를 분명하게 하고 말에 강세를 주는 역할을 한다. 따라서 제스처는 말과 타이밍이 맞아야 한다. 말과 따로 노는 손 움직임이나 말보다 먼저 나오는 제스처는 효과도 없을뿐더러 스피치를 어색하게 만든다.
⑤ 내용의 흐름에 맞추어 변화를 추구하라	제스처가 단조로워서는 안 된다. 처음부터 끝까지 같은 크기의 제스처를 하거나 같은 모습의 제스처를 하면 스피치까지도 단조롭게 느껴진다. 내용의 흐름이나 메시지 성격에 맞추어 강조해야 할 부분에서는 크게, 그렇지 않은 부분에서는 작게 제스처함으로써 변화를 추구해야 한다.

〈임태섭, 스피치 커뮤니케이션, 2004〉

자세   자세는 스피치를 실행하는 동안 연사가 유지하는 외양적 신체 태도를 의미한다. 그러므로 제스처인 몸짓과 구분할 필요가 있다. 둘 다 신체에 의존하지만 자세는 말 그대로 연사의 스피치 태도를, 몸짓은 메시지를 보강하거나 강조하는 제스처 기능을 함축한다.

스피치 자세는 두 가지 관점에서 생각해 보아야 한다.

먼저 연사의 입장에서 생각하면, 스피치는 가능한 편안한 상태에서 실행하는 것이 가장 효율적이라고 할 수 있다. 자세가 경직되면 스피치도 경직되기 때문이다. 그런데 한편으로 스피치는 소리를 전달하는 신체 작용이어서 편안하면서도 발성에 유리한 환경을 동시에 만족시켜야 한다. 그런 이유에서 '두 발을 어깨넓이로 벌리고 몸을 바르게 편 자세' 또는 몸의 균형을 유지하면서 좀 더 쉽게 위치를 바꿀 수 있도록 '한 발을 약간 다른 발 앞에 두는 스피치 자세'가 통상 두 요소 모두에 최적화된 자세로 알려져 있다.

다음으로 청중의 입장에서 보면, 연사의 자세는 신뢰감을 결정하는 주요한 요인이다. 자세는 시각적 요소로서 다른 비언어적 행위와 마찬가지로 사람을 판단하는 기준이 된다. 그래서 청중이 보았을 때 안정감을 느끼면서 단정하다는 인상을 받을 수 있어야 한다. 앞에서 기술한 스피치 자세들이 보편적으로 권장되는 이유이다.

자세는 또한 팔을 어디에 둘 것인지, 발의 움직임은 어느 정도로 할 것인지를 포함한다.

우선 연사의 팔 처리와 관련하여, 마이크를 사용하는 경우라면 주먹을 쥔다는 느낌으로 손을 살짝 오므린 상태로 한쪽 팔을 자연스럽게 떨어뜨리는 것이 좋고, 그렇지 않은 경우라면 양팔 모두를 위와 같이 내린 상태로 스피치를 실행하는 것이 가장 원만하다.

또 스피치 자세와 관련하여 고려해 볼 요소가 연사의 움직임이다. 그러나 공적 스피치 행위에서는 연사가 발걸음을 옮겨가며 이리저리 몸을 이동시키는 행위가 보편적으로 통용되는 사항은 아니다. 지루함을 덜고, 스피치에 활력을 주며, 청중의 시선을 잡기 위해 꼭 필요한 경우 예외적으로 행해진다. 이 경우에도 축사, 기념사 등과 같은 의례적 스피치 상황, 형태를 불문하고 스피치 실행 시간이 짧은 경우에는 사용하지 않는 것이 바람직하다. 그래서 시간이 비교적 긴 시사적인 강연·강의, 경우에 따라서는 설교와 같은 스피치 영역에서 위에서 기술한 사유로 연사가 적정하게 몸을 움직이며 변화를 줄 수는 있다. 그러나 이때도 과도하게 움직이는 것이 아니라는 얼굴과 시선이 청중을 향하고 좌우 2~3보, 앞뒤 1~2보 내에서 천천히 오가는 방식으로 진행되어야 한다.

그런데 후술하는 '스피치 프리젠테이션' 방식에서는 이런 조건이 완화될 수도 있다. 연사가 슬라이드를 띄우고 스피치를 진행하는 과정에서 청중의 시선을 자연스럽게 확보해 줄 필요가 있고, 상대적으로 연사에 대한 청중의 시선이 약화될 수 있으므로 때로는 더 많은 공간을 오가며 몸을 움직이는 것도 필요하기 때문이다.

연사의 움직임과 관련해서 한 가지 주의해야 할 사항이 있다. 일반적인 스피치 상황이건, 프리젠테이션 스피치 상황이건 상대방에게 등을 돌리는 행위는 부정, 기피, 굴복을 의미하는 부적절한 행동 양식으로 인식되므로 청중에게 등을 보여서는 안 된다는 사실이다.

이상이 스피치 자세 및 움직임에 관한 일반적으로 요구되는 행동 양식이다.

그런데 어떤 연사는 대단히 역동적으로 몸을 움직이고 자유분방한 자세와 제스처로 스피치를 한다. "반드시 위와 같이 규범화된 자세와 움직임을 따라야 하는가?"라는 의문이 생긴다. 하지만 다음과 같은 몇 가지 조건 아래에서 충분히 가능할 뿐 아니라 연사의 그와 같은 스피치 행동이 청중 설득을 한층 더 효과적으로 견인한다는 점에서 권장할 만하다. 그러나 모든 상황에서, 누구나가 그렇게 할 수 없다는 것이 문제이다. 그럴 수 있으려면 앞에서 본 것처럼 스피치 영역이 시사적인 강연·강의 등이어야 하고, 스피치 시간이 길어야 하며, 주제가 비교적 무겁지 않아야 한다. 그리고 무엇보다 연사 자신이 자기 메시지에 확신이 있어야 한다. 또 다양한 삶의 경험이 연사 내면에 축적되어 있어야 하고, 연사 스스로가 청중과 같은 눈높이에서 동화(同和)하고자 하는 마음이 있었을 때 가능하다.

외양 신체적 외양은 얼굴 생김새, 키, 체격, 헤어스타일, 의상, 액세서리 등을 포함하여 그 사람의 전체적 인상을 결정하는 비언어적 요소이다.

스피치에서 연사의 외양, 즉 청중에게 보이는 신체적 외관은 '매력'과 관련되어 있다. 치알디니는 설득의 법칙에서 신체적 매력이 호감을 불러일으키는 요소 중 하나라고 말한다.

공신력에 관여하는 매력이나 호감은 설득의 중심적 단서들은 아니나 연사의 생물학적 인상을 결정하는 요소이기 때문에 청중에게 호감을 어필하지 못하는 외양보다는 호감을 주는 외양이 더 유리한 것이 사실이다. 실제 신체적으로 매력 있는 쇼호스트의 메시지가 설득에 더 긍정적인 영향을 미친다는 여러 연구 결과들이 그 사실을 뒷받침한다.

하지만 사람의 타고난 생김새와 키 등 신체 조건은 우리가 임의로 고치거나 만들기가 어렵다. 누구나 호감을 주는 신체 용모를 가지기를 희망하지만 임의로 할 수 없는 부분임을 알기 때문에 청중은 가능과 불가능을 구분할 줄 안다. 그래서 연사는 가능한 부분, 즉 자신의 신체 조건에 어울리는 단정하고 깨끗한 느낌의 의상, 헤어스타일에 우선적으로 주의를 기울여야 한다. 다시 말하면 의상은 평범하면서도 세련될 필요가 있고, 헤어스타일은 자신의 얼굴 생김새에 어울리면서 깔끔해야 한다. 청중은 연사의 외양을 판단할 때 의상이나 헤어스타일과 같이 개인의 사고 경향을 엿볼 수 있는 인위적이고 분별 가능한 요소들을 매력을 판단하는 주요 단서로 삼는다. 그리고 사람의 매력은 반드시 외양에 한정되는 지엽적인 개념도 아니다. 목소리, 유머 코드, 말투, 패션 감각, 그리고 공감을 주는 메시지 등이 종합적으로 어우러져 그 사람만의 매력을 결정한다. 그러므로 신체 외양과 관련해서는 변화가 어려운 타고난 신체 조건보다 변화가 가능한 의상이나 헤어스타일 같은 요소들에 주의를 기울일 필요가 있다.

　한편 의상과 헤어스타일은 사람의 개성을 보여 주는 중요한 요소 중의 하나이기도 하다. 스피치가 요구하는 바람직한 외양과 연사의 개성이 충돌할 여지가 있는 것이다. 이런 점을 고려할 때 위 '신체 조건에 어울리는 단정하고 깨끗한 느낌의 의상과 헤어스타일'은 연사의 개성도 어느 정도 반영하는 부분으로 이해해야 한다. 다만 균형은 필요하다.

　외양과 관련하여 한 가지 더 생각해야 할 사항이 있다. 다른 비언어적 요소들에도 공통되는 사항이겠으나 의상이나 헤어스타일도 어디까지나 스피치 상황에 부합해야 한다는 점이다. 정중함을 요하는 경우인지, 소탈함을 요구하는 상황인지를 판단하여 거기에 맞는 복장 등을 적절하게 선택할 수 있어야 한다.

4.
시청각 자료의 보조

시청각 보조자료의 활용에 대한 인식이 점점 중요해지고 있다. 퍼블릭 스피치 영역에서도 개입 빈도가 확장하는 추세이다. 획기적인 변화는 발표나 보고 등을 위한 전문적인 디지털 프로그램이 개발되면서 스피치 실행 과정에서 각종 통계 데이터, 사진, 영상 등 시청각 자료가 다양하게 활용되고 있다는 사실이다. 기존에도 시청각 보조자료들이 스피치에 이용되기는 하였다. 그러나 지금과 같이 첨단화된 프로그램 툴(tool)을 이용한 것이 아니었기 때문에 주로 시각적인 모형이나 물체, 차트 또는 인쇄물에 의존하는 아날로그 자료들이었다.

오늘날 널리 이용하고 있는 디지털 기반의 프로그램들은 회사나 학교와 같은 조직에서 광범위하게 이뤄지는 각종 제안, 발표, 보고의 편의를 위해 개발된 것이다. 우리가 많이 사용하는 프로그램 중의 하나인 'PPTX'를 이용한 '프리젠테이션'이 대표적이다. 그리고 공적 스피치 분야에서도 그와 같은 프로그램을 이용하여 스피치 실행 중에 메시지를 축약해 띄우거나 사진, 동영상 파일을 보여 주는 방식으로 활용하는 예가 많아지고 있으며, 그로 인해 그동안 보아 왔던 스피치의 모습도 조금씩 달라지고 있는 양상이다.

그런데 숙고해 볼 점이 있다. 기업의 사업 제안서, 신제품 보고, 연구 성과물 발표, 행정기관의 중장기 업무 추진 전략과 같이 실용적인 분야에서 사용되고 있는 프레젠테이션 방식을 퍼블릭 스피치 영역에서도 똑같이 구현할 수 있겠느냐 하는 것이다. 시청각 자료를 활용한 위와 같은 실용 스피치는 발표자와 청중 간에 이미 합의가 이뤄진 당면 현안이나 주제라는 공동의 관심 사안을 중심에 놓고 실행하는 것이다. 그래서 발표자보다 시청각 자료에 초점이 맞춰지더라도 발표자와 관련한 설득 변인들이 작용할 여지가 크지 않다. 발표자가 누구이냐보다 다루고자 하는 현안에 대한 시청각 자료를 어떻게 구성했느냐가 상대적으로 더 중요하다는 것이다. 반면 퍼블릭 스피치는 연사 주도의 메시지 전달을 본질로 한다. 공신력 등 설득 요소들이 연사를 중심으로 작용하는 성질을 가지고 있다. 그래서 시청각 자료보다 연사가 누구냐가 더 중요한 문제가 되므로 만약 슬라이드를 화면에 띄우고 발표, 보고하는 통상의 실용 스피치 방식으로 스피치를 실행하게 되면 연사의 인적 특질이 시각 자료에 매몰되어 자칫 스피치 행위가 발표나 보고로 변질 될 우려가 있다. 현안이 중심이 되는 실용 스피치와 사람이 중심이 되는 퍼블릭 스피치 간의 근본적인 차이가 시청각 자료의 개입을 놓고 이처럼 서로 다른 밀도를 보이는 것이다.

스피치와 시청각 자료의 이런 관계성에 근거하여 이제는 좀 더 기능적인 관점에서 시청각 자료의 효과적인 활용을 살펴볼 차례이다. 이를 위해, 먼저 청각 및 시각 정보들의 복합적 인지 처리 과정을 간략히 살펴본 다음 시청각 자료의 활용 시에 유념해야 할 기본적인 원칙과 몇 가지 프리젠테이션 기법들을 다뤄 보고자 한다.

4.1 시각 우세성의 효과

정보처리 과정에서 시각 정보와 청각 정보가 동시에 제시될 때 두 정보 모두 지각되기보다는 시각 정보가 더 우세하게 지각되는 현상을 인지과학에서 '시각 우세성 효과(visual dominance effect)'라고 한다. 주요 연구 결과들에 따르면 이와 같은 효과는 동일한 내용의 시각 및 청각 정보가 동시에 현출될 때보다 서로 다른 내용의 메시지 정보가 동시에 현출될 때 더 크게 나타난다고 알려져 있다. 이를 스피치 관점에서 해석하면, 연사가 말하고 있는 메시지와 내용이 다른 메시지 또는 의미 맥락이 다른 그림이나 사진과 같은 비언어적인 시각적 단서를 청중이 동시에 듣고 보게 되면 시각 우세성 효과로 인해 연사의 음성 메시지에 대한 이해도가 떨어진다는 것이다. 이해도가 떨어진다는 말은 청중의 연사 메시지에 대한 집중도가 하락한다는 뜻이다. 그 이유는 내용이나 성질이 다른 시청각 정보가 동시에 경합하는 다중감각적 커뮤니케이션(multisensory communication) 상황에서는 시각적 요소가 청각적 요소인 음성 메시지의 정보처리를 방해하기 때문이다.

이런 결과는 스피치 실행과 관련하여 시청각 보조자료의 개입 방법 및 정도를 효과 측면에서 어떻게 조정해야 하는지를 시사한다. 일반적으로 사람들은 청각 일변도의 스피치에 포인트를 주고 청중의 집중을 구하기 위해서는 시각적 수단이 반드시 효과적이라고 생각하고 있다. 특히 프리젠테이션 슬라이드를 만들 때 템플릿, 폰트, 색깔, 구도, 영상과 사진 등 감각적이고 화려한 시각 정보가 청중의 집중을 유도한다고 믿는 경향이 강한 것 같다. 그러나 지나친 시각적 정보로 인해 정작 연사가 했던 말은 사라지고 특정 그림이나 영상만 기억나는 경험이 한 번쯤은 있을 것이다. 퍼블릭 스피치에서 시청각 자료는 어디까지나 스피치를 보조하는 것이다.

4.2 보조자료의 활용 원칙

'시각 우세성 효과'로 인해 퍼블릭 스피치에서 시청각 자료를 활용하기 위해서는 지켜야 할 몇 가지 원칙들이 도출되는데, 보조자료들이 메시지에 부합해야 하고, 적시성이 있어야 하며, 또 개입이 일시적이어야 한다.

부합성의 원칙 부합성의 원칙은 시청각 보조자료가 메시지의 의미를 보완, 보충, 강조하거나 메시지에 대한 사실관계의 증명 과정에서 하나의 메시지로 인식되어야 한다는 원칙을 의미한다. 다시 말해서 메시지와 시청각 보조자료가 의미 맥락에서 일치해야 한다는 것이다.

메시지의 의미, 스피치 흐름과 맞지 않는 시청각 자료를 오직 청중의 관심이나 집중 혹은 재미를 유도할 목적에 사용하게 되면 오히려 연사의 스피치를 방해하는 결과를 가져올 수 있다. 예를 들어 연사가 스피치 도중에 하얀 손수건을 흔들어 보인다고 할 때, 그것이 손수건의 생김새를 모르는 청중의 이해를 돕기 위한 것이라면 이는 적절한 시청각 자료의 활용이다. 그런데 청중의 시선을 끌기 위해 메시지와 상관없이 손수건을 흔들어 보인다면 이는 오히려 메시지에 대한 청중의 정보처리를 방해하는 부적절한 시청각 자료의 활용이 된다. 실제로 이런 경우 청중은 그 상황을 매우 낯설어한다. 스피치에서 의도가 발각되는 행위는 청중을 불편하게 만들기 때문이다. 특히 프리젠테이션을 이용한 스피치 방식에서 위와 같은 생각의 오류가 흔하게 나타난다. 우스운 사진 파일이나 동영상을 삽입하는 경우가 대표적이다. 그것들이 메시지와 연속되는 단일한 의미로 인지될 수 있다면 관심, 집중, 웃음 코드로 연결되는 시청각 자료는 보조수단이 될 수 있다. 하지만 무관한 경우 그것들은 연사의 메시지를 방해하는 역기능을 하게 된다. 시청각 자료를 활용한 설득력 강화의 조건은 그것이 메시지 의미에 부합할 때이다.

적시성의 원칙 시청각 보조자료가 메시지와 의미상 부합하기만 하면 언제든지 그것들을 활용할 수 있을까? 그렇지는 않다. 시청각 자료는 한편으로 꼭 필요한 상황에서만 개입시켜야 한다. 이것이 적시성의 원칙이다.

적시적 상황은 우선 증명이 필요할 때이다. 증명의 개념은 범위가 넓지만 압축하여 어떤 사실이나 결과를 확고하게 이해시키는 것이라고 정리할 수 있다. 그렇다고 모든 사안의 증명을 위해 자료를 개입시킬 수는 없다. '적시(適時)'라는 의미가 효과의 극대 시를 내포하는 것처럼 증명을 위한 시청각 자료 역시 효과가 가장 크다고 판단하는 시점에서 활용하는 것이 바람직하다. 좋은 예로 에이브러햄 링컨의 '통나무 사건'을 들 수 있다. 링컨은 대통령 후보 지명대회에서 자신이 가난한 개척자의 아들임을 실증하기 위해 30년 전 직접 만들었다는 오두막의 통나무를 가져와 보여 준 적이 있다. 그리고 그 행위는 적시성 있는 효과를 발휘했다.

또 다른 적시적 상황으로는 어떤 사실이나 대상을 메시지로 표현하는 것보다 시청각 자료를 이용하는 것이 효율적이면서 또 그 사안이 중요하다고 판단될 때이다. 구체적으로는 사실이나 대상을 말로 설명하거나 묘사하는 것이 오히려 비효율적이고 시청각 자료를 통해 직접 보여 주는 것이 월등히 효과적일 때라고 해석할 수 있다.

마지막으로는 평가에 대한 의견이 달라 청중의 신뢰를 얻기 어려울 때, 즉 연사의 메시지가 찬반이 엇갈리는 평가를 수반할 때이다. 어떤 사안이나 사건, 대상의 옳고 그름, 좋고 나쁨을 평가할 때는 비록 연사라 하더라도 주관적 편향이라는 잣대를 피하기가 어렵다. 이런 경우 청중은 종종 연사의 평가보다 자신들과 같은 그룹이라고 여기는 사람들의 평가를 더 신뢰한다. 그래서 이럴 때는 연사의 말보다 평범한 주변인의 진지한 평가를 담은 영상 자료를 활용하는 것이 더 효과적일 수 있는 것이다.

일시점의 원칙   시청각 자료의 활용은 목적을 이룸과 동시에 끝이 나야 한다. 자료들이 계속해서 청중의 눈과 귀를 잡고 있어서는 안 된다. 연사가 말하고 있는 메시지는 A인데 B라는 무관한 시청각 자료가 계속해서 청중의 눈과 귀에 머물러 있게 되면 그것은 보조자료가 아니라 스피치를 방해하는 장해물이 되고 만다.

일시점의 원칙은 이처럼 시청각 자료가 필요한 시점에서 필요한 만큼만 역할을 하고 종료되어야 한다는 것을 의미한다. 청중에게 스피치 내내 수거되지 않을 종이 자료를 배부해 준다거나 이미 활용이 끝난 사진이나 메시지를 슬라이드에 띄어 놓은 채 스피치를 이어가는 경우들을 흔한 예로 들 수 있다. 일시점의 원칙이 지켜져야 하는 이유는 기술한 것처럼 다중감각적 커뮤니케이션 상황에서 의미나 성질이 다른 시각적 요소가 스피치 메시지의 몰입을 방해하는 '시각 우세성 효과' 때문에 그렇다.

4.3 스피치 프리젠테이션

"손님용 그릇은 너무 복잡하지 않은 모양으로 장만하자. 어떤 종류의 요리라도 돋보일 수 있도록 단순한 모양을 선택하라."

도미니크 로로의 이 말은 프리젠테이션 방식으로 스피치를 실행하고자 할 때 반드시 기억해야 할 명제이다.

이 메시지를 이해하기 위해서는 질문부터 시작해야 할 것 같다.

먼저 프레젠테이션 방식의 스피치를 하는 이유가 "슬라이드를 보여 주기 위한 것인가, 메시지를 전달하기 위해서인가?"라는 질문이다. 이 질문을 먼저 하는 이유는 연사들이 지나치게 슬라이드에 집착하는 경향이 있기 때문이다. 슬라이드를 멋지게 만들어야 훌륭한 강사나 연사가 된다고 생각하는 것 같다. 그러나 청중은 시청각 교육이나 학습을 위해, 연구발표를 듣기 위해 온 것이 아니라 연사의 스피치를 듣기 위해 온 것이다. 퍼블릭 스피치에서 프리젠테이션은 어디까지나 메시지를 전달하는 보조자료일 뿐이다. 연사가 프리젠테이션 구성에 집착하는 순간 스피치는 실패할 확률이 그만큼 높아진다.

또 "슬라이드를 화려하게 만들면 메시지에 대한 설득력이 높아지는가?"라는 질문도 해야 할 것 같다. 이 질문은 "템플릿을 만들고 슬라이드 공간을 빈틈없이 채워야 성공적인 스피치가 될까?"라는 물음으로 바꿀 수 있다. 무엇이 되었건 대답은 "그렇지 않다"이다. 프리젠테이션이 단순할수록 설득력이 오히려 높아진다. 연사의 메시지에 집중하는 청중보다 화려하고 요란한 슬라이드에 시선을 빼앗긴 청중을 설득하기가 훨씬 어렵기 때문이다.

이제 결론을 종합하면 스피치에서 메시지는 요리이고, 프리젠테이션은 접시이다. 청중에게 좋은 메시지를 전하고자 한다면 프리젠테이션을 단순하게 만들어 메시지를 드러내 주어야 한다.

그렇다면 효과적인 스피치 프리젠테이션란 무엇인가? 실용적인 시각에서 몇 가지를 살펴보기로 한다.

우선 앞에서 본 '시청각 자료의 활용 원칙'들은 스피치 프리젠테이션에서도 같은 원리로 적용된다. 슬라이드 화면상에 나타나는 시각정보들이 연사가 전달하고 있는 메시지와 의미상 부합해야 하고, 그것들이 필요한 시점에서 적시성 있게 메시지를 보조할 수 있어야 한다.

그런데 프리젠테이션 방식의 스피치는 실행 전 과정에 걸쳐 슬라이드 화면으로 송출되기 때문에 위 원칙들을 좀 더 유연하게 이해할 필요가 있다. 여기에는 두 가지의 근본적인 문제가 자리 잡고 있어서다. 하나는 슬라이드를 빈 화면으로 둘 수 없다는 점이고, 다른 하나는 슬라이드와 연사의 스피치 실행 사이에 시간적으로 불균형이 일어난다는 사실이다. 프리젠테이션이 복잡하게 만들어지는 것도 본질적으로는 이 두 가지 이유 때문이다. 목차로 순서를 정한 다음 슬라이드에 관련 메시지나 사진, 영상 등을 가득 채워 프리젠테이션을 만듦으로써 슬라이드 공간을 훌륭하게 메꾸었다는 안도감, 목차에 따라 화면을 전환하며 그때그때의 메시지에 따라 스피치를 진행함으로써 시간적 불균형을 극복할 수 있다는 이점이 이와 같은 방식의 스피치 프리젠테이션을 선호하게 만든다는 것이다. 그러나 이러한 형태는 청중에게 과도한 인지적 노력을 요구하게 되고 슬라이드에 감각을 집중시켜 메시지 몰입도를 떨어뜨릴 위험이 있다. 이런 이유에서 데이터 PPT 전문가인 내플릭(knaflic)은 시각적 잡동사니는 청중의 과도한 이해 부담을 만들어 내어 전달하려는 메시지를 오히려 방해할 수 있음을 지적한다. 무엇보다 이러한 형태의 스피치 프리젠테이션은 연사와 청중 간의 정서적 교감을 차단함으로써 인적 설득 요소들을 무력화시킨다. 따라서 슬라이드를 단순화시켜야 한다.

목차 제거 단순화의 첫 번째 조건은 목차를 없애는 것이다. 목차는 어디까지나 연사의 편의를 위해 만든 것이다. 그것들이 있어야 할 곳은 슬라이드가 아니라 연사의 머릿속이다. 스피치에서 목차를 청중에게 보여 준다는 것은 메시지 노출과 같다. 스피치에 대한 집중을 유도하는 요인 중의 하나가 기대감이다. 목차는 청중의 기대감을 차단하는 부정적인 신호로 작용한다.

골든 정보 목차가 사라지면 부수하는 잡다한 메시지들도 자연스럽게 사라진다. 그렇다면 슬라이드에 무엇을 담아야 할까? 메시지,

그림, 사진, 동영상이 모두 들어갈 수 있다. 다만 시청각 자료의 활용 원칙들을 지켜야 한다. 메시지와 맥락을 같이 해야 하고(부합성), 꼭 필요한 순간에 필요한 것이 나타나야 하며(적시성), 효용을 다하면 사라져야 한다(일시점). 이 원칙들이 지켜지면 슬라이드에 띄워지는 메시지, 사진, 영상 등은 이제 스피치를 보조하는 핵심적인 정보들이 된다. 그것들이 메시지이건, 상징적 로고이건, 사진, 영상이건 형태를 불문하고 위 원칙들 내에서 슬라이드로 현시되어 연사의 스피치를 보조한다면 그것이 골든 정보가 되는 것이다. 바꾸어 말하면 슬라이드에 전부 또는 아무것이나 채우는 것이 아니라 스피치 진행을 따라가면서 적시에 꼭 필요한 보조자료만을 띄우라는 의미이다. 실제로 시청각 보조자료를 활용하는 현대 퍼블릭 스피치들은 이런 식의 모습으로 형태를 갖춰가고 있다.

그런데 정작 중요한 것은 슬라이드에 담을 메시지이다. 골든 정보들 중에서도 문자화되어 시각적으로 보여지는 슬라이드 메시지가 스피치에서는 실제적으로 가장 핵심적인 역할을 한다. 이를 '킬링 메시지'로 표현하는 프리젠테이션 전문가도 있다. 킬링 메시지는 쉽게 말해 청중의 눈과 귀를 선점하는 메시지라 할 수 있다. 그러므로 표현이 평범해서는 킬링 메시지로서의 역할을 하기가 어렵다. 이는 일종의 메타언어이자 뉴스 헤드라인, 광고물의 카피와 같은 기능을 수행하는 메시지로 해석해야 한다. 노무현 전 대통령은 '올바른 인생의 방향과 행동'을 주제로 한 스피치에서 "어떻게 살았는가?"라는 워딩을 사용한 적이 있다. 만약 "어떻게 살았는가?"라는 메시지를 슬라이드에 제시한다면 이는 좋은 골든 정보의 예가 될 것이다. 메시지가 다의적이면서 개인적 관련성이 높아 청중의 기대와 호기심을 불러오기에 충분하기 때문이다. 이 메시지는 "나는 이렇게 살아왔다"는 연사 자신의 이야기, "당신들은 어떻게 살아왔는가"에 대한 물음, "우리는 어떻게 살아야 하는가"에 대한 철학적 요구이기도 하다. 이처럼 킬링 메시지는 핵심을 던지고 청중의 상상력을 붙들어야 한다. 이것이 단순화의 두 번째 조건이다.

공간도 메시지　목차를 제거하고 골든 정보들이 현시되면 슬라이드에 빈 공간이 많아진다. 사람들은 보통 빈 공간을 아무것도 없는 것이라고 생각한다. 그래서 "슬라이드에 메시지만 덩그러니 나타나는 모습이 과연 효과적일까"라는 의구심을 갖는다. 디자인이 느슨해 보이고 심미적인 느낌도 받기가 어려워 보인다. 결국 무엇인가를 채워 넣으려고 애쓴다. 그러나 과거 복잡한 그래픽 디자인들이 직관적 인식이 가능한 이차원 방식의 '플랫 디자인'으로 옮겨 왔다. 화려한 디자인도 결국 핵심을 전달하지 못하면 소용이 없다는 생각의 반영이다.

이런 관점에서 슬라이드 공간을 새롭게 인식할 필요가 있다. 백지에 점을 찍으면 그곳에 집중하게 된다. 이때 점을 제외한 나머지 공간들은 무용한 것이 아니다. 점을 더 또렷이 보여 주기 위한 공간으로서의 기능적 의미를 갖게 된다. 그런 것처럼 슬라이드 공간도 단순히 비어 있는 공간이 아니라 메시지를 받쳐 주는 소재가 된다. 배경을 어두운 톤으로 잡고 메시지를 밝은 색으로 도드라지게 하거나 색깔 있는 사진 등이 나올 때는 배경을 흰색으로 처리하는 것과 같이 대조 색감의 연출을 통해 슬라이드 배경을 조정한다. 더 나아가 연사의 의상 색깔과 슬라이드 화면의 배경 색을 고려할 때도 있다. 슬라이드 공간이 메시지 기타 시각적 정보들과 결합하면 또 다른 형태의 의미를 가진 메시지가 되는 것이다. 그러므로 슬라이드를 잡다하게 채우지 말고 공간이 메시지를 강조하게 만들어야 한다. 이것이 단순화의 마지막 조건이다.

스피치 유머의
감각

1.
스피치와 유머

유머는 "사건, 사물, 생각, 사회적 기대감이 정상적인 기대 양식과 일치하지 않는 상황의 부조화를 순간적으로 지각하며 즐거움 또는 웃음을 자극하는 것"이다(McGhee). 그리고 말과 개념 간의 예견치 못한 연관성이나 차이에 주목하는 기지(wit)는 서로 이질적으로 여겨지는 관념을 연결시켜 그 모순과 해결 방법을 순간적으로 바꾸어 웃음 효과를 나타내는 표현방식이다. 이처럼 기지와 유머는 생성 경로와 결이 조금 다르지만 두 가지 모두 웃음을 만들어 내는 요소라는 점에서는 공통되므로 기지를 보통 유머의 범주에 포함하여 다룬다.

유머는 사람마다 구사하는 방식도 다양하고 또 그 격차도 큰 편이다. 그래서 유머는 배운다고 간단히 개선될 수 있는 문제가 아니다. 그것을 하나의 관념 틀로 분석하기에는 정신적 얼개가 너무나 복잡하기 때문이다. 설령 재미있는 이야기를 암기해서 말한다고 해도 거기에는 한계가 있다. 자칫 억지스러움이 따를 수 있고, 전달 과정이 능수능란하지 않으면 효과도 기대하기가 어렵다. 유머는 메시지를 전혀 다른 관점에서 해석해 그것을 새롭게 만들어 방출하는 인간 사고의 정점에 있는 창의적인 발상이기 때문이다.

유머는 개인 간의 대화보다 청중을 대상으로 하는 퍼블릭 스피치에서 실행하기가 훨씬 더 어렵다. 양방향으로 메시지를 주고받는 대화 과정에서는 유머의 소재가 상대방의 말이나 커뮤니케이션 상황에서 비롯되기 때문에 공간을 발견하기가 쉽지만, 메시지가 한 방향으로 전달되는 스피치에서는 메시지 구성과 유머의 생성이 온전히 연사에게 달려 있기 때문이다. 유머를 적절하게 구사하면서 흐름을 유쾌하게 이끌어 가는 스피치 실행이 그만큼 어렵다는 의미이다. 그래서 전문 희극인들에게도 혼자서 무대에 올라가 관객의 웃음을 유발해야 하는 '스탠딩 코미디'는 선뜻 도전하기 어려운 장르로 알려져 있다.

유머에 대한 생각은 역사적으로도 조금씩 다른 모습들을 보인다. 고대 그리스와 로마에서 유머는 '아이러니'와 '재담'으로 엄격히 구분되었다. 아리스토텔레스는 두 차원의 웃음 코드 중 아이러니는 설득의 기법이자 좀 더 품위 있는 언어 기술 중의 하나로서 일종의 화채 기법으로 평가한 반면, 코미디로 이해할 수 있는 재담은 광대들의 수단이라고 격을 낮게 평가했었다.

그러나 근대에 들어 상공업 등으로 경제적 부를 축적한 계층, 또 노동자 계층이 등장하면서 자연스럽게 동류의식을 근간으로 하는 그들만의 유대관계가 형성되었고 그 속에서 유머는 공동의 정체성을 유지하는 필수적인 메타포로 자리 잡게 된다(Eagleton). 의례적 스피치에서 유머가 공동체의 유대적 결속에 필요한 수단이 되기 시작한 시점도 이때부터라고 볼 수 있다. 그러면서 근대 유럽에서 유머는 교양으로 인식되기 시작한다. 19세기 중반 무렵 '유머 감각(sense of humour)'이라는 말이 영국에서 처음 생겨났고, 이후로 유머는 사교생활은 물론 지적, 도덕적 욕구의 충족에 긴요한 가치가 되었다 (Zeldin). 이런 사실들에 비추어 유머는 단순히 청중을 웃기기 위해 발전되어 왔다기보다는 사람들 간의 유대적 관계 형성을 목적으로 개발되고 가다듬어져 온 것이라고 짐작할 수 있다. 즉 웃음을 통해 같은 감정을 공유하는 공동의 메타포적 인식은 상호 간의 신뢰감을 형성하는 요소로 작용한다는 것이다. 이런 점이 퍼블릭 스피치에서 유머의 필요성에 대한 본질적인 이유라고 하겠다.

현대 스피치에서 유머는 다음에서 살펴보는 기능적 측면의 효력 들이 밝혀지면서 이제 연사의 스피치 능력에 대한 평가 요소로까지 인식되고 있다. 유머의 품질도 청중의 평가를 받는 오늘날의 스피치 여건에서 보면 유머는 그것이 필요한 스피치 상황에서만큼은 부수 적인 첨가가 아니라 필수적인 첨가 요소가 된 것이다.

2.
유머의 기능

생리적으로 보면 유머는 억압을 잠시나마 해소하는 치유적 기능을 발휘한다. 프로이드는 인간의 억압된 심리적 에너지가 꿈, 말실수, 농담으로 분출된다고 보았다. 또 유머는 청중의 경계심을 해제시켜 메시지를 원활하게 수용케 하는 간접적인 설득 기능을 수행하기도 하고, 순화된 비판적 역할을 도모해 사회적 관계성에 균형을 더하는 기능도 가지고 있다.

해소　웃음의 작동원리를 신경생리학이나 심리적 시각에서 해석하는 입장에서 보면 해소는 에너지의 방출이다. 프로이드는 농담을 초자아(superego)의 억압에 사용되는 에너지를 잠시 동안 웃음이라는 심리적 에너지로 바꾸어 소모하는 것이라고 하였다. 사회적 규범과 질서가 인간에게 요구하는 다양한 압박들을 성적 소재의 농담과 같이 정교하게 변형된 방식으로 에너지를 소비하는 과정에서 갇힌 무의식으로부터의 해방을 맛보는 것이다.

또 유머는 기본적으로 어느 정도의 멸시나 조롱을 담고 있다. 플라톤과 아리스토텔레스는 웃음을 타인의 결점이나 추함을 보면서 느끼는 감정으로 보았다. 어린아이의 행동, 다른 사람의 바보스러운 행동에 사람들이 웃는 이유는 그로부터 느끼는 동물적 우월감, 그 행동이 공격적이지 않다는 사실에 대한 안도감으로부터 나오는 유전적 기제 때문이다. 그래서 로렌츠(Lorenz)는 "웃음은 억제된 공격 양식으로서 사회적 유대를 촉진한다"고 말한다.

웃음의 원리에 대한 위와 같은 분석들은 공통되게 심리적으로 억제된 인간의 감정이 유머를 통해 해소되는 일종의 '카타르시스'라는 시각에서 풀이하고 있다. 그런 점에서 모리올(Morreal)은 유머가 스트레스 유발 감정을 다스리는 좋은 요소라고 말하기도 한다. 강압적 정치제체에서 유머와 풍자가 난무하는 이유도 같은 맥락에서 이해할 수 있을 것이다.

이미 살펴본 것처럼 스피치가 연사의 입장에서는 메시지를 통한 청중 설득이라 해도 청중의 입장에서는 스피치에 참가하는 목적이 다양할 수 있다. 그런데 유머는 누구에게라도 공통되는 효용성을 가지고 있다. 유머가 총체적 의미에서 스트레스라는 심리적 억눌림 상태를 완화하는 것이라고 이해할 때 그것은 청중의 보편적 심리상태에 접근하는 스피치의 유용한 가치인 것이다.

설득 스피치에서 유머는 설득에 간접적인 영향을 미친다.

우선 유머는 청중과 연사 그리고 청중 상호 간의 정서적 연결에 관여한다. 청중과 연사 간에 라포(Rapport)를 형성하고 청중 상호 간을 동질의 감정으로 묶어 준다.

'설득의 상호성'에서 본 것처럼 청중은 연사가 신뢰할 만한 사람인지, 연사의 메시지가 자신들의 현재 입장과 얼마나 관련성이 있으며 가능한 솔루션은 있는지, 서투른지, 지식이 부족한지, 교양 있는 척, 잘난 척하는 것은 아닌지 등을 시시각각 듣고 관찰한다. 그것은 연사에 대한 일종의 경계심이다.

그런데 유머는 청중의 그와 같은 경계심을 무너뜨린다. 연사가 경계하고 있는 자신들의 감정을 건드려서 실제 웃음이라는 행동으로 나타나게 했다. 이는 연사의 능력을 보여 주는 것이며 그 사실에서 청중은 경계심을 누그러뜨리고 연사를 호의적으로 보게 된다. 집단 현상의 관점에서 풀이할 때 그것은 연사가 자신들을 통제할 수 있는 사람이라는 우월적 지위에 대한 복속의 간접 경험이기도 하다.

한편으로 유머는 청중의 정서를 하나로 연결해 동질성을 확인시켜 주는 역할을 한다. 스피치에서 유머 메시지만큼 청중을 단일한 감정으로 이끄는 것은 없다. 그에 대한 반응으로의 웃음소리는 서로가 연사에 대해 호감을 표시하고 있다는 확실한 공동의 증거가 되어 연사를 한층 더 신뢰하게 하고 메시지에 몰입하도록 만든다.

유머는 사람들의 관심을 유도하기도 하지만 반대로 주의를 분산시키는 효과도 있다(김영석). 스피치 시점(視點)에서 해석하면 관심은 청중의 이탈을 방지하는 것이다. 청중이 연사의 스피치에 흥미를 갖지 못할 때 유머는 관심을 불러일으키는 유용한 수단이 될 수 있다. 그리고 유머의 주의분산 효과는 본래 목적하는 핵심 메시지로부터 청중을 한걸음 떨어지게 만드는 것이다. 그래서 청중이 공격적으로 반응할 수 있다고 판단될 때, 즉 메시지에 대해 반감을 가질 수 있는 상황일 때 유머는 메시지에 대한 주의를 돌려 우회적으로 설득에 접근할 수 있는 소재로 활용할 수 있는 것이다.

순화　유머는 메시지를 순화시켜 청중이 그것을 유연하게 받아들일 수 있게 만들어 준다.

이러한 형태의 유머는 먼저 부조리한 사회나 불의, 잘못된 사회적 현상, 특정 대상의 부도덕 등을 비판할 때 풍자의 형태로 나타난다. 풍자는 순화된 모습의 유머라고 할 수 있다. 그것은 본질적으로 조롱을 품고 있는 블랙 유머지만 적절한 수준에서는 용인되는 사회적 웃음이다. 김상환의 말처럼 풍자는 현실에 대한 공격이고 질서 파괴적이지만 동시에 교정과 개선을 요구하는 창조의 의미를 함께 가지고 있기 때문이다.

스피치에서도 풍자가 동원되는 경우들이 많이 있다. 연사는 사회 문제를 직접적으로 비난 또는 비판할 수도 있고, 그것을 풍자하여 메시지를 구성할 수도 있다. 예를 들어 '각자 휴대전화기만 들여다보는 가정 내 소통 단절'에 대해 생각해 보자. 연사는 그 현상을 있는 그대로 조목조목 나열할 수도 있고, "스마트폰에 가족들을 조용하게 만들어 주는 어플이 깔려 있다고 합니다. 집에만 오면 작동된다네요. 다들 아시죠?"라는 말로 풍자할 수도 있다. 이처럼 메시지가 순화되면 청중은 웃음을 기제로 가리키는 핵심을 오히려 더 유연하게 받아 들 수 있게 된다. 또 의도하는 메시지도 선명하게 지각할 수 있는데 그 이유는 메시지에 대한 인지와 해석이 의식을 환기하는 방식으로 이루어지기 때문이다. 이런 점에서 풍자는 설득에도 간접적으로 영향을 미친다고 말할 수 있다.

유머의 메시지 순화는 사소한 실수나 잘못을 꼬집어 지적할 때도 나타난다. 이러한 형태는 관계성을 훼손하지 않으면서 국면을 웃음으로 처리했을 때 효과가 있다. 속칭 비꼰다는 말과는 차원이 다르다. 오히려 난감한 상황을 에둘러 들춰내어 흠이 될 수 있는 순간을 유쾌함으로 변장하는 배려와 솔직함이 숨어 있다. 그래서 대인 간 커뮤니케이션에서 주로 볼 수 있지만 스피치 실행 중에도 청중의 피드백에 실수가 있거나 연사 자신이 실수를 했을 때 민감한 상황이 유머로 순화되어 자연스레 스피치의 일부분이 되는 경우들도 많다.

3.
유머의 감각 지점

앞에서 잠깐 언급했지만, 웃음의 작동원리를 해석하는 시각으로는 크게 신경생리학적 입장의 '완화 이론(Relief theory)', 사회학적 관계성에 초점을 맞춘 '우월이론(Superiority theory)', 그리고 인지 분석에 중점을 두는 '부조화 이론(Incongruity theory)'이 있다.

그중에서 스피치는 마지막, 상황과 메시지의 부조화에 주목한다. 상식을 뒤집는 난센스가 유머에서 많이 볼 수 있는 형태이고, 스피치에서도 다른 두 가지의 관점들보다 부조화에 의한 활용도가 더 크기 때문이다. 이것이 유머의 감각 지점 중 하나이다.

또 다른 스피치 유머의 감각 지점은 메시지의 '뒤틀림'에 있다. 부조화의 반전과 달리 이때의 유머는 메시지 자체의 변형에서 비롯된다.

부조화의 유머 부조화로부터 창조되는 유머는 두 가지 모순이 동시에 활성화되는 것으로서 말이 되면서 동시에 안 되는 괴리와 모순에 그 핵심이 있다(김찬호). 또 당연히 기대되는 상황에서 예상치 못한 메시지가 나와 전혀 다른 성질의 상황으로 바꾸는 것이므로 그것은 '반전(反轉)'이면서 급소를 찔리는 '의외성'이기도 하다.

그런데 부조화가 유머로 인식되기 위해서는 일정한 조건이 필요하다. 맥그로(P. McGraw)와 워너(J. Waner)는 '양성위반(良性違反, Benign Violation)'이라는 가이드라인을 제시한다. 즉 위반되는 행위나 상황이 나쁜 의도가 아니거나 부정적인 결과가 없는 양성으로 판명되면 유머의 범주로 넘어간다는 것이다. 다시 말해 부조화는 사회적으로 분명히 위반되는 것처럼 보이지만 용인이 가능한 가이드라인 내에 있어서 유머가 된다. 예를 들면, 걸어가던 친구가 난데없이 우당탕탕 넘어진다. 웃어서는 안 되는 위반 상황이다. 그런데 아프거나 다친 곳 없이 멀쩡하다. 비로소 웃음이 나온다. 양성으로 판정되었기 때문이다. 이처럼 의외성과 불일치는 안정성과 유희성 안에서 유머화될 수 있다. 양성위반 이론은 비단 부조화 상황의 유머만이 아니라 유머를 생성하는 거의 대부분의 경우에도 적용되는 기준이기도 하다.

유머는 억지로 만들거나 계획한 경우보다 순간적인 기지에 의존하는 경우가 월등히 많다. 그래서 유머 감각이라고 한다. 부조화를 이루는 반전이나 의외성은 유머 감각이 순발력으로 나타난다. 개별적인 스피치 상황들을 포착하는 감각, 그것을 즉시성 있게 유머로 전환시키는 감각, 즉 순발력의 싸움이다. 중요한 것은 그런 감각을 발휘시키는 사고를 어떻게 배양하느냐 하는 것이다. 그에 대한 이론적 설명은 많지만 중요한 포인트는 관점과 표현에 관한 문제라고 할 수 있다.

우리 주변에는 세상을 있는 그대로 보는 사람이 있는가 하면 독특한 시선으로 보는 사람도 있다. 유머 감각은 후자로부터 만들어지는 경우가 많다. 거기에는 관점을 바꾸는 독창적인 생각이 있어서다.

시(詩)와 시인을 생각해 보자. 시는 세상과 사물, 사회를 남들과 다른 시각에서 관찰하는 시인의 눈을 통해서 표현된다. 예술과 유머의 본질은 독특한 시선이라는 측면에서 보면 크게 다르지 않다. 아래의 예문과 같이 상황을 뒤집는 유머는 그것을 보고 해석하는 연사만의 참신한 관점이 있어서 가능한 것이다. 통찰력 있는 관찰과 호기심, 피상적이지 않은 사고를 통해 관점이 생기고 유머가 만들어진다.

<h3 style="text-align:center">〈예문 24〉</h3>

> 돼지고깃집 알바를 하던 어느 날이었습니다. 남자 세 분이 앉아 계신 테이블에서 주문하신 돼지 껍데기를 구워드리고 있었죠. 그런데 껍데기 한 점이 '펑' 하고 튀어 오르더니 옆 테이블에 앉아 있는 젊은 아가씨 접시 위로 '툭' 떨어지지 뭡니까. 죄송하기도 하고, 아무튼 얼른 가서 이렇게 말했죠. "옆 테이블에서 한 점 보내셨습니다."

그런데 개성 있는 시각에서 대상이나 현상을 바라보더라도 관점이 실제로 실행되는 메시지 표현은 여러 가지가 있을 수 있다. 바꾸어 말하면 그것은 다양한 관점 중에서 어떤 것을 선택해서 표현할 것이냐의 문제가 된다. 위 예문은 부풀어 오른 돼지 껍데기가 음식을 먹고 있는 다른 사람의 테이블로 튕겨 나간 어떻게 보면 불쾌한 위반 상황이다. 그것을 연사는 "옆 테이블에서 한 점 보내셨습니다"라는 관점에서 상황을 유쾌하게 반전시켰다. 또 연사는 "요 녀석(돼지 껍데기)이 손님 미모에 단단히 반한 모양입니다"라고 할 수도 있다. 그렇게 표현하면 전자의 상황보다는 더 넓은 사회적 용인 범위, 즉 '양성위반'을 확보하게 된다. 더 안정적으로 유머를 구사할 수가 있다는 말이다. 이렇게 유머 감각을 기르는 관점도 중요하지만 어떤 관점에서 표현하느냐도 중요하다. 그에 따라 유머의 질이나 용인되는 범위는 달라질 수 있기 때문이다.

조직과 해체 스피치의 유머는 부조화 상황을 이용하거나 생리학적 또는 우월적 맥락을 따라 웃음이 유발되는 경우보다 메시지 자체의 구성과 해체를 통해 만들어지는 경우가 월등히 많다. 이는 퍼블릭 스피치라는 커뮤니케이션 형태가 부조화를 이용한 반전이나 슬랩스틱(slapstick)한 방식으로는 원활하게 유머를 생성하기 어려운 구조를 가지고 있어서 그렇다. 앞에서도 언급했듯이 스피치는 한 방향의 메시지 전달 구조이다. 그래서 즉시적으로 메시지를 주고받으면서 웃음이 만들어지는 여타 형태의 커뮤니케이션들과 다르게 구성 자체에 의존하여 유머 코드를 맞출 수밖에 없다. 그 모습은 메시지를 조직하고 해체하고를 반복하는 방식으로 나타난다.

<예문 25>

① 세 번째로, 재미없는 삶은 무효다. 한국 사회의 문제는 말입니다. 삶이 재미없는 사람이 너무나 많다는 거예요. 잘살게 되었어요. 외국 나가 보라고, 너무너무 잘살게 되었다고. 그런데도 여전히 문제가 많아요. 왜 그래요? 분노와 적개심. 내가 불안하니까 내 존재를 어떻게 확인하느냐. 나와 다른 생각을 하는 사람들을 적으로 만드는 거야. 적이 있어야만 내가 존재한다고 느끼는 거지. 좌파 우파 이런 얘기, 대체 언제부터 우리나라에 좌파 우파가 있었냐 말이지. 좌파 우파가 있으면 위파 아래파도 있고 앞파 뒤파도 있고, 세상은 그렇게 다양한데 말이에요.……<중략>……

② 사람들이 항상 착각을 해요. 열심히 돈 벌어서 은퇴한 후에 행복해질 거라는 착각을 하는데, 웃지 마요. 지금 행복한 사람이 나중에도 행복해지는 거예요. 왜? 행복이 뭔 줄 알기 때문에 그래요. 다들 은퇴하고 여행 간대. 여행도 젊었을 때 가는 거라고. 늙어서 여행 가 봐요 얼마나 힘든데. 그러면 편안한 크루즈 여행 간대. 크루즈 여행가 봤어요? 그게 얼마나 지겨운 줄 알아요? 배 안에 갇혀서. 지금 행복해야 되는 거예요.……〈중략〉……

③ 사는 게 재미없는 사람들은 행복에 대한 환상을 가지고 있어요. 그런 사람들은 재미라고 그러면 월드컵 때처럼 전 국민이 나와서 소리 지르고 막 세상이 뒤집어져야 재미있다고 생각하는 같아요. 그런데 세상이 그렇게 자주 뒤집어져요? 월드컵 4강 또 할 것 같아요? 우리끼리 얘기지만 우리나라에서 했으니까 된 거지, 어디 월드컵 4강을 또 가겠어. 우리 평생에 한 번 봤으면 됐어. 그런데 월드컵 때만 되면 계속 '뒤집어져라 뒤집어져라', 세상이 그렇게 자주 뒤집어지냐고. 세상이 안 뒤집어지니까 어떻게 하는 줄 알아요? 폭탄주 마시고 자기 위장을 뒤집어요.……〈중략〉……

④ 진짜 재미는 사소한 거예요. 내 옆방 교수는 아주 사소하게 잘 즐겨요. 나하고 밥 먹고 나오다 새가 울면, "가만, 가만 김 교수, 저 새가 왜 울지?" 설명이 길어요. 이 친구는요 새소리 듣는 게 그렇게 재미있대요. 주말만 되면 새소리 듣는다고 여기저기 돌아다녀. 요즘 같은 겨울이면 천수만 일대에서 아주 거지꼴을 하고 다녀, 새 본다고.

- SBS, 아이러브 人, 김정운, 〈사는 게 재미없는 이 시대 남자들에게〉
강연 중 발췌, 일부 문구 수정

〈예문 25〉를 보자. 웃음이 유발되는 코드는 메시지를 조직해 풀어 나가다가 다시 해체하는 과정에서 나온다는 것을 알 수 있다. '조직' 은 본래 의도하는 중심 메시지를 구성하는 것이고, '해체'는 그것을 무너뜨리는 메시지의 구성이다. 이것은 반전이라는 부조화 상황과는 조금 다르다. 반전은 앞의 상황을 성질이 전혀 다른 상황으로 바꾸는 것이지만 해체는 앞의 상황을 그대로 잡고 가면서 그것을 가볍게 비틀어서 웃음이 유발되는 상황으로 살짝 바꾸거나 추가하는 것이다. 예문 ①, ②, ③, ④의 각 앞부분은 조직이, 각 부분 점선 밑줄은 해체가 된다. 특히 한국 스피치에서 이런 방식의 유머 코드가 많이 활용되는데, 나라와 문화마다 유머 코드가 조금씩 다르다는 맥그로 등의 말에 비춰볼 때 우리나라의 스피치 유머는 예문과 같은 유형의 코드에 더 민감한 것 같다. 일찍 스피치 문화가 발달한 영미 유럽의 도식적인 유머 코드보다는 메시지의 진지함을 건드리는 위와 같은 유머에 감각이 더 예민하게 발달되어 있다고도 해석할 수 있을 것이다.[73]

〈예문 26〉

군대 해병대를 갔는데, 제가 제주도 출신이잖아요. 해병대에 제주도 출신들이 좀 있었어요. 같은 고향이니까 좀 챙겨주면 좋잖아. 근데, 아무튼 같이 근무를 들어갔거든요. 염화강이 앞에 있고 저희가 여기, 건너편이 북한이고, 벙커에 들어가면 병장이 이렇게 말해요. "야!" 그러면 "옛" 하면서 얼른 의자 네 개를 쭉 이렇게 붙여줘요(잘 수 있도록). 그러면 병장이 "잘 지켜!" 하고 말해요. 누구를 지키냐 하면 북한 쪽을 지키는 것이 아니라 남한 쪽을 보고 지켜요. 왜냐면 북한은 잘 안 와, 남한에서는 순찰차가 와. 그러면 내가 누구를 지켜야 돼요? 병장을 지켜야 돼. 왜? 북한은 나 안 때리는데 병장은 때리거든. 나 북한 애한테 한 번도 맞은 적 없어요. 근데 병장한테는 수없이 맞았어.

- 김창옥, 〈당신도 모르는 사이 과거의 상처가 당신의 발목을 잡고 있다면?〉
강연 내용 중 발췌, 일부 문구 수정

한편 스피치 유머는 상황을 과장하는 방식으로도 만들어진다. 크게 보면 이런 코드의 유머도 중심 메시지를 흔들어 웃음을 만든다는 점에서 '조직과 해체'의 한 유형이다. 앞의 상황을 유지하면서 이어지는 상황을 과장하는 방법으로 웃음을 유발하기 때문이다.

〈예문 26〉은 해병대 군 복무를 할 때 같은 제주도 출신의 어느 병장과 벙커 근무를 섰던 평범한 군대 일화이다. 그런데 웃음을 유발하는 이유는 점선 부분과 같이 실제 있었던 일이지만 그것을 과장하였기 때문이다. 만약 유머를 발굴하지 않는다면 메시지는 "병장을 지키기 위해 남한 쪽을 보고 근무를 선다"는 말에서 그칠 것이다. 그러나 연사는 거기에 이야기를 덧붙여 "북한 애들한테는 안 맞는데 병장한테는 맞는다" 말로 상황을 조금 더 과장되게 재구성하여 웃음을 유발한다.

조직과 해체 방식의 유머는 작동원리가 기본적으로 화채와 유사하다. "세상이 안 뒤집어지니 폭탄주로 위장을 뒤집는다"라는 말은 비교와 유사하고, "북한은 안 때리는데 병장은 때린다"는 말은 대조에 가깝다. 그래서 르불은 유머를 약호화할 수는 없지만 청중의 긴장을 해제하여 결속력을 유발한다는 점에서 화채적 표현과 같은 범주로 보기도 했다. 화채 기법은 유머를 생산하는 감각적 단초가 될 수 있다는 사실을 기억할 필요가 있다.

4.
유머의 추론적 사고

스피치 유머의 감각은 통찰력 있는 관점, 말을 만들고 해체하거나 조직하는 능력, 화채적 표현 능력, 과감하게 유머를 구사하려는 배짱 등 여러 요소들이 기여함으로써 길러진다. 앞에서는 그런 감각의 지점들을 생성 원리를 중심으로 보았다.

그런데 유머도 스피치 메시지의 일부분이므로 추론 능력, 즉 "주어진 정보에 대한 메시지의 보강 및 실질적 의미 해석과 재해석, 그로부터 파생하는 합리적이고 가능한 해설을 포괄하는 사고유형"으로서의 추론적 사고와 밀접하게 관련되어 있다. 유머에서는 이런 사고가 더 창의적이고 신속하게 이루어진다. 스피치의 유머 감각은 곧 유머 능력이 되며 구체적으로 그것은 사고를 통해 실현되는 것이다. 그래서 마지막으로 이에 대해 살펴보기로 한다. 한 가지 알아야 할 사항은 여기에서 보는 추론적 사고는 '부조화' 및 '조직과 해체' 상황의 유머 메시지를 생성하는 과정에 대한 사고라는 점이다. 유머는 지금까지 본 것처럼 연사가 스피치를 진행하면서 메시지로 창조할 수도 있지만 우스운 이야기를 기억해서 전달할 수도 있고, 메시지 상황을 묘사하는 비언어적인 행동이나 표정으로도 유머를 만들 수 있어서다.

판단 유머의 사고 능력은 먼저 판단으로부터 시작된다. 〈예문 25〉에서 "사람들이 항상 착각을 해요. 열심히 돈 벌어서 은퇴한 후에 행복해질 거라는 착각을 하는데, 웃기지 마요. 지금 행복한 사람이 나중에도 행복해지는 거예요. 왜? 행복이 뭔 줄 알기 때문에 그래요"라고 말을 하고 있다면 연사는 그 말을 해석할 수 있어야 한다. 이때 해석은 의미의 해석이 아니라 그것이 유머로 연결될 수 있는 말인지를 판단하는 것이다. 위 예문은 자체만으로도 충분히 유머로 진행할 수 있는 메시지이다. 추론 능력이 좋은 연사는 이어지는 메시지에서 사람들이 착각하고 사는 행복이라는 모습을 유머로 만들어 표현할 수 있기 때문이다.

그렇지만 〈예문 26〉의 "군대 해병대를 갔는데, 제가 제주도 출신이잖아요. 해병대에 제주도 출신들이 좀 있었어요. 같은 고향이니까 좀 챙겨주면 좋잖아. 근데, 아무튼 같이 근무를 들어갔거든요. 염화강이 앞에 있고 저희가 여기, 건너편이 북한이고, 벙커에 들어가면 병장이 이렇게 말해요. '야!' 그러면 '옛' 하면서 얼른 의자 네 개를 쭉 이렇게 붙여줘요"라는 말을 생각해 보자. 이 말만으로는 유머를 생성할 수가 없다. 여기에 "병장이 '잘 지켜!' 하고 말해요"라는 메시지가 들어와야 한다.

이처럼 판단은 메시지가 유머를 만들 수 있는 바탕이 되는지를 분석하고 가늠하는 추론적 사고이다. 그러므로 연사는 유머를 염두에 두고 메시지를 구성할 때 또는 스피치 진행 중에 자신의 메시지가 유머로 이어질 수 있는지 시시각각 해석하고 판단하여 스피치를 실행해야 한다.

변형 연사는 자신의 스피치 메시지가 유머로 이어질 수 있다고 판단되면 즉각적으로 그 상황을 유머로 바꿀 수 있어야 한다. 유머는 커뮤니케이션 상황을 변형하는 것이다. 메시지가 바뀌어서 웃는 것이 아니라 사람들은 메시지로 인해 상황이 우습게 변했기 때문에 웃는다. 그래서 스피치 유머에 대한 다양한 분석과 관점, 그리고 감각 지점을 관통하는 핵심적인 사항을 하나만 고르자면 그것은 연사가 청중의 머릿속에 얼마나 다양한 상황들을 얼마나 빠르게 떠올리게 하느냐의 문제로 모아진다. 예를 들어 "사람들이 항상 착각을 해요. 열심히 돈 벌어서 은퇴한 후에 행복해질 거라는 착각을 하는데, 웃기지 마요. 지금 행복한 사람이 나중에도 행복해지는 거예요. 왜? 행복이 뭔 줄 알기 때문에 그래요"라는 말을 한 다음에 "다들 은퇴하면 여행간대요. 크루즈도 타고, 전원에서 텃밭도 가꾸고"라고 말하면 그것은 나와야 할 말이 나왔으므로 유머를 유발하는 상황으로 바뀌었다고 볼 수 없다. 그런데 같은 예문에서 연사는 "다들 은퇴하고 여행 간대. 여행도 젊었을 때 가는 거라고. 늙어서 여행가 봐요 얼마나 힘든데. 그러면 편안한 크루즈 여행 간대. 크루즈 여행 가 봤어요? 그게 얼마나 지겨운 줄 알아요? 배 안에 갇혀서"라는 메시지 구성을 통해 은퇴 후 여행이나 즐기며 평온하게 살고자 했던 어떤 이가 젊어서는 안 했던 여행을 한답시고 고생만 하는 풍경으로 바뀌어 버린다. 여기에서 청중의 웃음이 유발된다. 또 "강의나 강연은 재미가 있어야 해요. 실감했다니까! 얼마 전에 어떤 강사가 와서 자살 예방 교육을 하는데, 듣다가 자살할 뻔했지 뭡니까? 하도 재미없어서"라는 유머를 했다고 하자. 표면적으로는 말이 웃겨서 웃음이 생기는 것 같다. 그런데 위와 같은 말을 들었을 때 우리 머릿속에는 순간적으로 어떤 상황이 그려진다. 정확하게 보면 메시지는 유머를 상황으로 이끄는 단서라고 할 수 있다.

인간의 웃음은 원시적인 동작이 만들어 내는 상황의 부조화로부터 시작되었다. 그것이 전문화한 것이 동작으로 상황을 직접 표현하는 슬랩스틱류의 코미디이다. 그래서 유머의 감각 지점에서 살펴본 부조화 이론도 본질에서는 메시지에 의해 만들어지는 상황의 부조화에 대한 설명으로 이해해야 한다. 이런 점들은 스피치 실행 과정의 유머가 자세하고 자연스럽게 묘사될수록 유머 상황이 분명하게 연출되어 더 효과적일 수 있다는 사실을 암시한다.

계속해서 〈예문 26〉을 다시 본다. "그러면 병장이 '잘 지켜!' 하고 말해요. 누구를 지키냐 하면 북한 쪽을 지키는 것이 아니라 남한 쪽을 보고 지켜요"라고만 스피치를 실행한 후 그쳤다고 생각해 보자. 그래도 어느 정도 상황이 변형되었다고 볼 수 있다. 북쪽을 보고 나라를 지켜야 하는 군인이 잠자는 선임병이 편히 잘 수 있도록 순찰 상관이 오는지 남쪽을 지키고 있는 상황을 어느 정도 그렸기 때문이다. 그런데 앞에서 언급했듯이 이야기를 유머로 완전히 진입시키기 위해서는 추가적인 변형이 필요하다. 연사는 그래서 "왜냐면 북한은 잘 안 와, 남한에서는 순찰차가 와. 그러면 내가 누구를 지켜야 돼요? 병장을 지켜야 돼. 왜? 북한은 나 안 때리는데 병장은 때리거든. 나 북한 애한테 한 번도 맞은 적 없어요. 근데 병장한테는 수없이 맞았어"라는 말을 과장하여 우스꽝스러운 그 상황을 더 현실감 있게 드러내면서 유머로 탈바꿈시켜 버린다. 이렇게 유머의 추론적 사고는 판단과 변형으로 나타나며, 그러한 사고를 통해 유머가 만들어질 수 있는 여지가 생기고 스피치 유머가 완성된다. 대화 등 일반적인 토크 형식과 커뮤니케이션 구조가 다른 퍼블릭 스피치에서 유머는 추론적 사고가 완성도를 크게 좌우하는 본질적 요소라고 할 수 있다.

스피치 디자인

1.
스피치의 조건

퍼블릭 스피치는 설득적 매커니즘 안에서 언어·인지·사회 심리학, 어문학, 음성학은 물론 윤리·철학적 사고까지도 필요로 하는 매우 복합적인 작용의 결과물이라 할 수 있다. 이는 스피치가 태생적으로 고립된 분야가 아니라 주변 학문들을 융합하여 말하기라는 하나의 영역을 구축하고 있어서다. 그래서 이 책의 이론 부분이라 할 수 있는 전반부에서는 퍼블릭 스피치에 대한 이해, 한국 레토릭의 역사와 스피치 설득에 관한 제 이론 및 메시지 수용과 관련한 인지심리학적 사안 등을 심도 있게 살펴보았다. 그리고 스피치의 준비 단계로부터 구성, 실행에 이르는 과정을 통해 그와 같은 이론들이 스피치 실행 시에 어떻게 구현되는가를 실제적인 시각에서 이해했으며, 스피치 유머에 대해서도 앞 장에서 함께 고찰했다.

위 모든 이론과 기법들을 지금까지 다루었던 이유는 한 가지에 있다. 그것은 퍼블릭 스피치의 시스템을 이해하고, 이를 바탕으로 자신의 스피치 능력을 가늠하며, 부족한 부분을 발견 보완하여 내 스피치의 품질을 향상시키기 위해서이다.

보통 스피치를 배운다고 할 때 우리는 음성적 표현 기법만을 익히는 것이라고 생각한다. 그렇게 하면 표면적으로나마 이전보다는 태도나 음성, 습관이 나아질 수는 있다. 그러나 그것을 두고 완전히 내 것으로 체화된 스피치를 습득했다고 말할 수는 없다. 스피치는 메시지를 생성하는 사고방식, 그것을 효과적으로 표현하는 구술 실행 과정이 맞물려 완성되기 때문이다.

그런데 세상에는 같은 사람이 없다. 태어난 배경, 살아온 경험, 타고난 음성이며 생김새가 다르고, 생각이 다르다. 그래서 메시지를 구성하는 사고방식에서부터 비언어적 요소들을 활용하는 수준, 유머를 생성하는 코드까지, 사람마다 다를 수밖에 없다.

스피치는 먼저 이런 차이를 수용해야 한다. 그래야 자신이 가지고 있는 조건들을 정확히 진단할 수 있고, 그 결과를 토대로 내게 맞는 스피치를 완성할 수 있다.

모든 스피치 기법은 원리에서 나오고 원리는 새로움을 만든다. "발음을 정확하게 하라"는 기초적인 말조차도 원리를 품고 있다. 원리는 창의적인 생각과 닿아 있다. 창의적이란 새로운 무엇인가를 만드는 것이 아니라 현재 내가 가진 조건들을 발견하는 능력, 그것들을 효과적으로 이용하여 내게 최적화된 스피치를 스스로 완성해 나가는 역량을 의미한다. 그래서 원리는 스피치의 주요한 동력이라 할 수 있다.

우리는 이상에서 스피치 디자인에 필요한 두 가지 조건을 확인했다. 하나는 사람마다의 차이를 인식하는 것이고, 다른 하나는 메시지 구성에서 실행까지 각 과정의 원리를 이해하는 것이다.

전자가 조건이 되는 이유는 스피치는 타인을 따라 할 수 없다는 특성 때문이다. 음성이나 행동은 흉내 낼 수 있다. 그러나 메시지를 생산하는 사고방식까지는 결코 모방할 수가 없다. 스피치는 모방이 아니라 디자인이다.

후자가 조건이 되는 이유는 원리를 알아야 차이를 차원으로 바꿀 수 있기 때문이다. 개인의 스피치 조건과 차이를 안다고 하더라도 그것들을 내게 맞는 스피치 차원으로 끌어오지 못하면 무용하다. 원리를 통해 그것이 가능해진다.

이제 '**스피치 디자인**'을 정리하자. 그것은 「**개인의 고유한 사고유형, 음성, 외양 등 환경 생리적인 조건들이 스피치 원리에 따라 실제화하는 과정에서 메시지와 함께 특화되어 그 사람의 개성을 가장 효과적으로 창출하는 스피치 전반의 분석과 조정**」으로 정의할 수 있다. 명강사 또는 훌륭한 연설가, 설교자들은 위와 같은 정의를 완전히 자신에게 대입시킨 사람들이다. 그래서 그 사람만의 개성 있는 스피치가 독보적으로 드러난다. 이것이 퍼블릭 스피치를 디자인의 관점에서 이해하는 이유이면서 스피치의 조건이 디자인에 있다고 말하는 이유이다.

2.
디자인의 조건

스피치의 디자인을 위와 같이 이해하였다면 다음으로는 구체적인 디자인 과정을 살펴볼 차례다. 하지만 그 과정을 일일이 설명하기에는 너무 상세하고 복잡하다. 그래서 디자인에 필요한 조건들이 무엇인지를 큰 줄기에서 살펴보기로 한다.

사고유형 분석　인간의 모든 행동은 사고에 기인한다. 생각하는 방식이 다양한 만큼 드러나는 행동도 다양하지만, 메시지에 비하면 그것은 오히려 단순한 편이다. 예를 들어 '아버지'라는 넓은 주제어를 놓고 스피치를 한다고 할 때, 그것으로부터 구성되어 나오는 메시지는 셀 수 없이 많다. 그러나 온전히 같은 메시지는 하나도 없다. 이유는 사람마다 아버지에 대한 단상이 틀리기 때문이다. 바꾸어 말하면 사람들이 외적 대상과 접촉하여 얻는 경험의 양과 질은 다르다는 뜻이다. 그럼에도 우리는 그것들을 큰 틀에서 일정한 유형의 사유 형태로 구분할 수는 있다. 이를테면 위 주제를 놓고 어떤 사람은 아버지에 대한 추억을, 어떤 사람은 아버지라는 이름의 사회적 위치를 생각하기도 한다. 앞의 단서는 정서적 시각에서 스피치에 접근하는 것으로서 보다 정적인 스피치 메시지를 산출하고, 뒤의 단서는 논점적 시각에서 스피치에 접근하는 것으로서 보다 지적인 스피치 메시지를 산출한다. '스피치 무드'에서 살펴보았듯이 사람들의 사고는 이성(知的)과 감성(情的)으로 나눌 수 있다. 이런 사실에서 우리가 대상이나 관념을 떠올릴 때 정적인 사유를 더 선호하는지 지적인 사유를 더 선호하는지 파악할 필요가 있는 것이다. 실제로 어떤 사람은 대상 또는 현안을 논리적으로 해체하고 결합하는 사고를 몹시 어려워 하지만, 이야기를 잘 엮어서 전달하는 능력은 뛰어난 경우가 있다. 혹은 그 반대의 경우도 많다. 능력이 둘 다에 미치면 좋겠지만 선호라는 입장에서 보면 사람들이 위 두 가지 사유 패턴 중에서 어느 하나에 더 기울어져 있는 것만큼은 분명해 보인다.

그러므로 스피치 디자인을 위해서는 먼저 자신의 사유 방식 또는 사고유형을 파악해야 한다. 그 방법 중 하나가 앞의 예에서 본 '아버지'라는 말과 같이 하나의 단어를 선정하고 그에 대해 생각이 떠오르는 대로 말을 하거나 글을 써 보는 것이다. 그 결과를 토대로 내 사유 방식이 정적 혹은 지적인지를 분별할 수 있을 것이다.[74]

스피치는 내게 더 유리한 사고유형으로 메시지를 구성하는 것이 중요하다. 정적인 메시지 성향이라면 닫힌 스피치보다는 열린 스피치 형태를 유지하는 것이 좋고, 닫힌 스피치라 하더라도 예증을 풍부하게 이용하는 것이 연사의 사고유형과 일치하기 때문에 스피치를 통제하기도 수월하고 스피치에 대한 확신도 강해진다. 지적인 메시지 성향을 가진 사람이라면 반대를 생각하면 될 것이다. 자신의 사고유형을 따라 유연하게 생산되는 메시지는 연사의 개성을 드러내는 데 유리하고 그로써 차별화도 가능해진다.

음색 특징 분석　목소리는 개인마다 서로 다른 특징을 가지고 있다. 그래서 사람의 음색은 지문, 홍채와 더불어 개인의 고유한 아이덴티티를 식별하는 신체적 요소로 알려져 있다. 우리는 목소리의 생성 원리와 비언어의 스피치 작용에서 음량, 보이스 톤을 살펴보았으며, 그중에서 음색은 그 특질을 바꾸기 어려운 요소라는 것을 알았다.

사람들은 쉬지 않고 말을 하면서도 사실 내 목소리의 고유한 특징을 거의 알아차리지 못한다. 음색은 타인들이 나를 식별하는 요소이기 때문이다. 간혹 내 목소리를 분석하기 위해 녹음을 이용하기도 하지만 그 소리가 낯설었던 경험이 누구나 있는 것처럼, 소리가 두텁거나 가는 정도는 잡아낼 수 있어도 내가 나의 목소리 특징이 어떻다는 것을 정확히 분석하는 일은 쉽지 않다. 그래서 다른 사람을 통해 그 특징을 듣는 것이 가장 빠른 방법이기도 하다.

또 우리는 '스피치의 실행'에서 〈표 12〉를 통해 음색의 종류와 개개의 특징에 관한 스피치 유형들도 비교해서 보았다. 그래서 관련한 설명이 많이 필요할 것 같지는 않지만, 사고유형과 음색 간에 균형이 맞지 않은 부분에 대해서는 생각할 여지가 있다. 음색은 가는데 사고유형이 정적이라거나 음색은 탁한데 지적인 경우가 그렇다. 완전하게 그렇게 치우친 상황은 흔치 않을 것이고, 그보다는 그런 불균형의 중간 어딘가에 위치한 경우가 많을 것이다. 스피치 디자인에 대한 이해를 쉽게 하고자 상황을 단순화한 것이다. 다시 위 문제로 돌아오면 그것은 결국 메시지에 맞출 것이냐, 소리에 맞출 것이냐 하는 선택의 문제가 된다. 스피치의 본질은 연사의 생각을 청중에게 말하는 것이다. 그러므로 음색보다는 사고유형에 맞추는 것이 타당하다.

표정의 활동력 분석　다른 사람들과 말을 할 때 얼굴 표정이 메시지나 스피치 상황에 따라 활발하게 변하는 사람이 있는가 하면 표정에 큰 변화가 없는 사람도 있다. 표정의 메시지 조응이 생생하고 다양할수록 스피치에 유리하다. 만약 선천적으로 표정에 의한 감정표현이 능숙하다면 그 사람은 기본적으로 좋은 연사 또는 강사가 될 자질을 가지고 있다고 보아야 한다. 메시지를 청각으로만 전달하는 게 아니라 시각으로도 전달하기 때문이다.

그러므로 우리는 감정이나 메시지 상황을 내 얼굴 표정이 얼마나 잘 표현할 수 있는지를 분석해야 한다. 위에서처럼 좋은 표현력을 타고났다면 서사적인 열린 스피치 형태를 유지하는 것이 좋다. 표정의 다변 능력은 스토리를 전달할 때 가장 활발하게 작동하기 때문에 그것을 활용하는 쪽으로 스피치를 실행하는 것이 유리하다는 것이다. 그리고 이런 사람들은 대체로 사고 패턴도 정적인 유형이 많다. 표정의 활동력이 좋아서 사고 패턴이 정적인 게 아니라 사고 패턴이 정적이기 때문에 표정의 활동력이 좋은 것이다. 그 반대로 지적인 사고 패턴이 강한 사람은 표정에 의한 메시지 조응도 약한 편이다. 지적인 메시지 자체가 표정의 활동력을 크게 요구하지 않은 탓이다. 표정과 사고 패턴은 상호 강화적인 관계에 있다. 표정의 활동력이 약한 편이라면 닫힌 스피치 형태에 더 집중할 필요가 있다.

유머 감각의 분석　자신의 스피치 유머 수준을 아는 것은 중요하다. 그것은 개인들이 어느 정도 판단할 수 있다. 평소에 유머를 사용하는 빈도, 내 유머를 듣는 사람들의 반응이 어떠한지를 파악하기는 그리 어렵지 않기 때문이다. 만약 스피치 유머를 잘 구사하지 못하는 사람이라면 암기해 둔 유머를 꼭 필요한 스피치 상황에서 꺼내는 식으로 활용하는 것이 더 낫다. 유머 감각이 좋아서 능숙하게 스피치 유머를 구사할 수 있다면 문제가 없겠지만, 그렇지 못함에도 일부러 청중을 웃게 하려다 보면 오히려 스피치에 좋지 않은 영향을 미칠 수 있기 때문이다. 쉽게 말해 어설픈 유머는 단순히 유머의 실패에 그치는 것이 아니라 연사의 스피치 능력에 대한 평가로 이어진다는 것이다. 유머가 능수능란하지 못하면 신뢰성에 타격을 줄 수 있다.

또 유머는 사람마다 조금씩 다르다. 사고가 다르기 때문에 유머의 질이나 수준, 선호하는 유머 생성 방식에서 사람마다 차이를 보인다. 그러므로 스피치를 디자인하기 위해서는 자신이 평소에 잘 구사하는 유머 패턴을 아는 것이 중요하다. 그것을 알면 스피치 실행 과정에서 자신에게 맞는 유머가 생성되도록 메시지를 구성할 수 있어서다. '판단'과 '변형'이 더 쉽게 이루어진다는 말이다.

이상과 같이 스피치 디자인은 내가 가진 조건들을 원리에 따라 나의 것으로 최적화하는 내 스피치에 대한 발견이다. 이 책이 담고 있는 모든 이론이며 기법들의 최종적인 목적지이기도 하다.

아무리 값비싼 천도 자르고 꿰매어 내 몸에 맞는 옷을 만들어 입지 않으면 한낱 물질에 지나지 않는다. 당신의 스피치를 디자인하라!

미주

1) 한자 문화권에서 speech라는 개념은 일본 근대 계몽사상가인 후쿠자와 유키치의 저서 『학문의 권장(1874)』에서 처음 나온다. 그는 스피치가 연설의 영어식 표현이며, 그것을 "사람들이 모여 있는 석상에서 자신이 생각하는 바를 전달하는 것"이라고 소개했다.

2) 하버마스(Habermas)는 의사소통의 합리성이 억압되는 생활세계의 식민화를 벗어나기 위해서는 정치·경제·행정체계와 분리된 '생활세계의 공론장' 역할이 중요하다고 주장한다. 그런 관점에서 퍼블릭 스피치는 사회적 공론의 주요한 도구이자 기능이다.

3) 스피치 성립의 필수 요소 중 채널은 메시지가 전달되는 공간으로서의 물리적 장소뿐 아니라 미디어 등 기술적 통신 경로를 포괄한다.

4) 동시적 스피치를 즉흥, 즉석 스피치라고 하는 경우도 있다. 그러나 메시지를 구성하는 사고와 구술이 함께 이루어진다는 점에서 동시적 스피치라고 하는 것이 타당하다.

5) 닫힌 스피치와 열린 스피치는 어느 것이 더 바람직하므로 특정 형태를 지향해야 한다는 평가적인 분류방식이 아니라 주제, 영역, 상황 등에 따라 어느 경우에는 닫힌 스피치가 그 쓰임에 더 유용한 형태일 수도 있고, 어느 경우에는 열린 스피치가 더 유용한 형태일 수도 있으며, 두 가지 형태의 스피치를 적절하게 활용하여 실행할 수도 있는 중도적인 분류 개념이다.

6) 기독 설교 유형 중 전통적인 강해 설교는 닫힌 스피치로, 내러티브식 설교, 이야기식 설교는 열린 스피치 유형으로 분류할 수 있다.

7) 이러한 형태의 말하기 공연은 13세기 구텐베르크 활자가 발명된 이후 사라지게 된다(Ong).

8) 롤랑 바르트(Roland Barthes)는 고대 음유시인들이 청중 앞에서 낭송을 하기 전에 자신이 왜 여기서부터 이야기하는지, 무엇 때문에 이야기하는지를 밝히는 서두의 형식을 갖추고 있었으며 그것이 레토릭 담론에서 들머리의 기원이 된 것으로 추정하고 있다.

9) 하지만 그런 사회적 국면들은 다른 한편에서 비도덕적인 콘텐츠 문제 등을 드러내기도 한다. 고전 레토릭에서도 그러했듯, 말하는 사람의 도덕적 자질과 메시지의 진정성은 확장하는 현대적 스피치 상황에서도 동일하게 요구하고 있으며, 그에 따라 메시지를 생산하고 전달하는 사람의 도덕적 사유를 검증하기 위한 사회적 거름망도 점차 체계화되어 가고 있다.

10) 수사학이라는 말은 갑작스레 등장한 용어는 아니다. 주역(周易) '건괘문언전(乾卦文言傳)'의 '수사입기성(修辭立其誠)'이라는 기록이 한자 문화권에서 처음 사용된 '수사'에 관한 문헌이고, 원대(元代)에 왕구(王構)의 수사감형(修辭鑒衡)이라는 이름의 저술도 등장한다(김헌). 다만 그것이 정확히 레토릭한 형태의 말하기를 의미한 것이라고 풀이하기는 어려워 보인다.
한편 웅변(雄辯)이라는 말은 중국 '삼국연의(三國演義)' 47장에 기록된 '高談雄辯, 應答如流(고담웅변 응답여류, 거침없이 의논하고 대답이 유창하다)'에서 어원을 찾을 수 있다. 수사학과 마찬가지로 웅변이라는 한자 문화권의 뜻도 레토릭의 본래적 의미를 지닌 말인지에 대해서는 숙고가 필요해 보인다.

11) 안국선이 웅변 전문 서적을 발간한 배경은 1905년 을사늑약이라는 시대적 상황과 맞물려 있다. 안국선은 동 저서에서 웅변·연설을 조선의 독립을 지향점으로 하는 대중 계몽과 각성, 이를 통한 조선 사회의 정치적 민주주의 완성까지를 목표로 하고 있음을 밝히고 있다. 이후 이러한 기조의 의식은 독립·계몽 연설, 대한민국 정부 수립 이후 민주주의 정착 과정의 웅변·연설 등 반제국주의, 자유민주주의라는 정치·사회적 테마를 배경으로 펼쳐지는 우리 사회 퍼블릭 스피치의 뿌리가 되었다고 평가할 수 있다.

12) 1927년 오인근이 『靑年』 제7권 제9호(靑年雜誌社 발행)에 '웅변의 수사학적 연구'라는 제목으로 발표한 담론은 문장의 작법과 말하기가 혼용된 레토릭에 대한 개념적 시각, 즉 레토릭을 문학적 담론의 영역에 더 비중을 두고 이해하고자

하였던 당시의 국면을 잘 보여 주고 있다.

"修辭學이라는 것은 思想의 學問이 아니라 思想表現의 方式을 硏究하는 學問이라고 볼 수 잇습니다. 로마의 구인ㅅ지 리얀가튼이는 修辭學을 定義하야 「가장 잘 辯論하게 하는 것을 가라치는 學問이라」고 하엿습니다. 그러나 近世에 니르러서는 그보담더 意味가 넓어졋다고 볼 수 잇습니다. 美國의 헤분氏는 이 定義를 辭하야 말하기를 萬一 定義에 著作한다는 意味까지 包含되엿더면 죠화 슬것이라고 하엿습니다. 그럼으로 이 修辭學의 範圍는 漸次擴大되야 今日에 니르러서는 말하는데 ㅅ분 만아니라 글쓰는 데도 利用하게 되엿습니다."

13) 1920년대 웅변이 사회적 공론 형성의 중심이 된 배경에는 '2.8독립선언'이 있었다. 그것은 일본 동경 유학생들이 1918년 말부터 1919년 1월 초까지 동경 기독교회관에서 웅변회를 개최하면서 촉발되었다. 당시 연단에 나선 윤창석, 서춘 등은 세계 사조에 따른 한민족의 자주독립을 주장하며 젊은 학도들의 동참을 웅변으로 요구하였다(윤병석, 2.8독립선언 69주년기념 강연, 1988). 일본 한복판에서 독립선언문과 결의문이 낭독되었고, 유학생들은 거리행진을 시도하다 저지를 당한다. 2.8독립선언은 얼마 지나지 않아 3.1만세운동으로 이어졌을 뿐만 아니라 웅변이라는 한국적 퍼블릭 스피치가 사회 저변으로 급속히 확대되는 중대한 계기가 되었다.

14) 동아일보사가 유학생들을 모집하여 전국 순회 웅변대회를 개최한 이유는 '2.8독립선언'의 정신을 국내로 확장시키고자 했던 취지였다고 생각한다. 2.8독립선언이 우리사회에 던진 파급효과가 그만큼 컸다는 것이다. 그래서 엄밀하게 따져 운집된 형태의 우리나라 최초 웅변은 동경 유학생들의 2.8독립선언이라고 할 수 있으나 국내에서 기획 및 개최된 것을 기준으로 동 대회를 최초의 웅변대회로 본다.

윤금선은 1924년 10월 24일부터 양일간 동아일보사 주최로 천도교 교당에서 개최한 第一回 全朝鮮懸賞學生雄辯大會(제일회 전조선현상학생웅변대회)를 개최현황을 잘 보여 주는 사례로 꼽는다. 대회 목적은 언론의 발전과 개인의 인격적 수양에 있었다. 전국의 전문학교, 중등학교에서 선발된 학생들이 참가 대상이었으며 논제는 자유 선택이었다. 연사들은 25분씩 웅변을 진행하였다. 최린, 김창제, 홍명희 등이 심사위원을 맡았고, 심사기준은 1. 태도, 2. 내용,

3. 어조, 4. 성량이었다. 그리고 학생부 2등까지 팔목시계, 만년필 등을 수여하였는데, 상품은 대체로 기증을 받은 것들이었다고 한다.

15) 三千里 제7권 제3호(1935. 3. 1) 주운성(朱雲成)의 "웅변가의 연설" 제하 기고에는 안창호, 장덕수, 김창제, 송진우, 박일병, 주요한, 윤치호, 여운형, 정인과, 옥선진, 신흥우, 김활란, 김선주 등을 정평있는 웅변가로 소개하고 있다. 웅변연설집과 함께 편찬된 웅변서적으로는 雄辯演說法(미상, 德興書林, 1921), 現代雄辯式辭日鮮演說法(미상, 한흥서림, 1923), 雄辯全能(미상, 東洋大學堂, 1925) 등이 있었고, 雄辯研究會(박윤조, 용운직, 전처선 등 결성), 朝鮮雄辯學會, 靑年雄辯會, 부산雄辯研究會 등의 웅변연구회가 만들어졌다.

당시 웅변대회는 국내에서뿐만 아니라 용정 등 간도 지역에서도 활발하게 개최되었다. 조선, 동아, 중앙일보 간도지국 후원으로 1934년 8월 1일부터 3일간 길림성 안동현 만철공회당에서 조선인청년회 주최로 '조만(朝滿)웅변회'가 개최되기도 하였다(동아일보, 1934. 6. 22.). 그리고 길림 용정에서 학교를 다니고 있던 윤동주는 1932년 은진중학교 교내 웅변대회에서 '땀 한 방울'이라는 제목으로 1등을 하기도 하였다(국사편찬위원회자료집).

16) 이 시기 웅변을 매개로 등장한 대표적인 정치인들로 故 김영삼, 김대중, 김상현 등이 있다. 김영삼은 대학 2학년 재학 중에 나간 정부수립 기념 웅변대회에서 당시 외무부 장관이었던 장택상으로부터 상을 받으면서 발탁이 되어 정치에 입문하였고(조선일보, 2016. 3. 9.), 부단한 노력으로 스스로 웅변·연설 능력을 키웠던 김대중 전 대통령은 자신이 웅변학원에서 사람들을 직접 가르치기도 하였다. 그리고 김상현(前 국회의원)은 김대중이 가르치던 학원에서 웅변을 배우다가 인연이 되어 정치에 입문하였다(시사오늘, 2020. 7. 2.).

17) 학생운동은 가까운 일본은 물론 미국·유럽 등 전 세계에서 널린 나타났던 사회운동의 한 모습이다(김성식). 그리고 우리 역사에서 학생운동은 연설·웅변이라는 새로운 형태의 공적 스피치 문화가 유입되자 함께 어우러지면서 시작된다. 갑오개혁 이후 형성된 한국의 근대 학생층은 대중 시위 집회를 주도하는 등 중추적인 역할을 하였다(유영익). 언론의 자유를 기반으로 하는 공적 스피치가 계몽기 학생운동과 결합함으로써 이후 한국 학생운동에서 레토릭은 그

명칭을 불문하고 학생운동의 핵심적인 활용 도구로 자리를 잡는다.

18) 1948년 서울 중구 을지로2가 65번지에 최초로 '동양웅변전문학교'가 인가를 받아 강좌를 개설하였다(조선일보, 1948.8.26.자 사회면 광고, 김대중 前 대통령이 이 학교에서 잠시 부원장을 맡아 사람들을 가르치며 생계를 유지하기도 하였다). 동아일보 등 신문사들이 웅변강좌를 열어 수강생을 모집하기도 하였으며, 1948년 전호엽(全浩燁), 이활(李活) 등이 고려웅변학회를 설립하였고, 1949년에는 현재의 대한웅변인협회 전신인 대한웅변회가 이기남(李奇南)의 주도로 설립이 되었다. 또한 1946년 7월 3일 처음으로 '웅변'이라는 제목의 전문잡지가 발간되기도 한다.

19) 웅변의 본질에는 불의와 부정에 대한 꺾임 없는 정신이 자리 잡고 있다. 처음 우리 사회에 웅변이 들어올 때 강조되었던 그 정신을 안국선의 演說法方 '웅변가 되는 법방편'에서 읽을 수 있다
"웅변가는 다른 사람들이 백색이라 하여도 나는 검은색이라 말하여야 하고, 사람들이 겉이라 말하여도 나는 속이라 말해야 한다."

20) 재야 1세대라 할 수 있는 함석헌, 백기완, 문익환이 대표적이라고 할 수 있다.

21) '4.19혁명'의 도화선이 되었던 1960년 '3.15마산의거'를 기념하며 당시 의거에 참여하였던 웅변인들이 주축이 되어 결성한 경남웅변협회는 1962년 차호철, 배덕곤, 허종덕, 정병오 등 웅변인 23명이 마산에서 창립하였다. 그러던 중 3대 회장 강주성이 3.15의거정신 계승의 필요성을 역설하면서 1967년 3월 15일 제1회 '3.15의거정신 함양 전국남녀웅변대회'를 개최하였다. 이후 동 대회는 2016년까지 총 49년간 이어져 왔는데, 이는 유신·신군부에 맞서 온 현대 한국 웅변의 산 역사로 평가받는다(3.15의거기념 전국웅변대회 50년사, 2019).

22) 물론 웅변단체가 아닌 국가 공기관 및 학교 등이 주최하는 웅변대회도 광범위하게 진행되었다. 그런 현상의 결과로 웅변을 가르치는 학원들이 속속 생겨나고, 이는 차츰 학원들을 아우르는 단체결성으로 이어지게 된다.
웅변단체들의 결성 경위에 대해서는 정확한 문헌이 남아 있지 않아 대한웅변인협회 사무총장을 지냈고, 전국웅변인협회 및 사단법인 한국웅변인협회를 설

립하였던 권태오의 인터뷰를 토대로 정리한다. 한국웅변가협회는 정인소 박사가 주도하여 설립한 단체였고, 대한웅변중앙회는 최병재, 주준수가 만든 단체였다. 그리고 전국웅변협회는 박희웅, 이광재, 이종식 등 주로 호남에 연고를 둔 웅변인들이 설립한 단체였다고 한다.

23) 웅변 장학생 제도는 당시 웅변의 사회적 확산을 잘 보여 준다. 원로 웅변인들의 증언(권태오, 임태백)에 따르면 '60~'70년대에는 고등학교 웅변 장학생 제도가 있어 웅변대회에서 장관상 이상을 수상한 학생에게 전액 장학금을 지급하는 등 주요 고등학교(동대문상고, 한영고, 협성고 등)들이 인재 영입을 위해 웅변을 장려하였다. 그리고 경희대, 동국대는 특히 웅변 장학생을 적극적으로 지원하였는데, 주로 정치외교학과를 중심으로 웅변특기생이 입학하였다고 한다.

24) 레토릭의 한국적 형태를 완성한 웅변의 가치를 간과해서는 안 될 것 같다. 실용 스피치를 하고자 할 때도, 강의·강연을 하고자 할 때도, 설교를 하고자 할 때도 웅변은 그 모든 말하기의 기본이 된다. 웅변을 단순히 높은 레벨의 음성 정도로 이해하는 것은 피상적이라고 할 수 있다. 근대 초 우리 사회 웅변이라는 스피치 형태의 태동이 그랬듯이, 웅변은 세상을 보는 사유를 바탕으로 연사에게 도덕적 품성과 의지를 요구하고, 그것을 토대로 공적 메시지를 구성하여 청중에게 전달하는 과정에서 언어가 가지고 있는 색깔을 창조적으로 구현하는 고차원의 공적 구술 커뮤니케이션 행위이기 때문이다.

25) 에토스가 연사로부터 청중에게 보여지는 것이라는 의미는 연사의 진실성이 청중에게 얼마나 효과적으로 드러나는가 하는 커뮤니케이션 맥락에서 이를 이해하여야 한다. '진실과 도덕적 명제의 추론에 고유한 레토릭', '말의 부당한 사용과 의도의 경계'를 이야기한 아리스토텔레스의 레토릭관은 윤리적 기반을 전제로 하고 있음에도 에토스를 소위 교언(巧言)을 용인하는 의미로 받아들일 수 있기 때문이다.

26) '토포이'는 말터(양태종), 토우피, 논고 등으로 불리기도 하며, 토포이의 다른 이름인 'lieu(장소, 터)'에 근거해 사리에 맞고 일반적으로 타당하여 공동체 구성원들이 참으로 간주하는 장소에 위치한 사람들의 보편적 인식의 총체라는 뜻에서 '공론'으로 말해지기도 한다.

27) 이 책에서 분류한 닫힌 스피치는 아리스토텔레스의 4분 배열법을 따른다.

28) 'Rhetoric'에서 다루고 있는 '연설의 리듬'에 대해서는 이를 순수한 스타일의 형식 이론으로 볼 것인가에 관해 생각해 볼 여지가 있어 보인다. 아리스토텔레스는 과학적 견지에서 모든 것들은 '수'에 의해 명확해진다는 점을 말하면서 연설의 스타일에 적용되는 수는 바로 리듬이라고 설명한다. 리듬은 시의 운율과는 다른 것으로서 내용들이 서로 조화를 이루면서 진행되는 과정에서 전체적으로 연설의 명확성에 기여하는 리드미컬한 흐름 장치라고 할 수 있다. 아리스토텔레스는 리듬이 청중으로 하여금 언제 다시 그 리듬이 나타나게 될지 관심을 갖게 한다는 점에서 전반적으로 청중의 주의를 집중시키는 요소로 보고 있다. 이런 맥락에서 리듬은 〈연기〉와도 밀접하게 관련되어 있는 영역으로 보인다. 왜냐하면 연사의 스피치 과정에서 그것들이 적절하게 연출되지 못하면 설득은 큰 효과를 발휘하기 어렵기 때문이다.

29) 고전 레토릭 이론은 전반적으로 법정 스피치에 많은 부분이 할애되어 있다. 연설의 종류에 관한 세 가지 장르에도 불구하고 각각의 연설에 독립적인 이론들이 분명하게 제시되는 것이 아니다. 하나의 이론적 틀이 법정 연설의 지류로 흘러 들어가면서 정치 연설과 의례적 연설의 설득적 구성 방식을 설명하고 있다. 그래서 실제 직면하는 다양한 스피치 상황에서 연사가 어떤 논제를 설정하고, 그에 합당한 논거들을 어디에서 어떻게 끌어올 것이며, 연설의 흐름과 언어의 취사선택은 어떻게 할 것인가 하는 문제에 대해서는 각 사안의 성격과 연설의 종류에 따라 연사가 구체적으로 이를 발견하고 완성하도록 하는 설득 스피치의 이론적 방향을 제시하고 있다.

30) 비언어 커뮤니케이션 단서의 각 차원 및 이에 대한 최초의 체계적인 분석은 키케로에 의해 이루어졌다. 연설의 연기(演技) 부분에서 비언어적 요소들을 다루었던 키케로는 "연설은 목소리의 다양함과 몸짓, 표정에 의해 더욱 선명하고 명백하게 아울러 달콤하게 만들어지며, 연기가 연설의 장르와 일치할 때 그리고 표현이 가지고 있는 의미, 다양한 성격들과 어우러질 때 가장 효과적"이라고 하였다. 키케로는 목소리를 다시 강세, 고저, 음성으로, 몸의 움직임을 시선, 얼굴 표정, 걸음걸이, 자세로 나누어 분석했다.

31) 언어 기호는 개별적으로 존재하는 것이 아니라 공존하는 다른 기호들과 상호 관계를 통해 구조적으로 존재한다고 소쉬르는 주장했다. 그와 같은 상호관계는 문장이나 말소리의 전후 통합관계, 형태나 의미의 공통성으로 인해 심리적으로 연상되어 나타나는 연합관계로 나타난다. 언어의 이런 관계 형태는 의미뿐만 아니라 시간적으로도 동일한 언어들과 정서적 관계를 맺게 된다.

32) 집단이 개인에게 미치는 영향력은 동조와 탈개인화 외에 '일탈'의 형태로 나타나기도 한다. 동조가 집단으로부터의 배제를 원하지 않거나(순응, compliance) 집단의 입장을 개인적으로 수용하는 집단 지향적 행위 형태라면, 일탈(deviancv)은 집단보다는 자신의 내적규범이나 의견을 더 중요시하면서 독립성을 나타내 보이기 위해 또는 집단의 의견이라면 무엇이든 반대하는(동조 반대, anticonformity) 집단 이탈적 행위 형태라고 할 수 있다.

33) 인지·정서·행동치료의 주요 개념인 비합리적 신념이란 구체적이고 합리적인 근거 없이 모든 행위가 완벽해야 한다는 비논리적이고 비실제적인 사고 성향으로서 부정적인 감정과 행동을 수반한다. 그리고 사회적 자기효능감은 어떤 결과를 만들기 위해 행동을 적절히 조직화하고 수행하는 자신의 능력에 대한 판단, 즉 자신감을 의미한다. 또 성취동기란 어떤 도전적인 과제를 수행해 내는 과정에서 만족을 얻으려는 내적 의욕으로써, 자신이 이루고 싶은 목표나 가치관에 따라서 성취하려고 하는 자기지향 성취동기, 주변 사람들의 기대에 부응하기 위해 성취하려는 타인지향 성취동기로 구분이 된다(Bandura).

34) 내적 귀인은 어떤 행동의 결과가 자신의 능력이나 노력에 의해 나타난 것이고, 그것을 자신 스스로 조절·통제할 수 있다고 믿는 정도를 뜻한다. 그리고 타인 귀인은 강력한 어떤 타인이 자기 자신의 인생이나 행동 결과를 통제할 수 있다고 믿는 정도, 우연귀인은 우연이나 행운이 자신의 인생 또는 행동을 지배한다고 믿는 정도를 의미한다.

35) 공명은 날숨이 성대를 통과하며 일으킨 진동이 인두강, 입안과 코안 등의 공기를 다시 진동시키면서 부드럽고 매끈한 음색을 만드는 소리 울림의 메커니즘이다. 공명을 일으키기 위해서는 인두강이 구강과 비강으로 가는 통로 역할을 하기 때문에 먼저 목 주변의 힘을 빼고 목구멍을 잘 열어주어야 한다. 그런 다

음 입안의 공간을 최대한 확보하여 소리의 울림을 만든다. 이러한 관점에서 보면 공명은 성량의 증감에도 관계하면서 음색을 다듬는 과정에도 관여하는 복합적인 요소라고 할 수 있다. 그러나 공명점의 하나인 비강은 노래를 부를 때와 달리 스피치를 할 때는 적정한 통제가 필요하다. 지나친 비음은 청중들에게 불쾌감을 줄 뿐만 아니라 그 자체로 연사의 공신력과 설득력을 떨어뜨릴 수 있기 때문이다.

36) 조음(調音)은 우리가 커뮤니케이션 과정에서 그 의미를 구체적으로 알아들을 수 있게 메시지로 현출시키는 기능을 한다. 조음기관은 음량과 음색의 발현에도 관여하지만 중심되는 작용은 의미를 생성하는 소리에 있다. 즉 공명기관을 통과하는 소리들이 완전한 의미를 갖도록 막거나 열거나, 닿거나 닿지 않게 하는 기능을 수행하여 서로 다른 말소리의 뜻을 만들어 내는 것이다. 이런 조음 현상 덕분에 언어적 커뮤니케이션이 가능하다. 조음기관들은 주로 자음의 생성에 관여를 많이 하고 그 위치와 작용도 자음 생성에서 비교적 명확히 드러나지만, 모음의 경우에는 성대를 울려서 올라온 진동 음파가 자음의 경우에서와 같이 적극적인 저지를 받지 않기 때문에 어떤 기관이 어떤 지점에서 작용하는지를 명확히 분석하기가 어렵다.

37) 음색을 바꾼다고 하는 것도 실제는 본래 송출되어야 할 음색이 신체장애 등으로 분명하게 나오지 못하는 소리를 조정하여 그것을 찾도록 도움을 주거나 음성기관들의 움직임을 포착하여 보이스 톤을 변경하는 방법으로 소리 특징을 바꾸는 것이다. 그러나 엄밀하게 음색과 보이스 톤의 조정은 다른 개념이므로 그로써 음색을 바꾸었다고 하는 것은 정확한 표현은 아니라고 해야 한다.

38) 복식호흡은 배 속의 뜨거운 공기가 성대를 통과하면서 건조함을 막아주어 장시간의 스피치를 가능하게 해 준다. 복식호흡의 요령을 좀 더 구체적으로 살펴보면, 이를 위해서는 먼저 몸을 반듯하고 편안하게 세운다. 그리고는 숨을 배꼽 밑 단전까지 밀어 넣는다는 생각으로 코로 천천히 들이키고 이를 배로 머금은 상태에서 3~4초가량 멈춘 후, 다시 천천히 역순으로 내뱉기를 반복한다. 이러한 호흡이 정상적으로 이루어진다면 배가 풍선처럼 부풀어 올랐다 꺼지게 된다.

보다 통제된 요령으로는 바닥에 등을 대고 반듯하게 누운 후 양다리를 쭉 펴서 든 상태로 위와 같이 호흡을 들이키고, 이제 숨을 내뱉을 때 천천히 다리를 내리면서 입을 둥글게 벌려 '하'하는 소리와 함께 내뱉기를 반복하는 연습이 권장되기도 한다.

39) 음량을 키우기 위한 발성 훈련은 우리 인체의 폐활량과 관계가 깊다. 폐활량은 허파 속에 공기를 빨아들인 뒤 다시 배출할 수 있는 공기의 양을 말한다. 폐활량이 부족하면 목소리의 힘도 약해지고 성량의 폭도 줄어든다. 통상 평균적인 사람들이 1회에 담을 수 있는 폐활량의 수치가 남자의 경우에는 3500㎖, 여자는 2500㎖ 정도라고 한다. 폐활량을 늘리기 위해서는 자세가 중요하다. 폐가 다른 장기들로부터 압박을 받지 않도록 활동 공간을 최대한 넓혀 주어야 하기 때문이다. 그래서 평소 상체의 자세를 바르게 펴서 앉아야 하고, 발성 훈련 시에는 일어서서 상체를 편 상태로 훈련을 해야 한다. 수영 선수들이 폐활량이 좋은 이유는 수영이라는 스포츠가 폐의 활동 공간을 넓혀 주면서 단련을 반복하는 운동이기 때문이다.

40) 키케로는 그런 세 가지의 설득 작용을 docere, delectare, movere로 정의하면서 모든 레토릭은 필연적으로 위 세 범주의 유형으로 나타난다고 하였다. 대체적으로 그것의 현대적 의미를 '정보제공'으로 해석할 수 있는 라틴어 'docere'는 사실이나 진실을 알려 주는 가르침을 의미하고, 'delectare'는 연사의 메시지와 실연(實演) 행위 등을 통해서 청중이 스피치에서 느끼는 즐거움 내지는 재미, 'movere'는 스피치를 통해 발현되는 청중의 감정 상태를 의미한다.

41) '언어 연상'에서 살펴본 것처럼 언어 기호는 개별적으로 존재하는 것이 아니라 공존하는 다른 기호들과 상호관계를 통해 구조적으로 존재한다. 그러한 상호관계는 통합관계, 연합관계로 나타나는데, 특히 연합관계는 형태나 의미의 공통성에 근거한 심리적 연상뿐만 아니라 시간적으로도 동일한 언어들과 정서적 연합을 하게 된다(Saussure).

42) 시제의 환치를 위해서는 "저는 기억 속에 또렷하게 살아 있는 그때의 일을 지금 이 자리로 가져와 다시 이야기합니다", "우리는 이렇게 상상해 봅니다"와 같이 시점을 전환하는 연사의 메시지 암시가 필요하다. 열린 스피치 방식에서 많

이 나타나며 여기에서는 매우 정교한 스피치 연결 기법이 요구된다.

43) 목회 스피치(설교)는 이런 일반적인 인식과는 다른 특수성을 갖고 있다. 종교적 신념 자체가 항상 미래에 맞춰져 있어서 연령대를 불문하고 설교 메시지가 지향하는 시간은 과거의 텍스트에서 미래를 보아야 한다.

44) 토포이는 논거를 발견하기 위해 일반적으로 인정된 형식적 관점이다. 일반적이라는 의미는 토포이가 한 시대의 사회 보편적인 의식에 근거한다는 것이다. 그것은 개인의 경험이나 법칙이 아니라 사회 구성원 누구나 그 법칙의 타당성에 동의가 가능한 상식에 근거한다. "성물(聖物)을 절취한 자는 또한 도둑질도 할 것이다"라는 주장에는 '많고 적음(좀 더 작은 것은 좀 더 많은 것으로부터 추론된다)'의 일반 토포이가 작동하고 있는 것처럼, 아리스토텔레스는 '가능한 것과 불가능한 것', '존재하는 것과 존재하지 않는 것', '많은 것과 적은 것', '큰 것과 작은 것' 등이 사회 일반의 보편적인 인식 총체에 근거한 토포이라고 하였다.
키케로와 퀸틸리아누스는 논증의 근거들을 보다 세분화하여 기술하였다. 보통 자식은 부모나 조상의 피를 받으므로 혈통은 특정 행동에 대해 사회 구성원 누구나 수긍할 수 있는 토포이가 되는 것처럼, 민족, 성별, 나이와 같이 사람에 관계되는 토포이와 시간, 장소, 동기와 같이 일에 관련된 토포이로 정형화하였다. 그러나 그것들은 토포이가 생성되는 예에 불과하다. 토포이는 결국 연사가 주장하는 타당성의 근거를 어디에서 찾을 것이냐의 문제이므로 그 범위를 한정하기도 사실상 어렵다. 그리고 고전 레토릭의 토포이 분류 체계는 현대의 생활세계에서 그대로 차용하기에 곤란한 점도 있는데, 그 개념이 주로 법정이나 정치적 논쟁에 필요한 사고유형들이었고, 인권이라는 관념이 제시되지 않았던 고대의 토포이 개념들은 지금과 상충되는 부분도 많기 때문이다.

45) '사례형 토포이'가 그와 같은 논증 방식의 아이디어이다. 현대적 개념의 토포이는 이처럼 전통적인 논거 발견이라는 의미뿐만 아니라 설득에 유용한 스피치 전개 방식까지도 아우르는 포괄적인 개념이다.

46) 대안제시 토포이, 윌슨-아놀드 토포이, 범주화 토포이는 〈임태섭, 스피치 커뮤니케이션, 2004〉 제7장의 내용을 요약 정리한 것이다.

47) 대표적인 장르가 목회 스피치, 즉 기독 설교이다. 설교에 있어서 주제 설정, 아이디어 개발은 지금까지 기술한 일반적인 방식과는 다르게 진행된다. 주제를 설정한 다음 주제문을 만들고 주장의 타당성을 논거로 제시하는 통상적인 논증 방식이 아니라 설교는 텍스트(聖經)를 먼저 해석하고 거기에서 주제를 도출한다. 그런 다음 텍스트가 설파하고자 하는 종교적 진리를 밝히면서 청중을 종교적 신념 체계로 이끌기 위하여 태도 변화의 타당성을 논증하는 방식으로 스피치가 진행된다.

설교에서는 또한 일반적인 아이디어보다 설교자의 특수한 스피치 아이디어가 더 중요하게 요구되는 장르이다. 로우리(E. Lowry)는 그래서 설교의 최우선적인 사항이 바로 아이디어 개발이라고 했다. 이때 설교 스피치의 아이디어는 일반적인 방식이 아니라 각 성서 텍스트에 가장 적합한 형태의 개별적 아이디어라고 할 것이다. 그러므로 퍼블릭 스피치 장르 중에서도 설교는 설교자의 특수한 스피치 아이디어 개발이 매우 중요할 뿐 아니라 그것의 정도 여하에 따라 목회의 성패가 결정되기도 한다.

48) 논리학과 레토릭이 유사하면서도 차이를 보이는 부분이 '명제'와 '주장'이다. 논리학에서는 논거 제시가 명제에 근거하고, 레토릭에서는 논거 제시가 주장에 근거한다. 사실, 가치, 당위(규범적) 명제라는 분류에서 보듯 명제는 레토릭의 주장보다 훨씬 엄격하다. 그러나 주장은 확고한 전제에 대한 입증이 아니라 연사의 설득적 주장에 대한 에토스, 파토스, 로고스적 입증이다.

한편으로 명제는 선언적이지만 주장은 권유적이라는 차이점이 있다. 명제는 보통 술어가 '무엇이 무엇이다'의 형태로 나타나지만, 주장은 '무엇을 하자'의 형태로 나타난다.

49) 이미지 생동감은 스피치의 서사적 전개 방식과 함께 청중의 몰입도를 높여주는 두 개의 기능 중 한 축을 담당한다. 스피치 몰입도는 청중 설득의 중요한 요소 중 하나이다. 연사의 이야기에 집중할수록 설득력이 높아지기 때문이다.

50) 열린 스피치는 1960년대 후반 기독교의 새로운 설교 운동 선상에서 크래독, 라이스, 로우리 등 설교 연구자들이 커뮤니케이션 관점에서 추진한 이른바 '이야기식 설교', '내러티브식 설교'의 원리를 퍼블릭 스피치 일반의 영역으로 가져온

것이다.

열린 스피치가 메시지 구성에 있어서 탄력적인 이유는 청중의 논리적 이해에 설득점을 맞추고 있는 닫힌 스피치와 달리 열린 스피치는 그것을 청중의 정서적 이해에 맞추고 있어서 방법론적으로 구성이 유연할 수밖에 없기 때문이다. 그리고 고전 레토릭에 기반을 두고 있는 닫힌 스피치는 그 형태나 운용 방식이 어느 정도 정형화되어 있지만, 열린 스피치는 논증적 이야기 사례로부터 주장을 얻고, 필요시 그 주장에 대한 추가 논증이 이어지는 경우도 있는 등 속성상 레토릭 논증만큼 정형적인 형태를 유지하기도 어렵다.

51) 논증 수단에서 본 것처럼 닫힌 스피치에서도 이야기 형태, 즉 예증적 사례나 우의, 우화와 같은 예화를 활용한다. 그러나 이러한 '귀납적 예증'과 열린 스피치의 '이야기 사례'에는 차이점이 있다.

예증적 사례나 예화는 논거를 입증하기 위해 만들어진 논증 수단이다. 그러나 사례형 토포이에 근거하며, 열린 스피치 형태로 전개되는 이야기는 자체가 곧 논증적 사례로서 이미 주장을 함축하고 있는 논거이다. 그래서 이야기 사례는 논증의 작용 원리인 아이디어의 한 부분이 된다.

또 귀납적 예증은 처음부터 논거를 입증하기 위한 논증 수단이므로 그것이 함축하는 의미가 단일하지만, 이야기 사례는 해석하는 시각이나 의도하는 목적에 따라 의미가 다르게 나타날 수 있다. 예를 들어 우리는 심청의 이야기를 효의 관점에서 이야기할 수도 있고, 그와는 다르게 유교적 이데올로기의 인간성 억압, 이데올로기의 강요라는 시각에서 이야기를 전개해 나갈 수도 있다. 그래서 확증적 수단인 예증과 달리 이야기 사례는 주제나 스피치 상황에 따라 함의를 달리 나타낼 수 있다는 점에서 조건적이다. 이러한 차이로 스피치를 전개하는 방식도 달라진다. 귀납적 예증은 메시지가 곧바로 주장으로 이어지지만, 이야기 사례는 그것이 내포하고 있는 의미나 교훈을 설명해야만 그로부터 주장을 제시할 수가 있다.

마지막으로, 이야기 사례는 언제나 실제 일어난 과거의 사례에 근거하나 예증은 우의, 우화와 같이 가공의 이야기도 존재한다는 점에서 차이가 있다.

52) 예를 들어 소개팅을 나간 남녀에게 주어진 정보가 상대방의 이름뿐이라고 가정하자. 두 사람에게는 각각 한 개씩의 사실 정보만 주어진 셈이다. 나머지 99

개 중 몇 개를 채울 수 있을지는 서로 간의 스피치 능력에 따라 달라진다. 대인 간 스피치는 여타의 공적인 스피치 행위와 다르게 커뮤니케이션 참가자들이 자유로이 정보를 꺼내어 사실 공간에 올려놓을 수 있는 특성이 있다. 그럼에도 특정 커뮤니케이션 상황(예를 들어 위와 같은 소개팅 상황)에서 당사자들이 무슨 말을 주고받아야 할지 몰라 원활한 대화를 하지 못하거나, TV 예능 또는 토크쇼에 출연한 사람이 커뮤니케이션에 매끄럽게 참여하지 못하는 상황들을 종종 보게 된다. 그런 상황들이 초래되는 이유는 스피치 불안이라는 심리적 원인에서 기인하는 부분도 있으나 메시지를 엮어 가는 추론 능력의 부족, 그런 상황이 유발하는 커뮤니케이션 참여에 대한 진출 욕구의 방해 때문에 생기는 일이다. 구체적으로는 상대방으로부터 전달되는 정보에 적절하게 개입할 수 있는 능력의 부족 때문인데, 이때 개입은 수신되는 메시지 상황에 대응한 물음, 확인, 판단, 제안, 반복, 해석, 반응 등의 구술행위를 의미하며, 그것은 또한 즉시 개입했을 때 효과가 있다. 그래서 대인 간 커뮤니케이션 상황에서는 메시지에 대한 원활한 개입이 곧 스피치 능력이다.

53) 생리 기간 여인의 피는 부정한 것이었다(레 15:19). 그래서 그 기간 여인들은 사람들과의 접촉은 물론 함부로 물건을 만지는 것까지도 조심해야 했다. 혈루병은 생리 기간이 아님에도 피를 쏟거나 피가 멈추지 않는 부인병의 하나였다. 그럼에도 불구하고 사례의 여인이 예수의 옷자락을 만졌다는 것은 사람들로부터 지탄받아 마땅한 불경스러운 행위였다.

54) 들머리 및 마무리는 장면의 전환과 별개로 분리되는 것이 아니라 그것들을 포함하여 전체를 완성한다.

55) 이 예는 예일대학교의 린더 켁(Lwander E. Keck) 교수가 신학부생들에게 했던 스피치의 일부이다. '오병이어(五餠二魚) 사건'을 본론 부분의 이야기 사례로 놓고 있다(Eugene L. Lowry, 1999 재인용).

56) 문체는 고전 레토릭에서 다루고 있는 말의 스타일(話體)이 문예적 입장에서 변용된 연구 개념이고, 문채는 레토릭의 설득적 표현 기법 중 흔히 수사법이라고 하는 화채(話彩)가 같은 학문 영역에서 변용된 것이다.
키케로는 화체를 보통체, 단순체, 숭고체로 구분하면서 화채와 전의, 리듬, 운율 등 여러 하위 요소들이 스피치 스타일을 결정한다고 하였다. 고전 레토릭의 전통적인 세 가지 분류는 엄밀히 볼 때 스피치의 총체적 느낌으로서 스타일이라기보다는 메시지 구성 형태에 가까운 것이다. 그래서 다변화된 현대 스피치에 적용하기가 어렵다고 본다. 오히려 설득 작용으로 분류한 docere, delectare, movere가 스피치 스타일을 이해하는 개념으로 적합하다. 따라서 이 책은 이를 근거로 스피치의 기능적 방향성을 잡았고 그 범주에서 스타일을 다루고 있다.

57) 실행은 구성된 메시지를 구술로 표현하는 단계이므로 표면적으로 보면 메시지를 그 성격에 맞도록 음성으로 나타내는 언어·비언어적 행위만을 다루는 영역이라고 생각할 수 있다. 그러나 고전 레토릭 이래 '실행'은 구문 수사법, 즉 '화채'를 중심에 놓고 언어·비언어적이라는 행위 요소를 표현이라는 영역 안에 묶어 함께 다룬다. 이유는 '화채'를 스피치의 본류인 논증적 구성 요소로 보는 것이 아니라 그것들을 꾸며주는 심미적 장식의 일종인 표현 기법의 하나, 설득의 보조적 장치로 이해하기 때문이다. 그래서 화채는 성격상 구성 단계가 아니라 실행의 단계에서 다루게 된다.

58) 스피치에서는 '두음법'을 '동음 반복'으로 이해해야 할 것이다. 시문학적 율격을 스피치 형태에서 완전하게 적용하기는 어렵기 때문이다. 그래서 단락이나 구절의 시작 소리를 같은 단어나 구절로 반복 배치함으로써 같은 음을 유지하는 '동음 반복'이 스피치에서는 '두음법'의 개념을 대체하는 현실적인 인식이라고 보아야 한다.

59) 비유는 연사가 말하고자 하는 대상을 다른 사물이나 관념에 빗대어 표현하는 것을 의미한다. 은유법을 비롯하여 직유법, 풍유법, 활유법, 의인법, 의성법, 의태법, 중의법 등 비유에는 다양한 종류들이 있다. 이렇듯 많은 비유법 중에서 은유는 논증적 설명에 유용하다는 점에서 스피치가 중요하게 생각하는 화채 기법이다.
그런데 은유적 용어 중에는 이미 우리의 일상적 용어로 굳어져 처음 생겨났을 때의 신선한 생명감을 상실한 은유들이 있다. '찰거머리', '꿈'과 같은 사은유(死隱喩)들이 그것이다. 은유의 장점은 무엇보다 참신성에 있다는 점에서 볼 때 사은유는 스피치에서 가급적 피하는 것이 좋다.

60) 퍼블릭 스피치에서 화채는 특성상 구술 표현과 밀접하게 관련이 될 수밖에 없다. 화채는 문장과 달리 정교한 소리 표현이 뒷받침되었을 때 효과가 있기 때문이다. 전통적으로 화채가 표현의 영역에서 다루어지는 이유도 그 때문이다. 그중에서도 특히 '생략·묵설'은 그것을 표현함에 있어 다른 화채들보다 월등히 높은 수준의 기교를 필요로 한다. 메시지를 드러내는 여타의 화채들과 반대로 생략은 메시지를 감추면서 청중이 숨은 메시지를 스스로 생각하도록 하는 고도의 구술 표현 기법이기 때문이다.

61) 스피치에서 '표현'이라는 논의는 근본적으로 메시지 구성이라는 문장의 표현(elocutio) 영역과 실행이라는 연기(actio) 영역으로 구분되는 것이다(안재원).

62) 이와 관련하여 우리가 간과하기 쉬운 문제 하나가 여기에서 도출됨을 알 수 있다. 스피치의 중심은 말하고자 하는 메시지에 있고 표현은 그것을 드러내는 생리적 외표 행위임에도 음성적 표현행위가 스피치의 본질인 것처럼 인식하는 경향이 있다는 점이다. 그러나 스피치는 메시지를 축으로 그에 따라 표현방식이 변화하고 메시지 역시 더 높은 표현의 효율성을 예상하며 구성을 다채롭게 변화시키기는 등 두 요소는 상호 유기적인 관계에 놓여 있는 스피치의 일체화된 본질이라고 이해해야 한다.

63) 커뮤니케이션 과정에서 목소리와 동작의 영향에 관한 현대의 권위 있는 연구로는 '메라비언의 법칙'으로 알려진 알버트 매하라비언(Albert Mehrabian)의 비언어 커뮤니케이션에 관한 연구를 든다. 요지는 '의사소통에서 언어적 요소는 비언어적 요소들보다 크지 않다'는 것이다. 메라비언의 연구는 본인이 밝히고 있는 것처럼 즉각적 반응의 결과로 메시지가 수·발신되는 대인 간 커뮤니케이션을 전제로 의사소통 능력을 향상시키기 위한 음성, 신체 동작과 관련된 비언어적 요소들의 중요성과 활용을 다룬 것이다. 따라서 메시지를 매개로 연사와 청중 간에 즉각적인 피드백이 이루어지지 않는 퍼블릭 스피치라는 커뮤니케이션 영역에 온전히 적용 가능한 이론은 아니지만 메시지를 중개하는 '목소리'와 '신체 동작'이라는 인간의 비언어적인 요소들이 커뮤니케이션 과정에서 차지하는 중요성이 적지 않다는 점을 스피치의 실행에서 참고할 필요는 있을 것 같다.

64) 이는 스피치의 구술 표현에서 메시지의 성격에 대한 이해 없이 기법만을 일률적으로 다루게 되면 스피치의 다양한 장르들을 충분히 소화하기가 어렵다는 의미로 바꾸어 말할 수 있을 것이다. 한편으로 여기에서 짚고 가야 할 점은 '지적 스피치 무드'라고 하여 그것이 반드시 닫힌 스피치의 전속적 메시지 성격이라거나 '정적 스피치 무드'라고 그것이 반드시 열린 스피치의 전속적 메시지 성격이 아니라는 사실이다. 각각의 스피치 유형 내에서도 메시지의 성격이 얼마든지 혼재되어 나타날 수 있기 때문이다. 메시지의 무드를 지적, 정적으로 구분하는 근거는 스피치의 전체적인 유형에 있는 것이 아니라 개개의 완결성을 갖춘 구문들의 성격을 근거로 하고 있다. 물론 닫힌 스피치 형태에서는 열린 스피치 형태에서보다 지적 무드의 메시지가 더 많이 나타날 수는 있고, 반대로 열린 스피치 형태에서는 닫힌 스피치 형태에서보다 정적 무드의 메시지가 더 많이 나타날 수는 있을 것이다.

65) 문학에서 어조(語調)는 가락 내지는 운율과 관련되지만 스피치에서 어조[정확히는 언조(言調)가 맞을 것이다]는 말하는 사람의 직업 등 역할과 관련되어 나타나는 그 세계의 독특한 말투를 의미한다. 보이스 톤과 어조는 다른 개념이지만 어조는 보이스 톤을 조정할 때 참고하는 중요한 사항 중의 하나이다.

66) 스피치에서 발음이 중요하다는 사실은 맞다. 그러나 우리가 말하는 사람의 부정확한 발음 때문에 메시지를 이해하지 못한다거나 발음이 명확하지 않아서 스피치가 설득적이지 못하다고 생각하는 경우는 사실 그렇게 많지 않다. 오히려 음량이 너무 낮거나 주위 잡음이 많은 경우, 또 재미와 감동, 메시지에 대한 감흥이 떨어지는 콘텐츠의 문제로 인한 경우가 훨씬 더 많다. 물론 퍼블릭 스피치 영역에서든 실용 스피치 영역에서든 스피치와 관련된 모든 실행 영역에서 발음은 중요하다. 뉴스 등 정보나 전문 지식의 전달, 행사의 진행, 교육 강의와 같은 분야에서 특히 그러한데, 문제는 우리나라 스피치 전문 교육이 콘텐츠의 구성, 후술하는 스피치 리듬과 스타일 같은 문제들은 상대적으로 소홀히 한 채 발음, 좋은 음색, 음량이 스피치의 핵심인 것처럼 지나치게 그것들을 강조하는 경향이 있다 보니 스피치의 전체적 메커니즘에 대한 이해가 떨어지고 있다는 점이다.

67) 그와 같은 사실을 한국 전통의 '판소리'에서 찾아볼 수 있다. 기본적으로 판소리는 효녀 심청, 흥부와 놀부 형제의 이야기 등에서 보듯 스토리에 가락을 더해 음화(音化)시킨 형태이다. 기승전결(起承轉結)이 분명한 서사적 내용을 북장단에 맞추어 노래하는 형식으로 발전시켜 한국 전통의 음악 장르 중 하나가 된 것이다. 판소리가 구술 이야기 전달 방식에 리듬이 더해졌다는 사실은 '아니리'에서 찾아볼 수 있다. 아니리는 노래 사이사이에 이야기의 진행을 도와주는 설명 형식의 메시지가 들어가는데, 이로써 구전이나 고본(古本)으로 존재하던 설화가 스피치 형태의 이야기로 전달되어 오다 그것에 가락을 붙여 판소리가 되었을 것이라는 추정이 가능해진다.

68) 노래나 음악은 온전하게 입체적이라고 할 수 있다. 또 배경 음악과 메시지가 함께 전달될 때 사람들이 훨씬 더 쉽게 메시지에 몰입하고 감흥을 받는 이유도 소리의 입체감 때문이다.

69) 어떤 경우에는 구문 간의 휴지를 무시할 때도 있다. 하나의 구문이 종결되는 순간 휴지 없이 다음 구문을 빠르게 붙여서 이어가는 것인데, 메시지를 강조하고자 할 때 주로 사용된다.

70) 비언어적 요소들의 언어적 보충 기능과 관련하여, 냅(Knapp)은 그것을 메시지 되풀이 기능으로서 '반복', 스피치 메시지와 상반되는 신체 동작을 알려 주는 기능으로서 '모순', 언어적 의미 전달을 대신하는 '대치(代置)', 언어적 의미 전달을 수정하거나 명확하게 밝혀주는 '보충', 메시지 '강조', 커뮤니케이션 당사자 간의 '관계와 조정'이라는 6가지 세부 내용으로 분석 설명하기도 한다.

71) 그러나 "지나치게 화난 표정이나 지나치게 흥분된 표정은 피하는 것이 좋다. 이러한 표정들은 연사가 자신의 감정을 적절히 통제할 수 없다는 사실을 반영하기 때문에 공신력에 영향을 미친다(임태섭)."

72) 스피치를 실행하는 동안 청중이 가장 많이 주목하는 연사의 신체 부위는 얼굴이다. 사람들은 메시지를 주고받을 때 본능적으로 말하는 사람의 얼굴을 살핀다. 심지어 전화 통화를 할 때도 무의식적으로 메시지 상황에 따라 상대방의 표정이 어떨 것이라고 상상한다. 그 이유는 위협을 감지하기 위한 원시적 본능

이 우리의 유전자 속에 설계되어 있기 때문이다. 표정은 내외부 자극 변화에 가장 민감하게 반응하는 인간의 신체 부위이고, 사람들은 메시지 교환 과정에서 탐지되는 표정의 변화를 놓치지 않기 위해 부단히 노력한다. 그런데 기본적으로 제스처는 얼굴에 집중된 시선을 다른 곳으로 가져가는 분리적 속성을 가지고 있다. 그래서 제스처가 얼굴로부터 너무 먼 거리로 시선을 끌어가게 되면 청중은 그 동작을 꺼리게 되고 그로 인해 메시지에 대한 집중도가 자칫 떨어질 우려가 있기 때문에 제스처는 가급적 얼굴을 중심으로 이뤄져야 한다.

제스처는 기계화된 동작으로서 2차적 메시지를 전달하는 '우발 제스처', 인간과 동물이 공유하는 생물학적 동작으로서 '표출 제스처', 흉내로 신호를 전달하는 '모방 제스처', 메시지가 생략되거나 요약된 모방을 나타내는 '형식 제스처', 기분과 의견을 나타내는 '상징 제스처', 소수의 전문가만이 사용하는 '전문가 제스처', 일정한 체계에 의거한 신호 동작으로서 '코드 제스처'로 그 종류를 세분화하여 구분하기도 한다.

73) 우리 문화에서 '해학'으로 불리는 웃음 코드는 진지함, 진중함, 가식을 건드리는 것들이 많다. 양반전 같은 마당극이 그렇다. 이런 유형의 웃음은 우리의 역사적 배경과 깊은 관련이 있어서가 아닌가 하는 추정을 해 본다.

74) 자신의 사고 패턴을 알아보기 위해서는 주제문이 아니라 하나의 주제어를 선정해야 한다. 그리고 강아지, 농부, 라면과 같이 추상명사가 아닌 실제 대상이 존재하는 보통명사를 선정하는 것이 좋다. 주제문을 제시하게 되면 이미 사고의 흐름을 정하는 것이고, 존재하지 않는 추상적인 말은 패턴을 분석하기에는 너무 관념적이기 때문이다.

참고 문헌

1. 국내 단행본

김상환(2000), [풍자와 해탈 혹은 사랑과 죽음], 민음사

김영석(2005), [설득 커뮤니케이션], 나남출판

김찬호(2019), [유머니즘], 문학과 지성사

김현주 · 강길호(2004), [커뮤니케이션과 인간], 한나래

김현 編(1987), [수사학: 롤랑 바르트, 제라르 쥬네트, 쟝 루세, 츠베탕 토도로프], 문학과 지성사

게르트 위딩(2003), [고전 수사학], 박성철 옮김, 동문선

게르트 리케이트 외(2009), [심리언어학], 유덕근 옮김, 한국문화사

귀스타프 르봉(2005), [군중심리], 이상돈 옮김, 간디서원

닐 포스트먼(2005), [테크노폴리], 김균 옮김, 궁리출판

도널슨 R. 포사이스(2019), [집단역학], 남기덕 외 옮김, CENGAGE

로버트 치알디니(2002), [설득의 심리학], 이현우 옮김, 21세기북스

마셜 맥루한(2012), [미디어의 이해], 김성기 · 이한우 옮김, 민음사

마크 냅 외(2017), [비언어 커뮤니케이션], 최양호 · 김영기 옮김, 커뮤니케이션북스

박성창(2005), [수사학], 문학과지성사

세르주 모스코비치(1996), [군중의 시대], 이상율 옮김, 문예출판사

아리스토텔레스(2007), [수사학 I], 이종오 옮김, 리젬

_____(2007), [수사학 II], 이종오 옮김, 리젬

_____(2008), [수사학 III], 이종오 · 김용석 옮김, 리젬

알버트 반두라(1999), [자기효능감과 인간행동], 김의철 외 옮김, 교육과학사

임태섭(2004), [스피치 커뮤니케이션], 커뮤니케이션북스

올리비에 르불(2003), [수사학], 박인철 옮김, 도서출판 한길사

양병우(1976), [아테네 민주정치사], 서울대학교 출판부

양태종(2000), [수사학 이야기], 동아대학교 출판부

유진 L. 로우리(1999), [설교자여 준비된 스토리텔러가 돼라], 이주엽 옮김, 요단출
판사

_____(2011), [이야기식 설교 구성], 이연길 옮김, 한국장로교출판사

유모토 고이치(2004), [일본 근대의 풍경], 연구공간 수유 + 너머 동아시아 근대 세
미나팀 옮김, 그린비

월터 J. 옹(2003), [구술문화와 문자문화], 이기우 · 임명진 옮김, 문예출판사

위르겐 하버마스(2007), [공론장의 구조변동], 한승완 옮김, 나남출판

_____(2007), [사실성과 타당성], 한상진 · 박영도 옮김, 나남출판

지그문트 프로이드 외(2009), [프로이트 심리학 해설], 설영환 옮김, 도서출판 선영사

지그문트 프로이드(2013), [집단심리학과 자아분석], 이상율 옮김, 지도리

제임스 피시킨(2010), [숙의 민주주의], 박정원 옮김, 한국문화사

제임스 A. 헤릭(2022), [레토릭의 역사와 이론], 강상현 옮김, 컬처룩

조셉 윌리엄스 & 그레고리 콜롬(2021), [논증의 탄생 21세기 민주시민을 위한 비판
적 사고, 토론, 글쓰기 매뉴얼], 윤영삼 옮김, 크레센도

차배근(2002), [설득 커뮤니케이션 이론], 서울대학교 출판부

토리 히긴스(2014), [어떻게 의욕을 끌어낼 것인가?], 강유리 옮김, 한국경제신문사

테리 이글턴(2019), [유머란 무엇인가], 손성화 옮김, 문학사상

피터 데스버그(2005), [스피치의 기술], 이시훈 · 정의철 옮김, 커뮤니케이션북스

피터 맥그로 & 조엘 워너(2015), [나는 세계 일주로 유머를 배웠다], 임소연 옮김,
21세기북스

프레드 B. 크래독(2014), [권위 없는 자처럼], 김운용 옮김, 예배와 설교 아카데미

폴 에크만(2020), [표정의 심리학], 허우성 · 허주영 옮김, 바다출판사

패티 & 카시오포(1999), [커뮤니케이션과 설득], 리대용 외 옮김, 범우사

페르디낭 드 소쉬르(2007), [일반언어학 노트], 김현권·최용호 옮김, 도서출판 인간사랑

키케로(2006), [수사학: 말하기의 규칙과 과제], 안재원 편역, 도서출판 길

_____(2007), [생각의 수사학], 양태종 옮김, 유로서적

콘라드 로렌츠(1986), [공격성에 대하여], 이화여자대학교출판부

크리스티안 케이서스(2018), [인간은 어떻게 서로를 공감하는가], 고은미·김잔디 옮김, 바다출판사

케이시맨 콩림(2009), [미디어 생태학 사상], 이동후 옮김, 한나래출판사

캐서린 밀러(2007), [조직 커뮤니케이션], 안주아 외 옮김, 커뮤니케이션북스

캘빈 밀러(2009), [설교: 내러티브 강해의 기술], 박현신 옮김, 베다니출판사

콜 누스바우머 내플릭(2016), [데이터 스토리텔링], 정사범 옮김, 에이콘출판주식회사

하워드 라인골드(2003), [참여 군중: 휴대폰과 인터넷으로 무장한 새로운 군중], 이운경 옮김, 황금가지

2. 국내 논문

김도남(2017), [거울뉴런의 읽기 과정 이해에 대한 시사], 한국초등교육, Vol. 87

김보섭(2016), [창의적인 사고 과정에서 통찰 문제의 검토를 위한 심상적 사고 고찰], 기초조형학연구, Vol. 17

김성식(1969), [한국학생운동의 사상적 배경], 아세아연구, Vol. 12

김 헌(2004), [레토리케는 수사학인가?], 한국수사학회 봄철 학술대회

권순복(2016), [말소리 변조 스크랩트를 이용한 호감도 청취평가 특징], 한국음성학회지, Vol. 8

박민정(2006), [내러티브란 무엇인가?: 이야기 만들기, 의미구성, 커뮤니케이션의 해석학적 순환], 아시아교육연구, Vol. 7

박명림(2008), [박정희 시대의 민중운동과 민주주의: 재야의 기원, 제도관계, 이념을 중심으로], 한국과 국제정치, Vol. 61

박태진(2004), [한국어 단어의 연상빈도 및 심상가 조사], 한국심리학회지, Vol. 16

백미숙(2006), [아리스토텔레스와 키케로의 에토스관: 수사학과 웅변가에 대하여를 중심으로], 독일언어문학, Vol. 33

서 혁(1995), [언어 사용과 추론], 한국국어교육연구회 논문집, Vol. 56

송민호(2014), [일제강점기 미디어로서의 강연회의 형성과 불온한 지식의 탄생], 한국학연구, Vol. 32

이연정·김현숙(2016). [부정적 평가에 대한 두려움과 발표 불안의 관계에서 자기자비의 조절], 학습자중심교과교육연구, Vol. 16

이중희(2006), [소쉬르 언어학에서의 통합관계와 연합관계], 인문논총, Vol. 20

이재신(2014), [이성과 감정: 인간의 판단과정에 대한 뇌과학과 생물학적 접근], 한국언론학회, Vol. 25

이찬규(2002), [단어연상에 관한 조사 연구(1)], 어문연구, Vol. 30

이창언(2005), [한국 학생운동 연구경향과 과제에 대한 연구], 역사연구, Vol. 15

이한정(2013), [다카타 사나에, 美辭學], 개념과 소통, Vol. 12

양태종(2004), [키케로의 수사학 교본 Partitiones oratoriae 연구], 한국독어학회, Vol. 10

_____(2006), [웅변가의 유형, 문체, 번역: 키케로의 "최고 유형의 웅변가에 대하여"를 중심으로], 독일어문학, Vol. 35

유영익(1987), [한국학생운동사 개관], 아세아연구, Vol. 77

윤금선(2021), [일제강점기 웅변대회 연구: 1920년대 '현상웅변대회' 보도기사를 중심으로], 국어교육연구, Vol. 77

장영아·권경인(2021), [청소년의 취약성 자기애가 발표불안에 미치는 영향: 무조건적 자기수용과 공적 자의식의 매개효과], 청소년상담연구지, Vol. 29

장해순·이만제(2021), [대학생의 자아 존중감, 자기 효능감 및 귀인성향이 스피치 불안감에 미치는 영향], 한국콘텐츠학회논문지, Vol. 2

정우봉(2006), [연설과 토론을 통해 본 근대계몽기의 수사학], 한문교육연구, Vol. 28

최도영·이건창(2016), [이성적 자극과 감성적 자극에 따른 인지처리 기능 및 재인 효과 차이에 관한 연구: fMRI 분석을 중심으로], 인지과학, Vol. 27

최훈영·이주환(2021), [영상 콘텐츠의 언어적 정보 이해에 미치는 자막의 시각 우세성 효과], 한국디지털콘텐츠학회, Vol. 27

3. 해외 단행본

Altman, I. & Dalmas A. Taylor(1973), [Social Penetration], New York: Holt, Rinehart & Winstone

Aristotle(2004), [Rhetoric], New York: Dover Publication, pp3~12, 59~66, 144~148

Brembeck, W. L. & Howell, W. S.(1952), [Persuasion], New Jersey: Prentice Hall

Cicero(1986), [on Oratory and Orators], Southern Illinois University, pp41~43, 271~276

Clark, D. M., & Wells, A.(1995), [A cognitive model of social phobia], In G. Heimberg, M. R. M. R. Liebowitz, D. Hope, & F. Scheier(Eds.), New York: The Guilford Press, pp69~93

Gass, R. H. & John S. Seiter(2011), [Persuasion, Social Influence, and Compliance Gaining], Boston: Allyn & Bacon, chapter1

Gregory, H.(1999), [Public Speaking], New York: McGraw·Hill

Hall, E. T.(1959). [The silent language], NY: Doubleday.

Hogan, R. & Cheek, H.(1982), [Identity, authenticity and maturity], New York:

Praeger

Kearney, P. & Timothy G. Plax(1999), [Public Speaking in a Diverse Society], New York: McGraw · Hill

Scherer, K. R.(1979), [Non-linguistic indicators of emotion and psychopathology], In: Izard, C.E.(Ed.), Emotions in Personality and Psychopathology. Plenum Press, New York(pp 495~529)

Theodore Zeldin(2016), [The Hidden Pleasures of Life: A New Way of Remembering the Past and Imagining the Future], Quercus Publishing, chapter13

4. 해외 논문

Addington, D. W.(1971), [The effect of vocal variations on ratings of source credibility], Speech Monographs 38: 242~247

Cottraux, J.(2005), [Recent developments in research and treatment for social phobia(social anxiety disorder)], current Opinion in psychiatry 18: 51~54

Forgas, J. P.(2000), [Managing moods: Towards a dual-process theory of spontaneous mood regulation], Psychological Inquiry 11: 172~177

Hovland, C. I.(1953), [The influence of source credibility on Communication effectiveness], Public Opinion Quarterly 15: 635~650

Iverson, J. M. & Goldin-Meadow, S.(2005), [Gesture paves the way for language development], Psychol Science 16(5): 367~371

Janis, I. L. & Feshbach, S.(1953), [Effects of fear-arousing communications], The Journal of Abnormal and Social Psychology 48(1): 78~92

Lumsdaine, A. A. & Janis, I. L.(1954), [Resistance to 'Counter-propaganda' produced by one-sided and two-sided 'propaganda' presentations], Public Opinion Quarterly 17: 311~318

Mehrabian, A. (1973), [Silent Messages], American Anthropologist SCOPUS 75:6

McPhail, L. (1989), [Blumer's Theory of Collective Behavior: The Development of a Non-Symbolic Interaction Explanation], The Sociological Quarterly 30(3): 401~423

Schacter, S. & Singer J. E. (1962), [Cognitive, social and physiological determinants of emotional state], psychological Review 69: 379~399

5. 인터넷 정보자료

김형효(2008. 8. 6.), [김형효 교수의 테마가 있는 철학산책] (31), 은유법과 환유법의 철학, 서울신문(www.seoul.co.kr)

동아디지털아카이브, www.donga.com〉archive

아카이브조선, archive.chosun.com

스피치 디자인

ⓒ 이형삼, 2023

초판 1쇄 발행 2023년 11월 20일

지은이   이형삼
펴낸이   이기봉
편집   좋은땅 편집팀
펴낸곳   도서출판 좋은땅
주소   서울특별시 마포구 양화로12길 26 지월드빌딩 (서교동 395-7)
전화   02)374-8616~7
팩스   02)374-8614
이메일   gworldbook@naver.com
홈페이지   www.g-world.co.kr

ISBN   979-11-388-2503-0 (03700)